KiWi
PAPERBACK
1091

DAS BUCH

Statistiken beweisen: Immer mehr Deutsche haben immer weniger Ahnung von ihrem Heimatland und werden deshalb in die Hände radikaler Splitterparteien (z. B. SPD) getrieben. Nicht nur im Superwahljahr eine Katastrophe!

Dieses Lehrbuch ersetzt sechs bis vierzehn Jahre Schule und erklärt die Bundesrepublik Deutschland ganz ohne anstrengende Fachbegriffe, verwirrende Schachtelsätze und umständliche Formulierungen. In Zusammenarbeit mit renommierten Parawissenschaftlern und prominenten Gastautoren wie Katrin Bauerfeind, Friedrich Küppersbusch, Martin Sonneborn oder Arnd Zeigler (u. v. m.) destilliert Autor Jan Böhmermann zweitausend Jahre deutsche Geschichte auf 270 Seiten und beweist: Deutschland ist nicht so kompliziert, aber dreimal lustiger, als FAZ und RTL uns glauben machen.

Alle Angst- und Laberfächer werden mal so richtig durchgenommen: von Erdkunde (»Österreich, die Schweiz des kleinen Mannes«), Reli (»Welche Religion ist die beste?«), Politik (»Was macht der Bundespräsident eigentlich den ganzen Tag?«) bis zu Geschichte (»1933–45: Die Nazis besetzen Deutschland«). Knüppelharte Abschlusstests und Lernkontrollaufgaben stellen hundertprozentiges Verständnis sicher, und themenbezogene Lernspiele (z. B. »RAF-Memory«) machen *Alles, alles über Deutschland* zum Geschenkbuch des Jahres.

Leser, aufgepasst! Erst der Kauf von zwei Bänden «Halbwissen kompakt« garantiert den ganzen Lernerfolg.

DER AUTOR

Jan Böhmermann wurde wegen seiner Radiounterhaltungsreihe »Lukas' Tagebuch« (1LIVE, YOU FM, Das Ding, N-JOY, Bremen Vier u. v. m.) mehrmals von Nationalstürmer Lukas Podolski mit großem Tamtam verklagt. Die Folge: drei ausverkaufte Bühnenshows (»Lukas' Auswärtsspiel«) und ungezählte Live-, TV- und Hörfunklesungen. Im Jahr 2007 schrieb er gemeinsam mit Jörg Diernberger (»Unter Ulmen«) und einer Handvoll TITANIC-Redakteure die erfolglose sechsteilige Impro-Journalismus-Show für junge Menschen »echt Böhmermann« (WDR Fernsehen). Für die Comedysendung »TV Helden« (RTL) gründete er den ersten türkischen Karnevalsverein Deutschlands, dessen Vorsitzender er auch war. Jan Böhmermann ist regelmäßig in Hörfunk und Fernsehen zu hören bzw. zu sehen, verrät aber nicht, wo. Das gehe schließlich niemanden etwas an, so Böhmermann.

Mit *Alles, alles über Deutschland* werde er »nach all dem brotlosen Radio- und Fernsehquatsch jetzt endlich mal kommerziell erfolgreich«, prophezeit Jan Böhmermann blauäugig.

Jan Böhmermann

Alles, alles über Deutschland

Halbwissen kompakt

Kiepenheuer & Witsch

Allen Lehrenden

1. Auflage 2009

© 2009 by Verlag Kiepenheuer & Witsch, Köln
Umschlaggestaltung: Barbara Thoben, Köln
Gesetzt aus der Minion und Today
Gestaltung: Elisabeth Scharlach
Satz: Felder KölnBerlin
Druck und Bindung: CPI – Clausen & Bosse, Leck
ISBN: 978-3-462-04091-3

Inhalt

Vorwort   10

Kapitel 1 – Heimatkunde   13
Wo liegt die BRD geografisch? Wie riechen Blumen?
Warum gibt es Baden-Württemberg?

Auszug:
Flora   14
Fauna – essen oder streicheln?   17
Bundesländer   21
Seemannsknoten   31
Ein knuspriges Brötchen   50
Abschlusstest   54

Kapitel 2 – Geschichte   57
Wann wurde Deutschland erfunden? Legten die
Neandertaler Eier? Wer war Kurt Beck?

Auszug:
Die Urdeutschen   63
Mittelalter   67
Hitler – Fluch oder Segen?   91
RAF-Memory   108
DDR – Rundfunkanstalt oder Unrechtsstaat?   110
Abschlusstest   114

Kapitel 3 – Sozialkunde 117
Wie deutsch sind die Deutschen? Was ist ein Kartoffelmodell?
Wie kommt man am schnellsten ins Milieu?

Auszug:
So schlau ist Deutschland 118
Die Familie 127
Das ist das Haus vom Nikolaus 130
Tine Wittler 132
Karl Marx 140
Abschlusstest 154

Kapitel 4 – Politik 157
Wer muss am Ende wieder mal die Zeche zahlen?
Was bedeutet »FDP«? Wie funktioniert Demokratie?

Auszug:
Bundesregierung 158
Im Gespräch mit Helmut Kohl 162
Vierteilungen in der Praxis 168
Backstage im Schloss Bellevue 175
Heiß: Silvana Koch-Mehrin 189
Abschlusstest 192

Kapitel 5 – Erdkunde 195
Wie sprechen die Tschechen? Die EU – Feind oder Freund?
Wo im Osten gibt es noch Lebensraum?

Auszug:
Europa 196
Detlef D! Soost 201
Das isst der Franzose! 204
Belgien 213
Nahostkonflikt – wer hat Schuld? 228
Abschlusstest 230

Kapitel 6 – Kunst

Was muss auf einem Bild drauf sein, damit es Kunst ist?
Wie kommen die Menschen in den Fernseher?
Wann ist Kunst gut, wann schlecht?

Kapitel 6 – Kunst   233

Auszug:
Köstlich: Ein Text von F. Küppersbusch   240
Radio – angesagt und cool   243
Lukas' Tagebuch & Pauls Panzer   244
Internet – ganz schön cyber-spacig   245
So funktioniert Lyrik   255
Abschlusstest   258

Anhang

Auflösungen   260
Nachwort   261
Mitarbeiter   263
Danksagungen   264
Index   265
Bildnachweise   267

Vorwort

Liebe Leserinnen, liebe Leser,

Deutschland ist ein fucking Event! Und damit ganz vielen lieben Dank, dass Sie sich für den Kauf von *Alles, alles über Deutschland* entschieden haben. Anders als andere Bücher, die sich zuvor Ähnliches zum Ziel machten, beantwortet dieses hochaktuelle Werk auf 270 Seiten alle Fragen rund um Deutschland, die Deutschen, Europa und die Welt. Richtig gelesen: wirklich *alle* Fragen!

Es wird Ihnen treuer Begleiter im Arbeitsalltag, zuverlässiger Wegweiser bei Behördengängen, Leitfaden für Zwischenmenschliches und Nachschlagewerk für juristische, tiermedizinische oder soziophilosophische Fragen sein. Kniffelige Arbeitsaufgaben, anspruchsvolle Tests und clevere Lernrätsel werden Ihnen zusätzlich dabei helfen, das Gelernte zu verinnerlichen.

Übrigens: Mit *Alles, alles über Deutschland* besitzen Sie das einzige Buch auf dem Markt, das unfehlbar ist. Falls also jemand in Ihrem Bekanntenkreis die Richtigkeit von Inhalten oder Texten in *Alles, alles über Deutschland* anzweifelt, verweisen Sie gerne mit Nachdruck auf diese Tatsache! Und bewahren Sie dieses Werk gut auf – es wäre nicht das erste Buch, dessen wahre Größe erst im Laufe der Jahrhunderte erkannt wird.

Viel Spaß beim Schmökern,

(Jan Böhmermann, Autor)

Abb. I. – Wirkt äußerlich wie ein Buchautor: **Jan Böhmermann** (Bild)

»Unberührte Sandstrände,
herrliche Buchten und rund
220 Sonnentage im Jahr.
Quatsch, das war Teneriffa.«

Kapitel 1

Heimatkunde[1]

Deutschland in seinen aktuell gültigen Grenzen liegt rechts von Frankreich, Belgien, Holland und Luxemburg, links von Polen und Tschechien, oberhalb von Österreich und der Schweiz und direkt unter Dänemark – es ist demnach komplett eingekesselt von anderen Ländern (→ *Erdkunde, S. 195*). Der gespaltene Vielvölkerstaat[2] bietet aber auch beeindruckende Naturschauspiele und malerische Landschaften. Seine wichtigsten Ströme bestehen aus Ökö, Atom und Braunkohle (→ *Umwelt, S. 146*), heißen Elbe, Rhein, Donau, Ems, Weser Oder Neiße und entwässern schamlos ins offene Meer. Die von der DDR-Regierung (→ *DDR, S. 110*) Ulbricht im sozialistischen Baustil errichtete Mecklenburgische Seenplatte gehört zu den größten Binnengewässern Europas.

Dicke Striche auf dem Boden (*siehe Karte S. 21*) unterteilen Deutschland in ungefähr sechzehn Bundesländer. Zur besseren Kenntlichmachung der Ländergrenzen einigten sich die Landesparlamente 1990 im Länderstaatsvertrag zudem auf die Einführung von landeseigenen Dialekten, landestypischen Ministerpräsidenten und mindestens einem coolen Werbeslogan pro Bundesland.

Natur, Länder, Tierwelt – dieses Kapitel bringt Ihnen unsere Heimat in ihrer ganzen Schön- und Komplextheit näher.

Deutschland Glossar

Komplextheit, *die* (f.): etwas ist kompliziert, nur halt als Nomen.

1 der Film zum Kapitel: »Heimatkunde« von Ex-Titanic-Boss Marvin Sonnenberg
2 *meint:* Deutschland

Flora

Abb. 2 – Die **deutsche Pflanze** *(Bild: Standardmodell)*: Bereits heute sind 41 % aller deutschen Pflanzen wenn nicht auf *bio*, dann wenigstens doch auf *öko* umgestellt. Umweltschützer loben: Bis 2015 sei ein bemerkenswerter Anstieg des bundesdeutschen Pflanzenwachstums auf 8,7 % (1990: 6,3 %) zu erwarten.

Die deutsche Flora ist reich an ungesättigten *Omega3-Fettsäuren*, rein pflanzlich und darum bei Mädchen und Frauen (→ *Frauen, S. 124*) recht beliebt. Zu den bekanntesten in Deutschland heimischen Pflanzen gehören die *Blume*, die *Kartoffel*, der *Rasen* und der *Tannen- bzw. Weihnachtsbaum* – hier ein kleiner Überblick:

Abb. 3 – **Blume** *(Gedächtniszeichnung)*

Die deutsche Blume ist in vielen unterschiedlichen Modellen[3] erhältlich und gehört zur Gattung der *Guckpflanzen*. Um sie nicht zu sehr zu verhätscheln und zu verwöhnen, sollte man Blumen nur drei bis vier Mal im Jahr gießen. Ein grüner Daumen ist zwar von Vorteil, aber nicht gesetzlich vorgeschrieben.[4] Wenn Blumen und Bienen sich ganz doll liebhaben, entsteht ein *Blümchen*.

Merke!

Deutsche Pflanzen sind zumeist *Vegetarier*, verweigern sich bis heute jeder DIN-Norm und gelten überwiegend als vom TÜV *nicht abgenommen*.

Faktenwissen Extrem

Blümchen müssen nach einigen Jahren *Jasmin Wagner* genannt werden

---

3 *z. B.* Rose, Tulpe, Stiefmütterchen, Puste
4 *Ausnahme:* Bremen (→ *S. 228*) und das Saarland (→ *S. 45*)

Abb. 4 – **Kartoffel** (Abb.: Skizze)

Ganz anders: die deutsche Kartoffel, ein Knollengewächs,[5] das zur Gattung der Ess- bzw. Beilagenpflanzen gehört. Diese häufig unansehnlichen, durch photosynthetische Prozesse entstandenen Pflanzen eignen sich hervorragend als Beigabe zu deftigen Fleischgerichten, als Sättigungsbeilage in einer herzhaften Hackpfanne oder als besonders raffinierte *Geheimzutat* im Kartoffelsalat.

Merke!

Abb. 5 – Die **Kartoffel** gibt es in Deutschland erst seit Anfang des 19. Jahrhunderts. Sie wurde ursprünglich von Preußenkönig **Friedrich dem Großen** (Bild) aus Belgien (→ S. 213) eingeführt, vom Fett befreit und mühsam wieder zusammengepuzzelt.

Abb. 6 – **Rasen** (*schematische Darstellung*)

Der deutsche Rasen gehört zur seltenen Gattung der *nicht zu betretenden Pflanzen* und wächst auch als Roll- oder fahrbarer Rasen.[6] Damit es seinem Besitzer nicht langweilig wird, muss der Rasen mehrmals wöchentlich zur Mittagsruhe mit einem kleinwagengroßen Aufsitzmäher gestutzt werden. Für Rasen ist im Fachhandel mehr Zubehör erhältlich als für eine herkömmliche *Playstation 3* – eine Tatsache, die die biokulturelle Bedeutung dieser Pfflächenflanze für die Bundesrepublik unterstreicht. Der große Nachteil: In der Nähe von Grundschulen und Kindergärten kann Rasen gefährlich werden und wird mit bis zu fünf Punkten in Flensburg geahndet.

5 *wie z. B. auch*: Knollennase, Knöllchen oder Knolle Petry
6 *z. B. auf Schalke* (→ Russland S. 227)

Abb. 7 – **Tannen- bzw. Weihnachtsbaum**
(*Entwurf*)

Die seltenste Pflanzengattung in Deutschland, die der *Ritualpflanzen*, kommt in der Regel nur ein- bis zweimal im Jahr und dann auch nur in einem begrenzten Zeitraum zum Einsatz. Als besonders schwierig gilt die Beschaffung. Vom Gesetzgeber vorgesehen sind zwei Methoden:

1. Unter Mithilfe des weiteren Bekanntenkreises wird die Tanne heimlich nachts im Wald geschlagen, mit Paketband provisorisch auf dem Dach des mitgeführten *Opel Ascona* bzw. *VW Passat* befestigt und nach vier Kilometern auf der Landstraße während der Fahrt verloren.

2. Aus Gründen der Kostenersparnis fährt man mit dem Familienkombi viereinhalb Stunden ziellos im Umland einen Dreivierteltank leer, um einen Tannenbaumhändler zu finden, der einem einen halb so schönen Tannenbaum drei Euro günstiger als in der Stadt verkauft. Die Befestigung der erworbenen *Ritualpflanze* erfolgt mit Spanngummis am Dachgepäckträger, nach Ankunft am Zielort sollte der Baum dann aber vom übereifrigen ältesten Sohn an der Spitze quer über die effektlackierte Motorhaube gezogen werden.

Bei Spaziergängen ist zu beachten, dass auch bei pflanzlichen Mitbürgern in der BRD nicht alles so ist, wie es auf den ersten Blick scheint. So ist *Löwenzahn* in Wirklichkeit ein ehemaliger Tontechniker des ZDF[7], *Romanescu* ein unglücklich verstorbener rumänischer Palastbesitzer und

Abb. 8 – Wunder der Natur: ein Blumenrudel in freier Wildbahn.

---

7 Peter Lustig (→ *John F. Kennedy in Berlin, S. 100*)

Apfel[8] der stellvertretende Vorsitzende einer merkwürdigen Trottelpartei[9].

Übungsaufgaben:

- Erklären Sie den Unterschied zwischen Katharina Wagner und Jasmin Wagner! Bitte gesungen und in Versen!

- Was ist eine Rose, ist eine Rose, ist eine Rose?

- Selbstversuch: Von welchen Pflanzen wird einem nach dem Verzehr schwindelig? Ausprobieren!

Fauna

Die *Fauna* genießt in Deutschland ein wesentlich höheres Ansehen als ihre müslifressende grüne Öko-schwester *Flora*. Interessant: Inzwischen gehören 81 % aller ess-, streichel- und frittierbaren Tiere sowie 12 % der aktiven deutschen Bodybuilder zur Fauna. Die Fauna hat damit bundesweit mehr aktive Mitglieder als *CDU*, *DFB* und *ADAC* zusammen.

Abb. 9 – **Die Heimfauna** (*Schaubild*)

Doch Fauna ist nicht gleich Fauna. Die deutsche Fauna besteht neben der Heimfauna (*siehe Abb. 9*) noch aus der Verzehrfauna, Fernsehfauna und der Schädlingsfauna.[10]

Deutschland Glossar

Heimfauna, *die (f.)*: umfasst alle Tiere, die masochistisch genug sind, sich vom Menschen knechten und ausnutzen zu lassen. Besonders willenlose Exemplare werden in der Tierwelt durch das vom Mensch verliehene Prädikat stubenrein stigmatisiert.

8 (...), Holger
9 *nicht*: FDP
10 *vgl.*: Flora

Abb. 10 – **Verzehrfauna**
(*wie sie unser Illustrator sieht*)

Der *Heimfauna* gegenüber steht die bundesdeutsche **Verzehrfauna** *(Abb. 10, Serviervorschlag)*, deren beliebteste Exemplare Rind, Schwein, Hähnchen, Stabfischchen und das schmackhafte *Dönertier*[11] darstellen. Wichtigste Kriterien für die Zugehörigkeit zur *Verzehrfauna* sind die gute Panierbarkeit und ein Filetierungsfaktor größer als 4. Tiere der *Verzehrfauna* passen gut zu Soßen und Salaten aller Art. Seit der Liberalisierung des deutschen Apothekenwesens ist es auch üblich, der deutschen Bevölkerung wichtige Medikamente wie *Antibiotika, Penicillin* und *Quecksilber* direkt über das Fleisch der *Verzehrtiere* zu verabreichen.

Merke!

Abb. 11 – Weibliche Hunde (Bild) nennt man **Katzen**.

Abb. 12 – **Fernsehfauna**
(*Veranschaulichungsdrudel*)

Die Tiere der dritten Faunakategorie, der **Fernsehfauna** *(Abb. 12)*, werden häufig in einen Topf mit *Soapdarstellerinnen, 9LIVE-Moderatoren* oder *Astro-TV-Wahrsagern* geworfen. Zu Unrecht, denn im Gegensatz zu ihren entbehrlichen menschlichen Kollegen sind die Fernsehtiere unersetzlich: Sie bilden das Fundament des gebührenfinanzierten, öffentlich-rechtlichen Fernsehens.

Abb. 13 – Modisch up to date: Ein **Pferd** (*Bild*) mit einer fürs Fernsehen[12] *hochgegelten Stachelfrisur.*

11 Das *Dönertier* kommt ursprünglich aus Vorderasien und ist ein konisches Hackwesen mit Zwiebelhut und angeborenem Drehinstinkt.
12 *vermutlich*: »Hinter Gittern«, RTL

DIE WICHTIGSTEN ÖFFENTLICH-RECHTLICHEN TIERSENDUNGEN

Elefant, Tiger & Co. (MDR), *Leopard, Seebär & Co.* (NDR), *Service: Herrchen gesucht* (HR), *Wombaz – Tiergeschichten für Kinder* (ZDF), *Nashorn, Zebra & Co.* (BR), *Seehund, Puma & Co.* (Radio Bremen), *Welt der Tiere* (BR), *Giraffe, Erdmännchen & Co.* (HR), *Tiere suchen ein Zuhause* (WDR), *Panda, Gorilla & Co.* (RBB), *Dresdner Schnauzen* (ZDF), *Wolf, Bär & Co.* (HR), *Die Tierklinik* (SWR), *Eisbär, Affe & Co.* (SWR), *Pinguin, Löwe & Co.* (WDR), *NDR Zoogeschichten* (NDR), *Bei uns im Zoo* (HR), *Zeit für Tiere* (BR), *Panda, Gorilla & Co. Junior* (WDR), *Ruhrpott-Schnauzen* (ZDF), *tierisch tierisch* (MDR), *Zum Kuscheln süß!* (BR) und *Tierbabys* (ZDF)
(→ S. 234, Fernsehen)

Faktenwissen Extrem

Affen in Menschenkleidung (z. B. *Unser Charlie*, ZDF) nennt man **Schimpansvestiten**.

Alle Tiere, die weder im Fernsehen gut rüberkommen noch lecker schmecken oder sich Gassi führen lassen, gehören der vierten Faunagruppe, der **Schädlingsfauna** (Abb. 14), an. Zu dieser Kategorie zählen zum Beispiel Wespen, Blutegel, Feuerquallen, Ameisen, Tauben, Mücken, Igel, Ratten oder Zecken. Fleisch von Schädlingstieren verwandelt sich in Deutschland durch ein kompliziertes System aus Export und Re-Import in schmackhaftes *Gammelfleisch* und ist so am Ende, wenn auch bloß als Beilage in der chinesischen Bratnudelpfanne, doch noch für etwas gut.

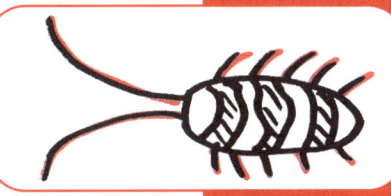

Abb. 14 – **Schädlingsfauna** *(Informationsillustration)*

DIE FAUNA IN ZAHLEN

Über 11 % aller Tiere gelten als Anhänger der Freikörperkultur und verbringen daher die meiste Zeit des Tages nackt. Nur 17 % aller bundesdeutschen Meerestiere haben ihren Freischwimmer. Erstaunlich: 91 % aller deutschen Spinnen haben bloß Festnetz.

! Die Lösungen für alle Tests und Lernkontrollen finden Sie übrigens auf S. 260

Übungsaufgaben:

- Praxisaufgabe: Wie lange brennt eine Katze?

- Wahlaufgabe: Machen Sie einen Bock zum Gärtner! Oder sehen Sie nach, wo der Frosch die Locken hat! Schriftlich und mündlich!

- Wie viele von fünf Meerschweinchen können unter Wasser trotz ihres Namens nicht atmen?
  a) 1
  b) 2
  c) 4
  d) 3
  e) 5

Deutschland im Überblick

Übungsaufgaben:

- Kreisen Sie Deutschland ein!

- Suchen Sie Sylt, schneiden Sie es vorsichtig aus, kleben Sie es sich auf Ihr Federmäppchen und ernten Sie von Ihren Studienkollegen anerkennende Blicke!

- Hausaufgabe: Welche Bundesländer gefallen Ihnen nicht? Mit Bleistift schraffieren!

Platz für Notizen:

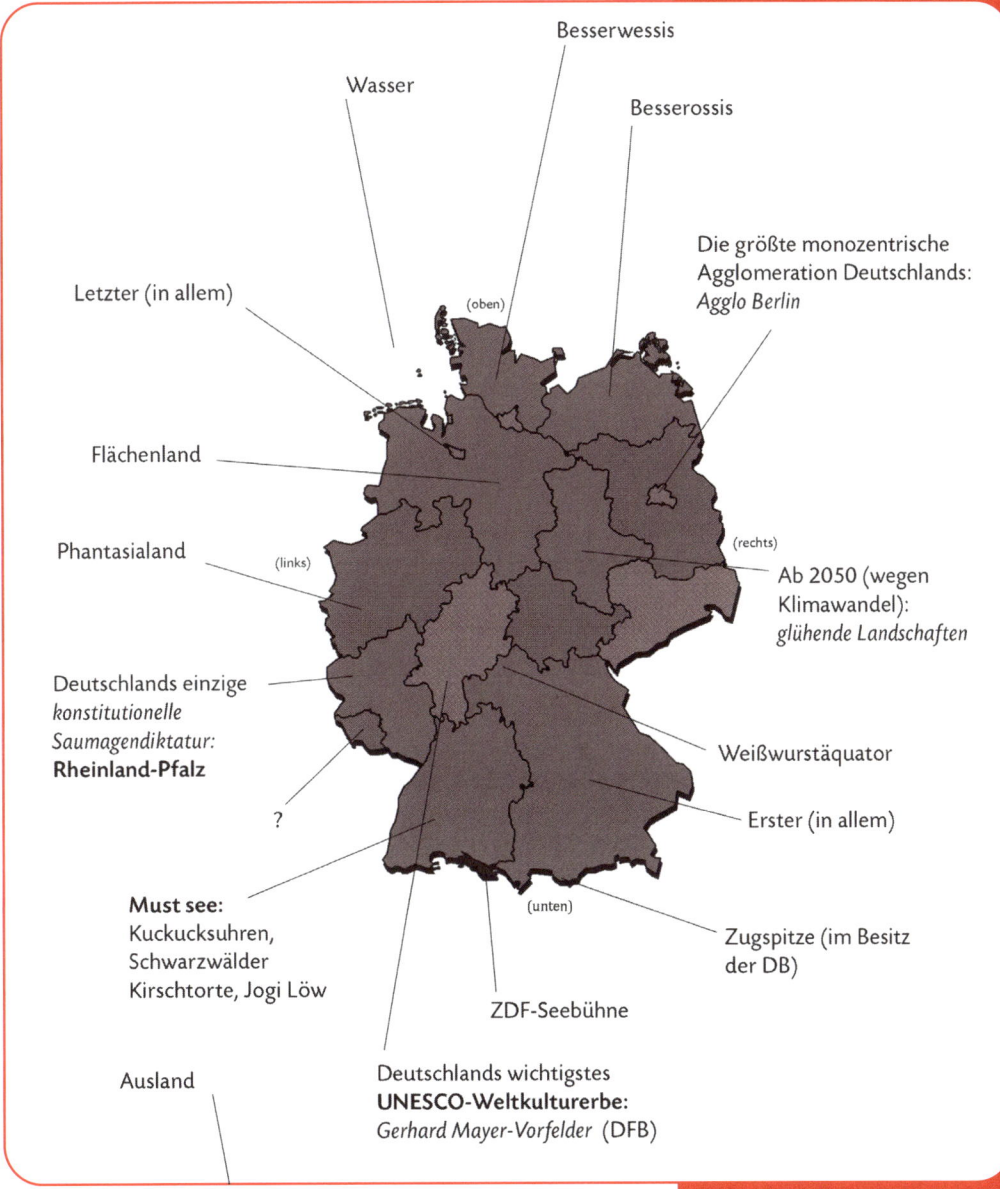

Besserwessis

Wasser

Besserossis

Die größte monozentrische
Agglomeration Deutschlands:
Agglo Berlin

Letzter (in allem)

(oben)

Flächenland

Phantasialand

(links)

(rechts)

Ab 2050 (wegen
Klimawandel):
glühende Landschaften

Deutschlands einzige
*konstitutionelle
Saumagendiktatur:*
Rheinland-Pfalz

Weißwurstäquator

?

Erster (in allem)

Must see:
Kuckucksuhren,
Schwarzwälder
Kirschtorte, Jogi Löw

(unten)

Zugspitze (im Besitz
der DB)

ZDF-Seebühne

Ausland

Deutschlands wichtigstes
UNESCO-Weltkulturerbe:
Gerhard Mayer-Vorfelder (DFB)

Abb. 15

Gastbeitrag: Baden-Württemberg

Abb. 16 – Drei Löwinnen strecken dem westlichen Nachbarn Frankreich die Zunge heraus: Wappenmäßig ist **Baden-Württemberg** Deutschlands keckstes Bundesland!

Abb. 17 – Fände es toll, wenn *Günther Oettinger (CDU)* irgendwann einmal zum Bundeskanzler gewählt würde: **Günther Oettinger** (CDU)

**Wir können alles.
Außer Hochdeutsch?**

Baden-Württembergs Werbeslogans der kommenden Jahre im Überblick.

2010: *Wir können alles –
       außer baden*
2017: *Baden-Württemberg –
       immer noch besser als
       Rheinland-Pfalz!*
2018: *Zu cool für Frankreich:
       Baden-Württemberg*
2022: *Baden-Württemberg:
       Endstation Bindestrich*
2025: *Baden-Württemberg –
       einsame Spätzle!*

Abb. 18 – **Katrin Bauerfeind** ist eigenen Angaben zufolge Deutsche, hat Ahnung und deshalb eine eigene Fernsehsendung bei 3sat. Im Rahmen der Web-TV-Show *Ehrensenf* erfand Bauerfeind zudem das Internet. Für **Alles, alles über Deutschland** schreibt sie einen Fachaufsatz über ihr Heimatbundesland.

Baden-Württemberg ist ein unscheinbares Bundesland. Scheinbar. Das Einzige, was einem spontan zu Baden-Württemberg einfallen mag: dubiose Äußerungen von Günther Oettinger. Und: »Wir können alles außer Hochdeutsch«. Diesen Geistesblitz bot die verantwortliche Werbeagentur erst Sachsen an, die wollten ihn allerdings nicht. Vielleicht war der Slogan den Sachsen zu hochdeutsch. Es lässt sich drüber streiten, ob sie ihn vielleicht dringender gebraucht hätten.

Wir können alles außer Hochdeutsch klebt sich auch die Deutsche Bahn auf die Wagen. Drunter steht: *Besuchen Sie uns mal in Baden-Württemberg* – dummerweise fahren diese Züge aber auch nur ebenda.

Da wir alles können außer Hochdeutsch, können wir natürlich auch nicht Baden-Württemberg sagen. Nein: *Baada-Würddabärg*. Da, wo man komisch spricht, man alles kann und die Welt noch in Ordnung ist. *Baada-Würddabärg* ist schön. Sauschee! Nicht so schön wie in Bayern, zugegeben.

Aber wir haben die niedrigste Kriminalitätsrate. Nach Bayern. Wir haben das schwierigste Abitur. Nach Bayern. Wir haben das meiste Geld. Nach Bayern. Dafür haben wir Jürgen Klinsmann, Jogi Löw und Harald Schmidt.

In Baada-Würddabärg steht die älteste Universität Deutschlands. In Heidelberg. Schön ist es da. Sauschee! Im südlichsten Bundesland Deutschlands – ausnahmsweise neben Bayern – leben elf Millionen Menschen, und die wissen, wo man das Kreuzchen macht, denn es ist seit 1953 ein schwarzes Bundesland.

Die Idylle wird nur getrübt durch Krieg – mittlerweile zum Glück lediglich verbal – zwischen Badenern[13] und Schwaben[14]. Der Grund: Baden wollte nicht zu Württemberg gehören. Überstimmt. Bums. Baada-Würddabärg. Mit zwei »tt« und einem »m«.

Zum Schluss vielleicht ein kleiner Tipp für Touristen: Fuchsen Sie Pfennige, grüßen und fressen Sie nichts, was Sie nicht kennen, wenn Sie uns mal besuchen. Da wo. In ... Baden-Württemberg.

Katrin Bauerfeind

---

13 *auch*: Gelbfüßler
14 *auch*: Schwaben (Schimpfwort genug)

Bayern

Das Vorzeigebundesland Bayern schafft es jedes Jahr im Sommer, Deutschland stillstehen zu lassen. Auf der A 8 Richtung Salzburg. Stoßstange an Stoßstange tummeln sich Abermillionen Bundesbürger auf der längsten Italien-Fanmeile der Welt mit nur einem Ziel: möglichst schnell Bayern hinter sich zu lassen. Ein Fehler, denn Bayern hat mehr zu bieten als Stau und Fernverkehr.

Abb. 19 – *Kleine Raute Nimmersatt*: **Bayern** gibt sich heraldisch kleinkariert, aber *schräg*.

Es wurde am 20. Oktober 1825 von König Ludwig I. auf dem Gebiet des damaligen *Baiern* gegründet und ist somit Waage.[15] Als Ludwig I. abdanken musste, wurde sein Enkel Ludwig II. zum neuen König gewählt, weil sein Name so gut passte. Ludwig II. wurde *Märchenonkel* oder *Keeni* genannt und baute das ganze Land mit Burgen, Residenzen und Schlössern zu.[16]

Seit im Jahre 1516 das verloren geglaubte Hopfen und Malz wiederentdeckt und in einzigartiger Weise gemäß dem göttlichen Reinheitsgebot vereint wurden, ist Bayern weltweit für seine *Gemutligkeit*[18] bekannt.

Abb. 20 – Wäre *ihm*[17] (Bildmitte) heute zu *linksliberal und demokratisch*: **Bayern**

15 Aszendent Steinbock
16 *wie z. B.* dem berühmten Schloss Neuschweinsteiger
17 Franz-Josef Strauß
18 *engl.*: Bier

Seine Hymne *Olé, olé, super Bayern* verdankt der Freistaat dem *FC Bayern München e.V.*, der als einziges Fußballteam Deutschlands dem europäischen Niveau einigermaßen hinterherhinken kann. So kommt es, dass deutsche BILD-Leser alle Jahre wieder vor dem Champions-League-Viertelfinale sagen: Heute sind wir alle Bayern! Am nächsten Tag sind dann alle ausgeschieden.

Bis zur feierlichen Einführung der Demokratie im Jahr 2008 wurde Bayern über dreihundert Jahre lang von der *CSU*[19] (→ *S. 179*) regiert. »Ich bin zu« ist in Bayern ein politisches Bekenntnis, das vom Rest der Deutschen leider nie angenommen wurde: Noch nie war ein Bayer Bundeskanzler oder wenigstens Führer, eine Tatsache, die im Jahr 2002 von *Terrorbär* Edmund Stoiber komplett ignoriert wurde. Er scheiterte jedoch am Ende an Edmund Stoiber.

! Benutzen Sie bitte einen Stift

Übungsaufgaben:

• Fassen Sie zusammen, was Sie bis jetzt gelernt haben!

_____
_____
_____
_____
_____
_____

• Geduldsaufgabe: Stellen Sie sich an den Münchener Hauptbahnhof und warten Sie auf den Transrapid Richtung Flughafen.

19 *sprich*: »zu«

Gastbeitrag: Berlin

Die beiden gesellschaftlichen Eckpfeiler Berlins heißen Coolness und Understatement. Berlin, der zehn Jahre alte, zerbeulte, goldene Manta unter den Großstädten, ist die einzige Stadt der Welt, in der man im *Cartier* nur dann bedient wird, wenn man wenigstens so runtergekommen aussieht wie ein Obdachlosenmagazinverkäufer.

Abb. 21 – Der **Berliner Problem- und Wappenbär** hat sich die *Finger- und Fußnägel rot lackiert*. Und das ist auch gut so.

Der Berliner ist stolz auf das größte Phallus-symbol Deutschlands, den **Fernsehturm** *(Abb. ähnlich)* – die Nähe zu diesem fast schon religiös verehrten Gebäude bestimmt übrigens den Wert einer Immobilie. Der Fernsehturm wird in seltenen Fällen auch Telespargel genannt, eine Bezeichnung, die sich einige Ostoffizielle von der SED-Marketingabteilung haben einfallen lassen, es sollte so klingen, als wäre der Begriff vom Proletariat geprägt worden. Hat aber nicht geklappt. Wenn die Sonne untergeht, sieht man auf der Kugel des Berliner Fernsehturms ein goldenes Kreuz. Manchmal schauen der Berliner und die Berlinerin schon mal hinauf zu ihrem Wahrzeichen und seufzen leise. Dann wird schnell wieder das Understatement-Makeup aufgetragen, und es geht ab in die wilde Nacht.

Abb. 22

Abb. 23 – *Noch immer geteilt*: der **Berliner** (in Berlin Karpfen[20] genannt)

Die Nacht beginnt in Berlin mit Nacktbaden in der Spree, danach Flatratesaufen mit **Wowi** auf einer *Charity-Gala* und endet meistens damit, dass man mit schlimmen Kopfschmerzen auf dem Schoß eines coolen DJs in einem Stadtpark erwacht und sich sagen hört: »Bring mich in ein europäisches Krankenhaus!«

Deutschland Glossar

Wowi, *der (m.)*: Berliner Bürger-meistersimulation

1237 wurde Berlin erstmals urkundlich erwähnt, und zwar als ein Teil der Doppelstadt Berlin/Cölln. Was aus Cölln wurde, ist ja allgemein bekannt: Es hat gemerkt, dass in Berlin der CSD noch nicht erfunden war, und sich schnell davongemacht, nach Köln (→ *Köln, S. 41*). In Gedenken an Cölln hat Berlin dann einen neuen Stadtbezirk gegründet, der *Neukölln* heißt und Berlins lustigster Bezirk ist. Hier gibt es neben gewaltbereiten Jugendlichen in brandneuen Turnschuhen auch den berühmten Dönerstand, wo Ali seine Aische fand – der hingegen gibt mir die Gelegenheit, diesen Fachaufsatz mit einem angemessenen Reim zu beenden.

Caroline Korneli

Abb. 24 – Die süße[21] Berliner MTV-Moderatorin und FRITZ-Radiofrau **Caroline Korneli** ist eine geborene Ostdeutsche und kann sich daher besonders gut in die Gefühlswelt einer Bewohnerin der ehemaligen DDR hineinversetzen. Dieses Lehrbuch verdankt *der coolsten Schnalle im internationalen Pädagogenzirkus* einen interessanten Text über die Bundeshauptstadt.

20 Oder so ähnlich.
21 Anm. d. Autors

Übungsaufgaben:

• US-Präsident John F. Kennedy log 1963 die Berliner an, er sei ein Berliner. Warum nahm ihm das niemand übel?

   a) Man wusste um die schwierigen familiären Verhältnisse bei den Kennedys.

   b) Die Westberliner verstanden damals noch kein Englisch.

   c) Viele Berliner waren selbst Berliner.

• Bodenturnen: Machen Sie eine Luftbrücke!

• Baupolitische Aufgabe: Errichten Sie eine Mauer, die Berlin in mindestens zwei Teile teilt!

Abb. 25 – *Traurig*: Von dem unter Artenschutz stehenden **brandenburgischen Schreivogel**, einer Kreuzung aus *Hahn, Kuckuck* und *H. P. Baxxter*, existiert nur noch ein Exemplar (im Landeswappen).

Brandenburg

Zum Schutz vor einfallenden Schweriner Nomadenbanden befahl Friedrich der Große 1772, das zuvor lässig gen Pommern gestreckte Land Brandenburg wie einen Schlagring um die preußische Hauptstadt Berlin zu wickeln. Nach zahllosen historischen Rückschlägen[22] fand sich Brandenburg Ende 2007 benommen in dieser Embryonalstellung wieder, rieb sich verwundert den sandigen Boden aus den Augen und wusste nicht, wie's weitergehen sollte.

Vor lauter Verwunderung verwechselten die frustrierten Brandenburger *Matthias Platzeck*[23] mit einer charismatischen Führungspersönlichkeit und folgten ihm sehenden Auges in den unvermeidlichen Hörsturz.

22 *z. B.*: zwei Weltkriege, Wende, Bau des Funparadieses *Tropical Island* bei Krausnick
23 bartpolitischer Sprecher der SPD

Zurück in die Gegenwart: Wer öffentlich behauptet, Brandenburg habe ein Arbeitslosigkeits- oder Rechtsextremismusproblem, wird postwendend von einer Gruppe Luckenwalder Problemjugendlicher mit Baseballschlägern und Gummiknüppeln totgeschwiegen.

Abb. 26 – Das Tor nach Brandenburg (Bild) ist beidseitig durchschreitbar und dem (mittlerweile niedergerissenen) **Brandenburger Tor** im *Phantasialand Brühl* nachempfunden.

Die Landeshauptstadt Brandenburgs, *Potsdam*, beherbergt das von den Eingeborenen *Sangtzussi* genannte einzige Postkartenmotiv und ist offizieller Amtssitz von Günther Jauch. Die bei Lübben gelegenen weitläufigen Spreewälder bilden den natürlichen Lebensraum der *Spreewaldgurken*, die hier in glasförmigen Kokons direkt am Baum reifen und einmal im Jahr von mehreren Hundert zielsicheren LPG-Mitarbeitern mit Einmachgummis aus Geäst und Wipfeln geschossen und an westdeutsche Ostalgie-Shops verkauft werden.

Nachdem die Länderfusion Berlin-Brandenburg wegen unterschiedlicher Bartwuchsvorstellungen ihrer Regierungschefs platzte, bemühte sich der *Speckmantel um die Dattel Berlin* um einen Zusammenschluss mit *Transnistrien* und/oder dem *Taka-Tuka-Land*. Auch dieses Vorhaben scheiterte bislang an der strengen Visavergabepolitik einiger national befreiter Zonen des Landes.

Abb. 27 – Die Festnahme von Sorbenführer **Radovan Karadžić** wegen *massiver Verstöße gegen die Genfer Frisurenkonvention* war für die im Südosten Brandenburgs heimischen **Sorben** ein wichtiger Schritt in Richtung Europa.

Übungsaufgaben:

• Lyrik: Pflücken Sie vom Birnbaum des Exbundestrainers Erich Ribbeck auf Ribbeck im Havelland eine Birne und denken Sie dabei an Theodor Fontane!

• Verwechseln Sie Jörg Schönbohm (WDR) und Jörg Schönenborn (CDU)! Mündlich und schriftlich!

Merke!

Sorben sind liebenswerte Trollwesen, die rund um die zu Ehren von *Tomislav Piplica (109, Energie-Torwartlegende)* errichtete Stadt Cottbus leben. **Sorben** gehören zur Gattung der *Hobbits*.

Abb. 28 – *Product Placement super-dreist*: Die **Hansestadt Bremen** machte den berühmten **Beck's-Bier-Schlüssel** *(siehe Abb.)* sogar zum Stadtwappen.

Abb. 29 – Im Zentrum Bremens steht eine vier Meter hohe (*leicht verkleinerte*) Sandsteinnachbildung des berühmtesten und kuscheligsten Bremers aller Zeiten: **Henning Scherf**

Merke!

Wenn die Bremer etwas erleben möchten, fahren sie in den **Zoo** (*Bremerhaven*), um sich furcht-einflößende Halbaffen und komische Vögel (*Bremerhavener*) anzugucken.

Bremen

Hoch im Nordwesten liegt Bremen, das kleinste Bundesland der Welt. Es hat eine Gesamtfläche, die der von *zwei saar-ländischen Fußballfeldern* entspricht, und wiegt gemeinsam mit *Bremerhaven* in etwa so viel wie eine durchschnittliche Einrichtungsfee (→ *S. 132*), ist aber nicht ganz so schön eingerichtet. Bremen ist so klamm wie sein Klima. Es ist so überschuldet, dass *Peter Zwegat*[24] vor Schreck das Ketten-rauchen aufgäbe. Anders gesagt: Bremen, obwohl geografisch recht weit oben, ist ganz, ganz unten. So weit unten, dass der Bremer Senat den kompletten Stadtstaat wegen per-manenter Überschwemmungsgefahr mit hohen Deichen, Wehren und Schleusentoren flächendeckend zubauen ließ.

Die weltbekannten Märchenfiguren der gezeitengebeutelten Hansestadt an der Weser, Ex-Bürgermeister *Henning Scherf* und die Bremer Stadtmusikanten, leben in einer gemeinsa-men Alten-WG und sind dank flutsicherer Körpergröße[25] und praktischer Stapelchoreografie[26] bestens fürs Hochwas-ser gerüstet.

Trotz oder gerade wegen notorisch leerer Kassen investieren die blitzgescheiten Bremer Politiker (SPD) viel Geld aus dem Fenster: Mehrere Tausend Millionen Euro steckte das kleine Bundesland 2004 allein in die Freizeitpark-Einkaufs-zentrum-Kombination *Space Park* – ein Prestigeprojekt, das selbst fünf Jahre nach seiner Insolvenz (2004) täglich bis zu 20 Gäste und Touristen mit seinen 40.000 Quadratmetern leer stehender Verkaufsfläche (*Space*) beeindruckte.

Aufgrund der miserablen Haushaltslage des Landes Bremen muss das geplante Loblied auf Werder Bremen, den[27] besten

---

24 71, »... aus Berlin«
25 Scherf: 4 Meter 11
26 Stadtmusikanten eben
27 ... neben _____
(hier bitte Ihren Lieblingsbundes-ligaverein eintragen) ...

aller Bundesligavereine, leider zugunsten des Textendes ausfallen. Punkt.

PRAXISÜBUNG:
Musikantenfütterung – welcher Stadtmusikant frisst was am liebsten?
(bitte mit Linien verbinden)

Abb. 30 – **Wollknäuel**

Abb. 31 – **Mohrrübe**

Abb. 32– **Ei**

Abb. 33 – **Katze**

Abb. 34 – **Hahn**

Abb. 35 – **Katze**

Abb. 36 – **Hund**

Abb. 37 – **Esel**

(Auflösung auf Seite 260)

Übungsaufgaben:

• Lernen Sie mindestens vier Superhits der Bremer Popband Mr. President (z. B. »Coco Jamboo«, »Up and away, Jojo action«, »I'll follow the Sun«, »4 on the Floor«, »Simbaleo« usw.) auswendig und verjagen Sie damit Räuber und Banditen aus einem Haus im Wald!

• Lassen Sie sich von Henning Scherf umarmen!

• Finden Sie heraus, woraus die Bremer Spezialität Pinkel besteht!

Abb. 38 – **Tor!** 1:0 für Hamburg! (wahrscheinlich mal keine Papierkugel auf dem Platz)

Faktenwissen Extrem

Nicht alles, was in der *Elbe* schwimmt, ist ein **Hamburger**.

Merke!

Labskaus[29].

Hamburg

Hamburg ist Deutschlands einziges Bundesland, das ausschließlich Länge und Breite besitzt. Die Höhe tauschten die zu Unrecht als *Pfeffersäcke* verschrienen Hamburger im Hansevertrag von 1647 gegen das Recht auf schwule Bürgermeister, von dem sie erstmals mit der Einsetzung *Beule von Osts* Gebrauch machten.

Dass es den zu Recht als *Pfeffersäcke* verschrienen Hamburgern ausschließlich um das eine geht, beweisen nicht nur die teils Wand an Wand gebauten ca. 73.000 *Hamburger Sparkassen* (Haspa), sondern auch die *Hamburger Barkassen* – unzählige als Ausflugsboote getarnte Kleinstfilialen des roten Sparbuchkraken. Auf der Reeperbahn geht es den steifen Hamburgern hingegen ausschließlich um das andere. Und nicht nur denen: Die berühmte *sündige Meile*[28] ist nach wie vor das Mekka all jener, die gern osteuropäische Frauen unter UV-Licht angucken und danach auf einem Geldautomaten der Hamburger Sparkasse einschlafen wollen. Nur durch den nie abreißenden Pilgerstrom der Kiez-Touristen ist zu erklären, dass die zwischen zwei Haspa-Filialen gelegene Mc Donald's-Filiale Reeperbahn täglich mehr Hamburger verkauft, als es Hamburger gibt.

Mit der Alster verfügt die »Perle in der Auster Deutschland« (James Joyce) über den einzigen See Europas, um den man nicht herumgehen kann, weil er ein Fluss ist. Wegen seiner wohlhabenden Bürger gilt Hamburg als das Liechtenstein unter den Bundesländern. Das Feiern lassen sich die zu Unrecht als humorlose *Pfefferkuchen*[30] verschrienen Hamburger trotzdem nicht verleiden. Sie überziehen ihren Stadtstaat ganzjährig mit einem Sperrfeuer maß- und anlassloser

---

28 Der Ausdruck Puffkilometer ist weniger poetisch und daher nicht mehr gebräuchlich.

29 Die Erwähnung dieses matschigen Tellergerichts aus Abfällen und Kartoffeln im Zusammenhang mit Hamburg ist gesetzlich vorgeschrieben.
30 o. Ä.

Festivitäten wie *Kirschblütenfest, Harfengeburtstag* oder *800 Jahre Donnerstag.*

Die Vereinigung der beiden Bundesländer Hamburg und Bremen scheiterte im Jahr 1997 daran, dass sie niemand vorschlug.

Übungsaufgaben:

- Fahren Sie eine Runde mit der Reeperbahn!

- Sport: Springen Sie einmal von der Schanze (möglichst weit), schreiben Sie Ihr Ergebnis auf und vergleichen es mit denen der anderen Teilnehmer Ihrer Lerngruppe!

- Beschreiben Sie, wie Labskaus aussieht. Benutzen Sie zur Recherche das Internet (→ *S. 245 ff.*)!

Abb. 39 – *Pfui?* Nein, keine Sorge! Denn **Maximilian Schell** ist nicht der Vorsitzende der Hamburger Schell-Partei.

PRAXISÜBUNG: **Hanseatische Seemannsknoten**

Seemannsknoten sind im maritimen Hamburg fast genauso beliebt wie Jeanette Biedermann oder Peter Bond. Doch Knoten stehen nicht nur für Spaß und Lifestyle: Ohne sie würden Containerschiffe haltlos durchs Hafenbecken treiben und Taue schlaff an der Spundwand herunterbaumeln. Lernen Sie in dieser Praxisübung anhand einfacher Beispiele die wichtigsten deutschen Seemannsknoten.

EINSTEIGER

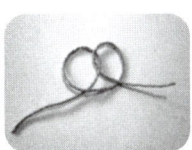

Abb. 40 – **Brezelknoten**

Abb. 41 – **Verkehrsknoten**

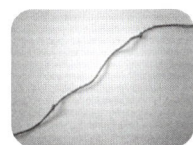

Abb. 42 – **Knôte Azur** mit *Toulon* (links) und *Nizza* (rechts)

Tipp

Vorm Nachknoten ein Gläschen **Schnaps** trinken, damit die Hand ruhiger wird.

FORTGESCHRITTENE

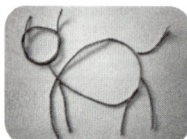

Abb. 43 –
Einfacher Rumpstek

Abb. 44 –
Banknoten

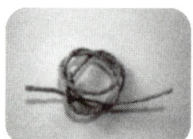

Abb. 45 – **Eims-
bütteler Furzknoten**

FÜR UNSERE KLEINEN
KNOTER

Abb. 46 – **Knotifant**

NARRENSICHER

Abb. 47 – **Idiotenknoten**

Abb. 48 – *»Obama! Zu spät: die
Hesse komme«*, scheint **der gestreifte
Löwe** vom Schild herunterzubrüllen.
Eine akustische Täuschung: In Wirk-
lichkeit sagt er gar nichts!

Hessen

Kurz hinter Aschaffenburg, dort wo A 3 und A 5 am aller-
schönsten sind, liegt Hessen. »An Hessen führt kein Weg
vorbei« droht die regionale Wirtschaft dem Nichthessen auf
überdimensionalen Begrüßungsschildern, und in der Tat:
Gemäß Länderstaatsvertrag ist es für Bundesbürger Pflicht,
auf der Reise in ein anderes Bundesland mindestens einmal
komplett durch Hessen zu fahren, selbst wenn man bloß
von Niedersachsen nach Hamburg möchte.

Das Bundesland Hessen, wie wir es heute aus Polizeipressemeldungen oder »Aktenzeichen XY« kennen und lieben, ist genau wie *Coca-Cola*, *Hulk Hogan* und *Florida-Rolf* eine Erfindung der amerikanischen Alliierten und besteht aus den drei bis aufs Blut verfeindeten Volksgruppen der Nord-, Mittel- und Südhessen. Politisch gehört Hessen seit der Wahl 2008 zur Gattung der Bananenrepubliken.

Die Hessen waren die Ersten, die Mitte der achtziger Jahre ihren Landeshumor aus Kostengründen outsourcen mussten. Seither verwalten die Laienschauspielgruppen *Badestuhl* und *Mundsalz* das hessische Lachwesen zu gleichen Teilen.

Abb. 49 – **Roland Koch** (Bild): Die Hessen hätten einen *schlimmeren Ministerpräsident* wählen können![31]

Mit »Eintracht« Frankfurt hat das Bundesland im Herzen Deutschlands eine waschechte, aber absolut erfolglose »Fußball«-»Mannschaft« aufzubieten. Damit hessische Fußballmaniacs wenigstens gelegentlich Grund zur Freude haben, bittet der in einem Frankfurter Altenpflegeheim ansässige DFB die Deutsche Fußballnationalmannschaft traditionell darum, sich nach großen internationalen Turnieren auf dem Frankfurter Römer bejubeln zu lassen.

Da die elitäre Kunstkirmes *documenta* lediglich alle vier bis neun Jahre stattfindet, fast ausschließlich überteuerten, weiß lackierten Sperrmüll oder verstörende Röhrenmonitorinstallationen zeigt, und das auch noch in Hessens *schmuddeligem Hinterhof* Kassel[32], soll sie in diesem Fachtext mit Nichterwähnung bestraft werden.

Faktenwissen Extrem

Deutschlands progressivstes und bekanntestes Satiremagazin, die **F.A.Z.**, hat seinen Sitz bis heute in Frankfurt am Main, Hessen.

Deutschland Glossar

DFB, *der (m.)*: Altenheim mit Sportschwerpunkt

31 *z. B.* Mahmud Ahmadinedschad, Aljaksandr Lukaschenka, Islom Karimov oder Kim Yong-Il
32 Richtig gehört!

Übungsaufgaben:

• Versuchen Sie sich an den Namen des SPD-Spitzen-
kandidaten bei der hessischen Landtagswahl 2009
zu erinnern (Nachname reicht)!

• Hören Sie einen Tag lang die hessischen Radiosender FFH und HR3! Was fällt Ihnen auf?
a) Ich muss plötzlich die ganze Zeit an Céline Dion
denken.
b) Ich muss plötzlich die ganze Zeit an Céline Dion
denken.
c) Ich muss plötzlich die ganze Zeit an Céline Dion
denken.

• Lernen Sie rechtzeitig zur Frankfurter Buchmesse
lesen und schreiben und versuchen Sie, mit diesen
Fähigkeiten als »schwieriger« Debütautor einen
Verlag (→ S. 254) zu finden (z. B. Hoffmann &
Campe, Bastei-Lübbe o. ä.)![33]

Abb. 50 – **Mecklenburg-Vorpommern**, nicht nur für doofe Kühe und
verrückte Vögel?

Meckl-Enburg-Vorpomm-Ern

Das als Sichtschutz für das geheime *Nazi-Raketenzentrum
Peenemünde* von Wernher von Braun (→ *Geschichte, S. 96*)
errichtete Bundesland Mecklen-Burg-Vorp-Omm-ern ist
seit Jahrzehnten eine Herausforderung für Legasthenicker
und Bindestrichgeschwächte.

In Anlehnung an die hier überhaupt nicht vertretene
Schnellrestaurantkette *Kochlöffel* wird das östlichste Nord-

33 Bitte sehen Sie von Einsendungen an *Kiepenheuer & Witsch* ab!
Bitte!

land vom frechen Volksmund mittlerweile gerne *McPomm* genannt. Die von der als besonders freizügig geltenden kurdischen Nacktarbeiterpartei *FKK* aufgeschüttete, 1700 Kilometer lange Ostseepromenade nennt mangels Sonne keiner *Osta Brava*. Dennoch führt Mecklenb-Urgvorpommer-N mit 4,1 Quallen pro Kopf (bzw. Bein oder Arm) die bundesweite Nesselbrandstatistik uneinholbar an.

Auf Rügen hinterließen die Nazis den Mecklenburgvorpommerern das lieb gemeinte *KdF-Touristenresort Prora*[34] und eine der im NS-Volksmund *Nappo* genannten Eliteschulen. Im Gegenzug verschenkte man nach dem Krieg die Hälfte des Usedoms[35] an Polen (→ *Polen, S. 218*), weshalb er heute bei Weitem nicht so bekannt und beliebt ist wie zum Beispiel der zweite mecklenburgvorpommersche Dom in Bad Doberan.

Faktenwissen Extrem

Rügen ist von doppelt so viel Wasser umgeben wie das Saarland und somit die größte deustche Insel außerhalb des Mittelmeers.

Abb. 51 – *Kommt zum Glück nur selten vor*: ein **Menschenauflauf** (Bildmitte) in Mecklenburg-Vorpommern

Unweit von diesem schmiegt sich der in Diplomatenkreisen »Holy Damn« genannte Hotelkomplex von Heiligendamm an die Ostseeküste. Gelegentlich präsentieren sich hier die wichtigsten Menschen der Welt in goldenen Strandkörben und lassen sich von interessierten Bürgern mit langen

34 Ein Vorläufer der beliebten *Robinson-Clubs*
35 *vgl.*: Kölner Dom

Stöcken oder Besenstielen durch den engmaschigen Elektrozaun liebkosen.[36]

Übungsaufgaben:

• »Maikäfer flieg / dein Vater ist im Krieg / deine Mutter ist in Pommerland / Pommerland ist abgebrannt / Maikäfer flieg.«
In welchem Krieg ist der Vater des Maikäfers?
a) Krieg der Sterne
b) Afghanistan

• Warum ist Pommerland abgebrannt?

• Welche Synonyme außer »abgebrannt« fallen Ihnen noch für das Wort »pleite« ein?

• Chemie: Messen Sie die Bevölkerungsdichte Mecklen-burgvorpomm-Erns vor und nach dem Konsum von einer Kiste *Rostocker Pils* pro Einwohner!

Niedersachsen

Das kränkliche Bundesland Niedersachsen hat einen Jadebusen[37], zwei Löcher mit den Umrissen Bremens und Bremerhavens[38] und muss außerdem die drei langweiligsten Städte Europas beherbergen und verköstigen: Gifhorn, Peine und Vechta[39].

Das von altem Adel[40] geprägte Niedersachsen ist neben Sachsen-Anhalt die einzige noch existierende Monarchie im bundesrepublikanischen Staatenverbund und wird seit Jahrzehnten von *Prügelprinz Ernst August von Hannover* mit

Abb. 52 – **Niedersachsen**: die wilde Zweilochstute

Merke!

Dank **Niedersachsen** ist es tschechischen Touristen seit dem Mauerfall möglich, von Görlitz bis nach *Fedderwardersiel* an der Nordsee zu gelangen, ohne sächsisches Hoheitsgebiet verlassen zu müssen.

---

36 auch: G8-Gipfel
37 An dieser Stelle bitte anfangen, ausgiebig über Jadebusen zu kichern!
38 Bremen und Bremerhaven (→ S. 28)

39 Diese Beschimpfung der drei wunderbaren Städte Gifhorn, Peine und Vechta ist dem Lektor leider durchgegangen. Der Verlag Kiepenheuer & Witsch bittet um Verzeihung.

eisernem Regenschirm regiert. Öffentliches Herumschiffen ist deswegen landesweit auch außerhalb der Hafenstädte und regulären Schifffahrtswege gern gesehen.

Die bäuerlichen Niedersachsen gelten seit Veröffentlichung des *Niedersachsenliedes*[42] als sturmfest und erdverwachsen. 1947 verfügte der britische Militärgouverneur Graf Bentheim, dass der niedersächsische Wirtschaftsmotor fortan bei Volkswagen in Wolfsburg gebaut werden musste.

Dennoch verdienen sich viele Niedersachsen heute ein kleines Zubrot durch Windradanbau oder die Zucht skurriler Landkreise. Die exotischsten Zuchterfolge bis dato: Landkreis Hameln-Pyrmont[43], Landkreis Goslar[44] und Friesland[45].

Seit der Verschleppung der vormaligen Nordseeinsel Loreley durch die Rheinländer gehören nur noch sieben ostfriesische Inseln zu Niedersachsen.

Abb. 53 – Nach ihrem peinlichen Auftritt bei *Let's Dance* (RTL) im niedersächsischen Exil: **die Heide**[41]

Abb. 54 – Wäre Niedersachsen nicht *sturmfest* mit Deutschland *erdverwachsen*, trübe es längst, losgerissen durch die Antriebskraft seiner **circa 2,4 Millionen Windräder** (*siehe Bild*), als hilflose Insel neben Helgoland in der Nordsee und sähe weit älter aus als sechzig Jahre.

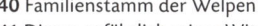

Übungsaufgaben:

• Zählen Sie unter Zuhilfenahme der Eselsbrücke »Mein Vater erklärt mir jeden Sonntag unsere neun Planeten« alle ostfriesischen Inseln in der richtigen Reihenfolge auf!

• Wie werden die Gezeiten gemessen?
a) in Watt
b) in Ebbe und Flut
c) an der Nässe der Hosenbeine

• Was versteht man unter einer Prinzenrolle?

Faktenwissen Extrem

Ihr offizielles Staatsfernsehen nennen die Niedersachsen **NDR**, in augenzwinkernder Anlehnung an die ähnlich angesagte, jahrelang an den Osten Niedersachsens grenzende *DDR*.

---

40 Familienstamm der Welpen
41 Dieser gefährlich miese Witz lagerte eigentlich sicher verschweißt in einem Salzstollen im Wendland, sickerte aber anscheinend über das Grundwasser zurück in dieses Buch.

42 *nicht verwechseln mit*: Radio Orchid von Fury in the Slaughterhouse
43 berühmt für seine Pyrmontkirschen
44 berühmt für Sigmar Gabriel
(→ *Bundesumweltminister, S. 171*)

Gastbeitrag: Baden-Baden

Baden-Baden, der Kurort im Westen Baden-Württembergs, fällt zunächst durch einen lustigen Doppelnamen auf, der normalerweise gymnasialen Deutschlehrerinnen vorbehalten ist. 60.000 Menschen leben hier. Eine genaue und aktuelle Einwohnerzahl lässt sich ob des hohen Durchschnittsalters der Bevölkerung nur schwer ermitteln. Stichwort: Alle drei Minuten stirbt in Baden-Baden ein Millionär!

Gott sei Dank kommen immer neue Millionäre nach, man importiert sie vornehmlich aus Russland. Diese sorgen dann für wirtschaftliches Wachstum, steigende Goldkettenverkäufe und eine stabile und gut organisierte Mafia.

Historisch belegt ist die Tatsache, dass der russische Literat Fjodor Dostojewski im Baden-Badener Casino zu seinem Werk *Der Spieler* inspiriert wurde. Bis heute unbewiesen bleibt allerdings die Annahme, dass er *Der Idiot* in Saarbrücken[46] schrieb.

Wer durch die Sommerhauptstadt Europas schlendert, ist in 15 Minuten fertig und betrinkt sich darum zwangsweise schon am frühen Vormittag stark. Baden-Baden wurde so geplant, dass man es mit einem konventionellen Rollator in einer Stunde durchqueren kann, ohne einem Kollaps durch Magnesiummangel zu erliegen.

Wer jedoch annimmt, das Stadtbild sei ausschließlich geprägt von alten bzw. reichen bzw. alten reichen Menschen, irrt sich: Nicht selten erblickt man in der Lichtentaler Allee junge, weiß gekleidete Männer, die sich rührend um die älteren Mitbürger kümmern. Die Integration von Jugendlichen ist auch in Baden-Baden ein wichtiges Thema, daher produziert und wohnt hier auch der ehemalige DJ und heutige TV-Entertainer Frank Elstner. Hier entstehen täglich neue pfiffige Ideen und fetzige Fernsehformate, die dann vom trendbewussten und ebenfalls in Baden-Baden niedergelassenen Südwestrundfunk[47] sofort und widerspruchslos umgesetzt werden. Aus der Gerüchteküche brodelt es schon: Man möchte da auch bald was mit dem Internet machen. Denn, das wissen SWR und Style-Experte Frank Elstner: Das Internet ist echt voll cool – nicht nur für Kids!

Trotz aller vorgelebter Lockerheit ist es in Baden-Baden verboten herumzulungern. Wer an einem öffentlichen Ort eine mitgebrachte Flasche Bier trinkt, kann schnell einen Strafzettel bekommen. Der

Abb. 55 – Der Wissenschaftsjournalist, Hobbystandardtänzer und SWR-Latenight-Moderator **Pierre M. Krause** (»Anfang« »zwanzig«) kennt sich in vielerlei Dingen (Witze, Fernsehen, Kämmen, Schlafen u. v. m.) sehr gut aus. Für **Alles, alles über Deutschland** berichtet er von seinem atemberaubenden, seit mehreren Jahren andauernden Selbstversuch: einem Leben in Baden-Baden.

---

45 berühmt für seinen östlichen Teil

46 *vgl.*: Saarland

47 SWR

wird dann auf die Stirn geklebt, sofern man keine Windschutzscheibe mit sich trägt. Durch solche Maßnahmen soll die Stadt sauber gehalten werden – mit Erfolg! Obdachlose, Gesindel und Großstädter erblickt man kaum mehr. Baden-Baden ist eine Stadt, in der eine Frau nachts noch alleine auf die Straße gehen kann. Das muss sie allerdings gar nicht, denn das stadtbekannte Bordell Villa Ascona[48] ist so gut besucht, dass kundengenerierende Außentermine längst nicht mehr vonnöten sind. Wertvoller Tipp für Besucher: Bei größeren Fernsehproduktionen, Medienpreisverleihungen oder Pferderennen vorher reservieren!

Aus den vielen Vorzügen wie den berühmten römischen Thermalquellen und der reinen Luft des umliegenden Schwarzwaldes resultiert ein rundum zufriedenes, gesundes Leben in Baden-Baden. So führen auch Menschen jenseits des achtzigsten Lebensjahrs ein intaktes Sexualleben, welches sich kaum vom Treiben der Jüngeren unterscheidet – beide Parteien können sich am nächsten Morgen oft nicht mehr an den Namen des Partners erinnern.

Zum launigen Schluss noch drei ganz schön schräge Fakten über Baden-Baden: Fürst Otto von Bismarck ist seit 1895 Ehrenbürger der Stadt, Udo Lindenberg denkt darüber nach, sich hier niederzulassen, und es gibt sogar eine SPD in Baden-Baden.

Pierre M. Krause

Übungsaufgaben:

• Unterstreichen Sie das Wort Baden-Baden im gesamten Text! In verschiedenen Farben!

• Komparatistik: Vergleichen Sie Baden-Baden, »Amadeus-Amadeus«[49] und SAT.1-Film-Film!

• Erklären Sie dem SWR-Intendanten in einem mehrseitigen Aufsatz, warum Sie keinen Spaß verstehen! Schriftlich!

48 Achtung! Nicht verwechseln mit dem Trainingslager der deutschen Fußballnationalmannschaft während der EM 2008
49 *aus:* »Rock me Amadeus« von Falco (→ *Österreich, S. 220*)

Abb. 56 – *Eine abgeschnittene Haarsträhne, ein altes Zirkuspferd und eine stilisierte Poperze – was will uns* **Nordrhein-Westfalen** *mit seinem merkwürdigen Vereinslogo (Bild) sagen?*[50]

Abb. 57
Media Control präsentiert
TOP 3 der flachen Schmunzelhits für tiefschürfende Bergleute

1. *AKW – mit freundlichen Grüßen*
   von Den Fantastischen Revier
2. *Dein ist mein ganzes Erz*
   von Heinz-Rudolf Kumpel
3. *O, Sohle Mio*
   von Subventiano Baggerotti

Deutschland Glossar

Westernhagen, *der Marius (m.)*: Ambitionierter, ernst zu nehmender Musiker und Schauspieler, gefangen im Körper eines erfolgreichen deutschen Volkssängers.

Nordrhein-Westfalen

Das Ende der zwanziger Jahre des vergangenen Jahrhunderts als Nebenprodukt des Braun- und Steinkohleabbaus entstandene Nordrhein-Westfalen gilt als das Bundesland mit der reichsten Bevölkerung (18 Millionen), trotz hoher Bundesligavereinsdichte hat es jedoch leider erst einen *Günther Netzer* hervorgebracht. Die einzigen zum Land gehörenden Exklaven sind das *Outletcenter Roermond* (→ *Niederlande, S. 215*) und der Strand »*Callaratjada*« (Mallorca). Anders als gemeinhin angenommen hat Nordrhein-Westfalen viel mehr zu bieten als liebevoll zerbombte Altstädte, reizvolle Bundesstraßen und Marl.

ENNEWE trägt sein großes kohleverschmiertes Herz nicht nur auf der Zunge, sondern zeigt es auch: So gewährte Nordrhein-Westfalen dem Dörfchen Bonn (bei Siegburg), das Anfang der 1950er-Jahre unverschuldet in eine jahrzehntelange Notlage (Hauptstadt der Bundesrepublik Deutschland) geraten war, Schutz und Unterschlupf. Zwar ist dieser Spuk längst vorbei, dennoch bleibt das Land für die Bundespolitik von wahlentscheidender Bedeutung: Wer die Nordrhein-Westfalen auf seiner Seite hat, ist auch auf Bundesebene tonangebend – Grönemeyer, Westernhagen und Lindenberg können da ein Lied von singen[51].

Da sich Nordrhein-Westfalen geografisch in Löffelchenstellung zu den Niederlanden befindet, gilt es als Umschlagplatz für weiche Rauchdrogen, die von hypernervösen Fahranfängern aus dem gymnasialen Milieu unter höchstem konspirativem Aufwand in Kleinstmengen über die Auto-

50 *möglicherweise:* »We love the new!«
51 *z. B.* »Mensch«, »Sexä«, »Sonderzug nach Pankow«

bahnen ins Land geschmuggelt werden. Doch die Schmugg-ler haben Glück, gehört doch die Schleyerfahndung tradi-tionell nicht zu den Stärken der nordrhein-westfälischen Polizeibehörden (→ *RAF, S. 105*).

Wenn der ehrgeizige Plan der Organisatoren aufgeht, allen Einwohnern das Essen mit Messer und Gabel beizubrin-gen, ist Nordrhein-Westfalens Schmuckkästchen Essen 2010 Kulturhauptstadt.

Abb. 58 – Zuständig für Sicherheit und Kalauer in Nordrhein-Westfa-len: **Toto und Harry** (*kitzeln gerade Autor Jan Böhmermann, Bildmitte, durch*)

Übungsaufgaben:

- Bitte beenden Sie diesen Text mit Ihrem eigenen Essen-Essen-Verwechslungswortwitz! Mündlich!

- Sport (Theorie): Laufen Sie in einem BVB-Trikot durch die Gelsenkirchener Fußgängerzone!

- Wer von Toto & Harry ist Toto?
  a) der Lustige
  b) Harry
  c) das ist egal

Abb. 59 – In Wirklichkeit nicht ganz so sauber: der Pott

HAUPTSTADT VON NRW:
Köln – rechtzeitig erkennen und verstehen

Die alte Römerstadt Köln[52] ist Geburts- und Austragungsort des sgenannten Kölner Karnevals und wurde deshalb völlig zu Recht als erste deutsche Großstadt im Zweiten Weltkrieg von den Alliier-ten zerstört. Der angeborene *Kamellereflex*, der die Kölner zwingt, fallende Gegenstände stets lustig verkleidet, fröhlich jubelnd und mit ausgestreckten Armen entgegenzunehmen, erwies sich im eng-lisch-amerikanischen Bombenhagel als besonders verhängnisvoll.

52 *auch*: Fliesencenter West

Abb. 60 – Die **Dom** genannte Riesenkirche (*Abb., in echt größer*) ist das einzige Gebäude Kölns, dessen Außenfassade nicht flächendeckend mit Kacheln verklebt ist.[53]

Abb. 61 – »Isch binnene Kölsche Jong, wat willse maache«: Frohnatur, Menschenfreund und Jecke **Willy Millowitsch** (Bild) ist leider schon tot.

Abb. 62
So feiern die Kölner Türken Karneval!
Lieblingskarnevalsband: De Döner
Was wird geworfen: Kamele oder Kümmele
Motto: Kölle Allah bzw. Kölle Ülüüf

Wundersamerweise überlebte der jecke Rheinländer den Trümmerregen und gilt deshalb, neben dem *Pantoffeltierchen*, als einer der widerstandsfähigsten Organismen auf Erden.

Unübersehbarer Mittelpunkt Kölns ist der grotesk übersteigerte Lokalstolz der Ureinwohner.

Im Inneren des *Kölner Doms* verwahrt die katholische Kirche einen staubig-muffigen Knochenhaufen, der zu einer ihrer kostbarsten Reliquien gehört: *Joachim Kardinal Meisner*. Die beiden Türme des Doms stehen für die Kölner EinZweifältigkeit: *Himmel und Äd, Willy und Millowitsch, Stadtrat und Klüngel* – Dinge, die in der westlichsten Witzstadt Mitteleuropas untrennbar »zesamme ston, su wie ein Jott un Pott«. Apropos Klüngel: Nur wer mindestens zwei staatsanwaltschaftliche Ermittlungsverfahren hinter sich hat, darf in Köln Bürgermeister werden.

Womit wir bei Kölsch wären, örtliche Bierspezialität und Mundart in einem. Das zur Gattung der *Promillesprachen* gehörende Kölsch nuschelt man traditionell durch einen stattlichen Zwirbelbart. Und Kölsch? Das limonadenartige Leichtbier wird außerhalb der Karnevalssession vom *Köpi*, *Kürbis* oder *Kobold* genannten Brauhauskellner in Reagenzgläsern serviert. Kölsch (Bier) und Kölsch (Dialekt) sind kombinierbar – je kölschbeschwerter die Zunge, desto kölscher die Aussprache, probieren Sie es selbst! Anders als Bier und Stadtbild lässt sich die typische Kölner Volksmusik (*BAP*, *Höhner*, *Erdmöbel* usw.) leider nicht schönsaufen.

In Köln finden Schwule und Lesben alles, was ihr Herz begehrt (z. B. andere Schwule und Lesben). Die hunderttausendfach besuchte, kunterbunte Gay-Pride-Parade des Kölner Christopher Street Day ist die zweitgrößte Open-Air-Veranstaltung des Jahres und unterscheidet sich von der größten Party des Jahres, dem eingangs erwähnten Kölner Karneval, nur durch die Tatsache, dass anonymer Pervers-Kostüm-Sex auf öffentlichen Toiletten bei der kultivierteren CSD-Parade nichts zu suchen hat .

53 Die Kölner »Stadtverwaltung« gibt sich jedoch optimistisch, die Vollverfliesung des gotischen Prachtbaus spätestens 2022 abgeschlossen zu haben.

Jeder Jeck baut anders, lautet ein bekanntes Kölner Sprichwort. Und das sieht man auch: Für architektonisch interessierte Deutschlandreisende ist die bescheidene Medienstadt[55] Köln eine wahre ~~Bau~~Fundgrube. Die wenigen nach dem Krieg (→ *Zweiter Weltkrieg, S. 83*) erhaltenen Altbauten der Stadt werden bewusst von sichtbetonverschalten Verwaltungshochhäusern, einladenden Straßenbahnhaltestellen oder modernen Glas-Stahl-Kolossen eingekeilt und verdeckt.

INFOKASTEN KÖLN

Einwohner: Jecken
So heißt die Stadt im Ausland: »Eau de« (Frankreich), »Colonium 210« (Russland), »Altkölln« (Berlin-Neukölln)
Alphabetisierung: von Aschermittwoch bis zum 11.11. (ca. 11.10 Uhr) 99 %, in der übrigen Zeit lediglich 4 %.
Angesagtester Club der Stadt: 1. FC Köln
Das muss man gesehen haben: die traditionell alle zwei Jahre stattfindende Aufstiegsparty des 1. FC Köln
Prominente der Stadt: Yasmin Dasimmadabei (Schauspielerin, Bandits), Marie-Luise »Stan« Libuda (Karnevallegende von Schalke 04), A.L.A.A.F. (Außerirdischer vom Planeten Melmac)

Eselsbrücke

Wer Kabul mag, wird **Köln** lieben!

In letzter Zeit sind verstärkt Bemühungen der Kölner Verkehrsbetriebe (KVB) zu beobachten, die Kölner Altstadt durch systematische Untertunnelung wieder in den Nachkriegszustand zu versetzen.

Übungsaufgaben:

• Machen Sie einen Klüngelstreich!

• Psychologie: Reden Sie sich selber ein, Köln sei eine schöne Stadt, und überzeugen Sie andere davon, dies ebenfalls zu glauben! Mündlich!

---

54 *siehe auch*: homo neandertalensis, S. 58
55 *wegen*: WDR, RTL

Abb. 63 – Kreuzigen oder doch lieber rädern lassen? **Rheinland-pfälzische Heraldiker** überließen dem Löwen (Mitte) die Wahl der Qual!

Abb. 64 – *Zum Wohl!* Wer zum **Amtssitz des rheinland-pfälzischen Ministerpräsidenten** (*Abb.*) gelangen möchte, muss sich schlaraffenlandartig über sieben Weinberge trinken und durch ein Gebirge aus Hirsebrei futtern.

Rheinland-Pfalz

Mit seinem Landesslogan »Wir machen's einfach« macht es sich Rheinland-Pfalz einfach. Doch man sollte dem im hügeligen Mid-West-Germany gelegenen Bundesland seine sprichwörtliche Einpfälzigkeit nicht übelnehmen, denn Rheinland-Pfälzer haben in der Geschichte der Bundesrepublik Deutschland Entscheidendes geleistet.

Auf den verwitterten Ruinen und kaputten Steinhaufen der architektonisch als *schlurig* verschrienen Römer erschufen die fleißigen Südwestdeutschen in nur zweitausend Jahren ein waschechtes Bundesland, das bis heute Bestand hat, und stellenweise ist *RP* seinen Erbauern so gut gelungen, dass Touristen scharenweise vor Verzückung gallonenweise Freudentränen in Saar, Mosel oder Lahn vergießen.

Im Jahr 2001 erklärte der amtierende Ministerpräsident Kurt Beck (SPD) in *Rheinland-Pfalzs*[56] staatlich kontrolliertem Fernsehsender (ZDF) einseitig seine Autonomie von Georgien, welches daraufhin empört Rheinland-Pfalz aus seiner Studi-VZ-Freundesliste löschte und fortan schmollend nur noch Hessen und das Saarland gruschelte. Becks als groß angelegte Retourkutsche gedachte Schlüsselrede an der Berliner Siegessäule fiel allerdings kurzfristig aus, weil der charismatische Pfälzer zwischen Mittagsschläfchen und Kaffeekränzchen nicht mehr aus dem Haus wollte.

KOCHEN WIE EIN RHEINLAND-PFÄLZER

Füllen Sie eine Schweineinnerei (z. B. Niere, Milz, Zwölffingerdarm) Ihrer Wahl mit Rinderinnereien (z. B. Hirn, Herz, Lunge) Ihrer Wahl! Mit Salz abschmecken, fertig!

56 Genitiv?!? Ein Fall für Bastian Sick (KiWi)!

Jahrzehnte vor Roberto Blanco und einer liberalen bundesweiten Integrations- und Ausländerpolitik schwenkten die Weinland-Pfälzer um auf »Heile, heile Gänsjes« und machten »Rucki Zucki« den Neger Ernst zum beliebtesten Mainzer Fastnachtskünstler aller Zeiten. Der revanchierte sich auf seine Weise und warnte seine reiselustigen Karnevalsfreunde in seinem Song »Es gibt kein Bier auf Hawaii« gerade noch rechtzeitig vor der beginnenden Urlaubssaison, dass es kein Bier auf Hawaii gibt.

Übungsaufgaben:

• Was ist der Unterschied zwischen Mainz und Deins? Begründung!

• Machen Sie sich einer Weinkönigin zum Untertan!

Saarland

Was im Saarland wirklich los ist, interessiert eigentlich kaum jemanden, aber dennoch schafft der »Blinddarm der Pfalz«[57] andauernd den Sprung in die Nachrichten: Meist muss das Land dort für hässliche, zum Teil stark hinkende Vergleiche herhalten, die sich Journalisten quasi im Akkord aus den Fingern saugen müssen:
Tagtäglich verschwindet im brasilianischen Regenwald ein Gebiet, das sechsmal so lange brennt wie das Saarland, größenmäßig verhält sich die Sonne zum Saarland wie die Erde zu einer schrumpeligen Apfelsine; und um das Saarland maßstabsgetreu nachzubauen, benötigt man eine Fläche, die genauso groß und an den Rändern ausgefranst ist wie das Saarland.

[57] *Zitat*: Reinhard Klimmt

Abb. 65 / Abb. 66 / Abb. 67 / Abb. 68 Survival of the Fittest? *Da hätte Darwin Augen gemacht*! Die **Evolution rheinland-pfälzischer Ministerpräsidenten** (*v. l. n. r.: Helmi, Berni, Rudi, Kurti*)

Abb. 69 – Quattro Stagioni: **Saarland**

Abb. 70 – Nach seiner Rolle als *Batman-Bösewicht Pinguin* ist **Danny DeVito** die Wunschbesetzung für die Figur des Oskar Lafontaine im SPD-Abspaltungsdrama »Ich kam, Saar und siegte!«[58]

Abb. 71 – *Etwa zehnmal so aufregend wie das Saarland*: ein **Fußballfeld**

Dabei gäbe es doch so viel über das wohl meistverglichene Bundesland der Welt zu berichten! Schon die geschichtlichen Höhepunkte wären übereinandergestapelt immerhin schon halb so hoch wie Oskar Lafontaine.

Im Landeswappen des Saarlandes leben eng zusammengepfercht zwei Löwen und drei Adler, das sind ein Löwe und drei Adler mehr als im Vergleichswappen des knapp siebenmal größeren Nachbarlandes Rheinland-Pfalz, ein schrecklicher Zustand, für den Tierschützer schon seit Jahren weltweit nach einem passenden Vergleich suchen.

Deutschland käme wohl vermutlich auch ganz gut ohne das Saarland zurecht, es wäre dann allerdings noch etwas kleiner als heute, und zwar exakt 2.568,70 km^2 – was ziemlich genau der Fläche von zwölf Fußballfeldern der Größe des Sauerlandes entspricht.

> **Übungsaufgaben:**
>
> • Finden Sie das Saarland auf der Deutschlandkarte auf Seite 21 (grobe Richtung reicht)!
>
> • Finden Sie Argumente, wie man Frankreich überreden könnte, das Saarland wieder gegen das Elsass zurückzutauschen! Schriftlich!

Sachsen-Anhalt

Sachsen-Anhalt ist ein landschaftlich höchst reizvolles, kulturell interessantes und noch immer unterschätztes Bundesland. Offenherzig empfängt es den von Westen kommenden, über die A 2 ostwärts fahrenden Reisenden mit positiv

Abb. 72 – Das *Mauerbärchen* unter den Bundesländern: **Sachsen-Anhalt**

58 *beeindruckend und pikant*: die wilde Liebesszene mit Gregor Gysi (gespielt v. Arnold Schwarzenegger)

klingenden Ortsnamen wie *Uhrsleben, Wefensleben, Tun-dersleben, Eichenbarleben, Ab-* und *Doppelleben*, um ihn dann in der Landeshauptstadt *Magdeburg* auf den spröden Boden Sachsen-Anhalter Realität zurückzuholen. Erstaunlich dennoch, dass das als größte Betonfreilichtschau nördlich von Dessau geltende Magdeburg Heimat der bunten Androgynrocker, Teenieschwärme und einzigen echten deutschen Weltstars *Cinema Bizarre* ist.

Der frühe Wurm hat 'nen Vogel: Im »Land der Frühaufsteher« sind die Arbeitsagenturen bereits um 4.30 Uhr gerammelt voll – zum Ausgleich werden allerdings landesweit kurz nach Mittagspause alle Bordsteine hoch- und alle Fensterläden zugeklappt. Neben den Erzeugnissen des *Chemiedreiecks Bitterfeld*[60] ist Sachsen-Anhalt Exportweltmeister von Talkshowkandidaten und somit wichtigster Motor des bundesdeutschen Nachmittagsfernsehens (→*Fernsehen,* S. 234).

Der höchste Repräsentant Sachsen-Anhalts, *Prinz Frédéric von Anhalt*, hat sich durch Selbstadoption auf den Magdeburger Regierungsthron gebracht, ist wie *Prinz Poldi* oder *König Fußball* Mitglied des *Scheinadels* und somit immer mindestens einer RTL-Explosiv-Redakteurin unterstellt.

Faktenwissen Extrem

Im Streit um die korrekte Aussprache ihres Namens wurde die mausgraue Elbestadt **Maaachdeburch** bzw. **Maagdeburg** bzw. **Mackteburk** mehrfach komplett niedergebrannt.[59]

Übungsaufgaben:

• Reisen Sie per Sachsen-Anhalter durch die Galaxis (oder wenigstens durch Sachsen-Anhalt)! Verfassen Sie einen stichpunktartigen Reisebericht!

• Wenn Venedig in Sachsen-Anhalt läge, wäre es dennoch eine Touristenattraktion?

Abb. 74 – *Ein Teenie-Schwarm, nicht nur in Sachsen-Anhalt*: die struwwelige **Sängerin von Cinema Bizarre**

59 *bedauerlich*: Man baute sie hinterher jedes Mal wieder auf.
60 *z. B.* Hypotenusen, Tangenten, Ankatheten und Gegenkatheten

Abb. 75 – Eine sich hinter einer Distel versteckende, **wappenförmige Biene** ziert das Landeswappen Sachsens und täuscht ein erhöhtes Vorkommen *heißer Stecher*[61] auf sächsischem Boden vor.

> **Merke!**
>
> Zu den wichtigsten Feiertagen des *Freistaates Sachsen* zählen die **Sonnenwendfeier, Montag** und **Nikolaus.**

> **Merke!**
>
> Der Dresdner Traditionsfußballverein **Dynamo Dresden** wurde im vergangenen Jahr wegen anhaltender Erfolglosigkeit von der *UEFA-Weltkulturerbeliste* gestrichen.

Abb. 76 – *Frauenfitnessstudios, Frauenschwimmkurse, Frauenparkplätze –und jetzt das*: Um nicht länger den ekelhaften Belästigungen männlicher Gläubiger ausgesetzt sein zu müssen, errichtete die Stadt Dresden vor Kurzem eine Frauenkirche (Bild)!

Sachsen

Das Bild von Sachsen als einem Land, in dem Westdeutsche beim Bananenkaufen noch immer mit Negern beworfen werden, hat sich in den letzten Jahren stark gewandelt.

Sachsen hat inzwischen einiges zu bieten: unberührte Sandstrände, herrliche Buchten und rund 330 Sonnentage im Jahr. Quatsch, das war Teneriffa. Aber Sachsen hat das Seniorendisneyland Görlitz und bald die im *Tal der Arbeitslosen* gelegene Dresdner Feldschlösschenbrücke, deren Bau sich aber bis zum vollständigen Leeren aller benötigten Feldschlösschenflaschen verzögert.

Nach erfolgreicher Rekonstruktion der kaputtgebombten Frauenkirche planen eifrige Baumeister schon den Wiederaufbau anderer symbolträchtiger Gebäude (z. B. *Pyramiden, Mauer, Eiffelturm*) in der *Elbflorenz* genannten Landeshauptstadt Dresden.

Das schönste Ereignis im Leben eines Sachsen ist jedoch der Besuch einer von *Wolfgang Lippert* moderierten Open-Air-Volksmusiksendung des MDR.

Neben der geplanten Einführung einer Mautplakette für Migranten in der Sächsischen Schweiz setzt Sachsen derzeit auf große Filmproduktionen als weitere Einnahmequelle. Ein spannendes RTL-Eventmovie über die Leipziger Montagsdemonstration mit *Veronica Ferres* als Nikolaikirche und *Heino Pferch* als Stasi (Arbeitstitel: »Dresden 2 – jetzt wird geheiratet«) wird derzeit in der *Neißeneapel* genannten Kleinstadt Pirna gedreht.

61 *vgl.*: Sachsen-Paule

Übungsaufgaben:

• Vergleichen Sie Holger Apfel (NPD) mit einer Birne! Schriftlich und mündlich!

• Biologie: Sperren Sie zwei Dutzend bissige Kampfhunde in den Zwinger!

• Wieso schmecken Stollenschuhe nicht nach Dresdner Christstollen, sondern nach verschwitztem Leder? Beantwortung schriftlich!

Faktenwissen Extrem

Der Spaß hat in **Sachsen** auch seine Grenzen: die *Neiße*.

Schleswig-Holstein

Von gleich zwei Beinahe-Weltmeeren in die Mangel genommen, im Norden von den übermächtigen Dänen bedrängt und im Sommer von Millionen *Ferienhaus-in-Dänemark-Touristen* aus dem Ruhrgebiet überrollt, verbringt das als Deutschlands nasse Mütze bekannte Bundesland Schleswig-Holstein die wenigen Jahre, die ihm bis zur vollständigen Polkappenschmelze noch bleiben, in apathischem Angstzustand.

Abb. 77 – *Hat hoffentlich noch keiner bemerkt*: **Ein peinlicher weißer Fleck** verschandelt die Hälfte des schleswig-holsteinischen Landeswappens.

Getreu dem Landesmotto »Feuchte Füße, trockenes Gemüt« haben sich die Nordländer schicksals- und klimawandelergeben dem Unvermeidlichen gefügt: dass Holstentor, Westerland und die Bad Segeberger Festspielbühne in spätestens zehn Jahren als Korallenriff vor der Hannoveraner Nordseeküste allenfalls noch von Tauchern, Schatzsuchern bzw. Schatztauchern[62] besucht werden.

62 *wie*: James Cameron u. a.

Abb. 78 – *Feuchtgebiet:* Schleswig-Holsteins Landeshauptstadt **Kiel** im Jahr 2019

Die Filmrechte für das Absaufen Schleswig-Holsteins hat sich Bernd Eichinger gesichert, der Deutschlands schüchternes Grünflächenland 1990 schon mit »Werner – Beinhart!« ins Bewusstsein einer breiten Öffentlichkeit hob.

Deutschland Glossar

Werner, *der (m.)*: die Micky Maus Norddeutschlands.

Politik: Die Zeiten, in denen man als schleswig-holsteinischer Ministerpräsident noch mit simplen Lügen, DDR-Waffendeals und ein bisschen Selbstmord[63] Schlagzeilen machen konnte, sind vorbei. Mittlerweile muss man sich dafür mit einem Peter-Harry zerstreiten.

Schleswig-holsteinische Orte wie Itzehoe oder Bad Oldesloe verwirren Auswärtige und Angesiedelte mit unklarer Aussprache. Auf der sicheren Seite ist man jedoch stets, wenn man die Ortsnamen wie z. B. auch bei *Soest*, *Oer-Erkenschwick* oder *Coesfeld* einfach mit einem gewöhnlichen Dehnungs-Ö ausspricht.

Abb. 79 – Es muss nicht immer **Gülcan** sein: Einige Mitglieder der Kamps-Familie (Bild) sind eloquenter, geistreicher und doppelt so knusprig wie die angeheiratete VIVA-Schnecke aus Lübeck.

Obgleich das Bundesland komplett in der mitteleuropäischen Sommerzeitzone liegt, markiert nicht der erste Januar, sondern der Beginn des Wacken-Open-Airs den schleswig-

63 bzw. Mord

holsteinischen Jahresanfang. Schleswig-Holsteins Landes-
maskottchen ist der kleine Klaus von *Klaus und Klaus*; die
Gruppe *Echt* unter Leitung des »charismatischen Front-
manns« (Feuilleton) *Kim Frank* erschuf mit *Wir haben's ge-
tan* die offizielle schleswig-holsteinische Landeshymne.

Übungsaufgaben:

• Wie wäre eine Schulstunde mit Gülcan Kamps?
  Schreiben Sie auf – ohne Punkt und Komma!

• Was ist eine schleswig-holsteinische Comicfigur?
  a) Kerner
  b) Werner
  c) Peter-Harry

• Essay: Legen Sie dar, warum Schleswig-Holstein
  Dänemark misstrauen sollte. Schriftlich!

Abb. 80 – Heißt *Peter-Harry* mit
Vornamen: **Peter-Harry Carstensen**
(*Deutscher Bierbotschafter 2006*)

Merke!

Da sich das deutschlandweit beliebte **Verkehrspunkteregister**
in Flensburg befindet, zählen die
in Schleswig-Holstein gesammel-
ten Punkte als Heimpunkte, also
doppelt.

Thüringen

Dem Ruf des verrückten Löwen folgend und aufregende
Rauscherlebnisse erhoffend, pilgerte schon die kulturelle
Avantgarde Deutschlands des 18. und 19. Jahrhunderts ins
damals wie heute angeberischste Ostbundesland: Schon
Göte buchstabierte in Thüringen frühmorgens *Faust* samt
Sequels (»Faust II – Jetzt erst recht«, »Faust 4.0«) ins Dikta-
fon und traf sich abends mit der Weimarer Bibliotheksange-
stellten Anna Amalia auf ein Gläschen Prosecco.

In Weimar herrschte im erwachenden 19. Jahrhundert eine
Dichterdichte, wie es sie erst knapp 150 Jahre später wieder

Abb. 81 – Das **thüringische Landeswappen** zeigt einen rot-weiß ge-
streiften Löwen mit einer *Burger-
King-Pappkrone* auf der Struwwel-
mähne, der auf einem mit weißen
Sternen bestickten blauen Bettlaken
liegt und seiner eigenen rechten
Pranke die Zunge herausstreckt.

Die 1000 besten Wahlthüringer

Abb. 82 – Platz 815:

Friedrich Schiller
Schaffensphase: Hängte in Weimar den »Wallenstein« an die große »Glocke«, verspeiste danach eine Rostbratwurst, schrieb »Maria Stuart«, aß noch eine Rostbratwurst, dann »Die Jungfrau von Orleans«, noch eine Rostbratwurst, verfasste »Wilhelm Tell« usw.

auf den gelben Monopoly-Straßenfeldern geben sollte. Der deutsche Mythos vom Land der Dichter und Denker hat seinen Ursprung in Thüringen und erfuhr seinen spektakulären Höhepunkt mit den knapp vierzig Weimarbesuchen Adolf Hitlers, eines zwar nicht sonderlich großen[64], aber zeitweise recht beliebten deutschen Dichtators und Denkers.

KEIN WITZ!

Wer sich heute einmal wie *Führer in Weimar* fühlen möchte, reserviert im Weimarer *Hotel Elefant* die *Thomas-Mann-Suite*, wie Hitlers ehemalige Lieblingsräumlichkeit inzwischen genannt wird.

LERNSPIEL

Aufgaben:

- Pro Wurst haben sich zehn kleine Fehler eingeschlichen! Finden Sie sie und kreisen Sie sie ein!

- Legen Sie aus den drei Rostbratwürsten ein Quadrat! Fassen Sie jede Wurst dabei nur einmal an! *(Die Lösung finden Sie auf Seite 260)*

Abb. 83 – Die drei **Thüringer Rostbratwürste** (Bild) sehen auf den ersten Blick alle gleich aus.

64 *laut seinem Leibarzt:* 1,69 Meter

Neben dem landschaftlich wunderschön gelegenen *KZ Buchenwald* und der Erfurter *KIKA-Sendezentrale*, die sich wahrscheinlich noch nicht sehr häufig einen Satz mit einem nationalsozialistischen Folterort teilen musste, bietet Thüringen viele weitere tolle Sehenswürdigkeiten.

Die Eisenacher Wartburg, einzige Burg Mitteleuropas mit Fallstromvergaser, flüssigkeitsgekühltem Dreizylinder-Zweitakt-Ottomotor und vollsynchronisiertem Viergangzahnradgetriebe, hat nur einen Nachteil: Die Wartezeit für Touristen beträgt bis zu zwölf Jahre.

Faktenwissen Extrem

Vorsicht, Wanderfreunde! Der Rennsteig ist eher steig als renn!

Übungsaufgaben:

- Wo kommt bei Türihngen das »h« hin? Begründung!

- Goethe und Schiller wirkten in Thüringen. Warum gehört es dann nicht zu Westdeutschland?

- In welcher thüringischen Stadt wurde die Weimarer Republik (→ S. 76) begründet?
  a) Bad Langensalza
  b) Gotha
  c) Suhl

ABSCHLUSSTEST HEIMATKUNDE

Bitte schließen Sie nun dieses Lehrbuch, räumen Ihren Tisch bis auf einen Füllfederhalter und ein Geodreieck leer, unterlassen Sie das Schwätzen und rücken Sie die Stühle auseinander.

Denn am Ende jedes Kapitels wartet stets ein zur Leistungskontrolle gedachter Abschlusstest auf Sie, den Sie nun bitte ausfüllen, danach vorsichtig mit einer Stichsäge an der nicht vorhandenen Perforationslinie aus dem Buch trennen und per Post senden an: ZDF, Redaktion Fernsehgarten, Stichwort: Kiwi, 55100 Mainz.

Unter allen Einsendungen werden Noten im Bereich von 0 bis 15 Punkten verlost.

1. Warum ist Berlin Hauptstadt?

○ a) Wegen Medien (viele TV-Sender hatten dort eh schon ihre Hauptstadtstudios)
○ b) Weil in Höxter die Mieten zu hoch sind
○ c) Weil Warschau nicht geht (leider)

2. Welches Bundesland hat einen Bindestrich?

○ a) Keines
○ b) Niedersachsen
○ c) Meck-Lenburgvorpommern

3. Wie nennt man den Regierungschef eines Bundeslandes?

○ a) Arschloch (mit Verlaub)
○ b) Papa
○ c) Prügelprinz

4. Was bricht Bundesrecht?

○ a) Marmor, Stein und Eisen
○ b) Kann ich die Frage noch mal hören?
○ c) Witzig gemeinte Zwischenrufe der Opposition

5. Welche der folgenden Fragen ist eine Fangfrage?

○ a) b
○ b) a
○ c) c

6. Wenn ein Landesparlament ein Gesetz verabschiedet ...

○ a) ... muss man sich auch dran halten.
○ b) ... darf man auch mal die ein oder andere Träne verdrücken.
○ c) ... gilt es als flügge.

7. Was ist Ländersache?

○ a) Der langweilige Kleinkram
○ b) Das ist Ländersache
○ c) Ehrensache

8. Was bedeutet Föderalismus?

○ a) Jeder regiert so gut er kann, nur nicht seinen Nebenmann.
○ b) Wenn zwei sich streiten, bezahlt Bayern.
○ c) Dabei sein ist alles.

9. Welches Bundesland entspricht exakt der Größe Hessens?

○ a) Keins
○ b) Mainz
○ c) Phantasialand

10. Woran erkennt man einen echten Berliner?

○ a) An der Umhängetasche aus LKW-Plane
○ b) An der asymmetrischen Modefrisur
○ c) Er wurde nicht in Berlin geboren

(Die Lösungen finden Sie zwar auf Seite 260, bitte aber NICHT angucken, da Test sonst ungültig!)

_____

Datum/Ort

_____

Unterschrift des Buchinhabers

»Die deutsche Geschichte
ist über weite Strecken
ironisch gemeint.«

Kapitel 2

Geschichte

Neueste Ausgrabungen belegen: Geschichte gab es in Deutschland schon viele Jahre vor Guido Knopp! Bereits Hermann der Cherusker konnte bei seinem Tod 21 n. Chr. auf eine ziemlich heiße Geschichte zurückblicken (z. B. 30.000 Römer versohlt). Geschichte beschäftigt Deutschland aber auch in der Gegenwart: Vieles ist heutzutage bereits Geschichte (Taschenuhren, Polytheismus) oder wird in naher Zukunft Geschichte sein (z. B. Erdöl, SPD).

Warum hat man ein ungutes Gefühl, wenn zehntausend Menschen die deutsche Nationalhymne grölen?[1] Warum würde man Deutschland einen Genozid besonders verübeln?[2] Wieso spricht man in Frankreich kein Deutsch? Wo sind all die Indianer hin? Wann verlor das letzte Ziel den Sinn?[3]

Die Antworten auf diese Fragen finden Sie in diesem Kapitel.

Deutschland Glossar

Polytheismus, *der (m.)*: Es gibt nur einen Gott: *Belafarinrod*

Deutsche Zeitleiste	26. Mai 204.103.471 v. Chr. Erfindung der Zeitleiste bei Ulm		204.000.000 v. Chr. Urknall (in Bad Reichenknall)

Abb. 1 – *Workaholic mit Herz*:
Gott (Bild) bei einem seiner selten gewordenen öffentlichen Auftritte (um Weihnachten rum)

1 *Möglich*: vor Begeisterung in die Hose gemacht (klein)
2 Wahrscheinlich aus Neid
3 Das wüsste *Hartmut Engler* (Pur) auch gerne.

Der Neandertaler

Anders als heutzutage gemeinhin angenommen, beginnt die Geschichte Deutschlands nicht mit der Unterzeichnung der *8x4-Verträge*, sondern viele, viele Tausend Jahre zuvor. In einer Zeit, als feuerspeiende Echsen und fremdartige Säugetiere die urwüchsige Berglandschaft zwischen den damals noch Magma führenden Strömen Rhein und Oder bevölkerten.

Deutsche Dinosaurier

Abb. 34 – Tyrannosaurus Rex

Kann: alle anderen Dinosaurier aufessen
Kann nicht: sich danach mit der Serviette den Mund abputzen (wegen: Arme zu kurz)
Vorkommen: Waldgebiete, offenes Grasland, Steppe

Abb. 35 – Stegosaurus

Kann: als Säge benutzt, Baumstämme in Scheiben schneiden
Kann nicht: mit Artgenossen schmusen (Verletzungsgefahr)
Vorkommen: stachelige Büsche, Bergseen, Küste

Abb. 36 – Peter Scholl-Latour

Kann: giftig werden
Kann nicht: sich mit dem Fuß am Ohr kratzen
Vorkommen: ARD, ZDF, Phoenix, 9LIVE (verwählt)

200.000.000 v. Chr.
Auf einem Ferienbauernhof im Sauerland erschafft Gott Himmel und Erde, danach das Licht (sinnvoller: andersrum)

199.000.000 v. Chr.
Heißer Trend im Erzgebirge: Magma (auch als *Magma-Mandel, Magma-Classic und Magma Berghoff*)

198.800.023 v. Chr.

Abb. 2 –
Aktivraucher sterben aus: zeitgenössische Warnhinweise für Vulkane

Blutrünstige *Säbelzahntiger* lauerten im selbst nachts un-
beleuchteten Dickicht prähistorischer Wälder den schmackhaften, damals noch zur Gattung der Landsäuger gehörenden Delfinen auf. Herden gut frisierter *Mammute* ga-
loppierten durch weitläufige Steppen und ließen sich den
schwefelhaltigen Wind durch die eitle Poppermähne we-
hen.

Friedliche Dinosaurier stapften ziellos durch niederrheini-
sche Tundren und oberbayrische Taigen. Wo sollten sie auch
hin? Warum sollten sie sich beeilen? Es gab schließlich
nichts, nicht mal Antennenfernsehen, eilige Fristsachen
oder wenigstens **ISDN**-Internet.

In einer muffigen Senke in der Nähe einer trostlosen Salz-
wüste[4] hatte es sich zu jener Zeit ein Grüppchen prähistorischer Tunichtgute in grottig eingerichteten Wohnhöhlen
den Umständen entsprechend gemütlich gemacht: die Neandertaler.

Faktenwissen Extrem

Damals wie heute gilt: Wenn man
einen Delfin nicht mehr haben
möchte (z. B. nach Beendigung einer
Delfintherapie), sollte man ihn, bevor man ihn im Klo runterspült, mit
Vaseline einreiben, damit er besser
durchs Fallrohr flutscht.

Deutschland Glossar

Tundra, *die (f.)*: Eine **Tundra** ist
langweilig, staubtrocken, aber
bei hohen Tieren ungemein beliebt (z. B. *Tundra Maischberger*[5]).

Schon gewusst?

Dieses Buch hat zwar kein ISDN,
sehr wohl aber **ISBN**! Und zwar
nicht zu knapp: 978-3462040913

198.299.100 v. Chr.
Ausbruch der Anständigen:
Vulkane wehren sich gegen
das bundesweit eingeführte
Rauchverbot

198.000.000 v. Chr.
Jura (auf Magister)

196.000.000 v. Chr.
Unter dem Mikroskop sind die
ersten typischen Merkmale
Deutschlands (schlechtes Wetter,
Kassel, Blasmusik) bereits recht
gut zu erkennen.

4 dem heutigen Landkreis Mett-
mann bei Düsseldorf

5 Dieser mittelmäßige Wortwitz
wurde vom Lektor dieses Lehrbuchs
bedauerlicherweise übersehen.

Abb. 37 – *Mythos oder Monster?* Bislang hat noch kein Mensch den **Neandertaler** lebend zu Gesicht bekommen (Ausnahme: Reinhold Messner)

Wulstige Augenbrauen, kantige Wangenknochen, ein von blutigen Kämpfen gezeichnetes Gesicht, die ruppig-hölzerne Mimik und Gestik – mit einer *Fackelmann*-Baseballkappe auf dem Kopf hätte man den durchschnittlichen Neandertaler wohl kaum von einem x-beliebigen Seniorboxer und Buchautor[6] unterscheiden können.

Deutschland Glossar

Paläoanthropologie, *hä (f.)*: Ein merkwürdiges Fremdwort, das eine Sache beschreibt, die man einfacher nicht hätte erklären können.

Der Homo sapiens – wie homo ist er wirklich?

Durch intensives Aneinanderrubbeln westdeutscher und ostdeutscher Kontinentalplatten verschwand um 38.000 v. Chr. der entlang der Elbe gelegene mitteldeutsche Faltengürtel, und die ersten *Homo sapiens* fielen von Osten her in das Gebiet der Neandertaler ein. Letztere, das legen Keulenfunde bei Wuppertal nah, überreichten den *Homo sapiens* hundert Begrüßungshiebe pro Kopf und versprachen den einfallenden Neulingen vermutlich *blühende Landschaften*. Sollte sich diese Theorie durch Ausgrabungen von Knochen oder altem Metallgedöns bestätigen, wäre das der überfällige paläoanthropologische Beleg für eine quasinatürliche Teilung der Deutschen in West und Ost.

180.000.000 v. Chr.
Eiszeitexportweltmeister Deutschland: Hohe Nachfrage nach leckeren **Eishörnchen** lässt die Kassen klingeln und die frostige Stimmung vergessen.

Abb. 3 – **Albrecht Dürer**: *Eishörnchen* (1578)

um 178.500.000 v. Chr.

ca. 170.000.000 v. Chr.
Eine schusselige *Velociraptorherde* schließt sich bei Eckernförde (*Schleswig-Holstein → S. 49*) versehentlich selbst in Bernstein ein

6 *z. B.* Axel Schulz (*Buch:* Axel Schulz – Grillen, Feiern, Starke Partys)

Die Bekleidung der Höhlenbewohner bestand aus einer buschigen Unrasur. Und aus Fellen, Tierhäuten und Pelzen, was den politisch unkorrekten Neandertalern aber vermutlich egal war.[7] Außer bei gelegentlichem Wildwechsel mit den im tausend Kilometer südöstlich gelegenen Ötzterreich[8] lebenden *Ötzis* hatten die Neandertaler jahrtausendelang keinen Kontakt zu anderen Lebewesen. Wie Archäologen anhand gefundener Tonbandscherben rekonstruieren konnten, sprach der Neandertaler einen dem rheinischen Platt ähnlichen Dialekt. Außerdem entdeckten die Forscher Fragmente neandertalensischer Ritualgesänge[9], die in ihrer prähistorischen Einfachheit in etwa den heute in der Rheinregion üblichen Karnevalsschlagern entsprechen.

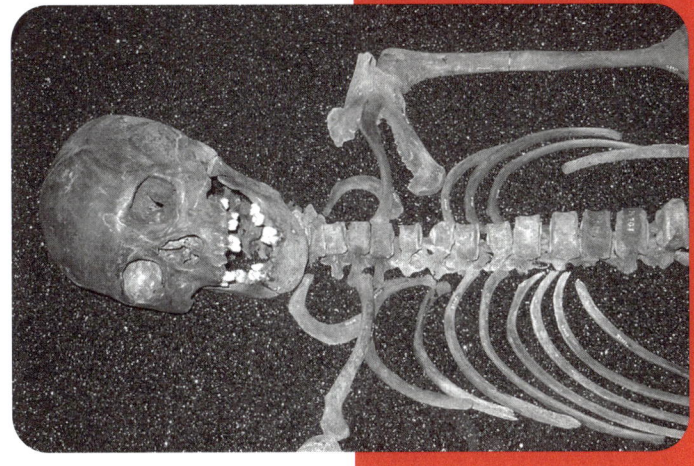

Abb. 38 – **Wissenschaftler befürchten**: Bald schon könnten alle Deutschen *so* aussehen!

ca. 155.000.000 v. Chr.
Kontinentaldrift wird ab sofort bundesweit als Ordnungswidrigkeit geahndet.

150.000.000 v. Chr.

Abb. 4 – Kaum zu glauben, aber wahr: Die meisten Dinosaurier besaßen anstelle eines Gehirns eine **Walnuss**.

7 Lieber Pelz als nackt!
8 dem heutigen Österreich
(→ *S. 210*)
9 »Keul doch eine met«, »Supersteinezick«, »Wenn et Mammötche jeht«

Seriösen wissenschaftlichen Publikationen (z. B. Büchern) ist zu entnehmen, dass sich der Neandertaler mitunter auch *Homo neandertalensis* nannte.

Auch heute noch nennen sich Menschen anders, als sie eigentlich heißen. **Neugierig geworden?** Hier ein kleiner Überblick über die verblüffendsten Künstlernamen.

Künstlername	**Bürgerlicher Name**
Oli P.	Oli G.
Beckmann	Bruce Wayne
Susanne Fröhlich	Hella von Sinnen
Hamit Altintop	Halil Altintop
Horst Köhler	Guildo Horn

Das beweist eindeutig, dass die Ahnen der Deutschen bereits des Lateinischen mächtig waren, lange bevor die Römer sich dieser toten Sprache bemächtigten.

Abb. 39 – **Horst Köhler** (links, heißt eigentlich ganz anders) hätte sich **Jon Bon Jovi** (rechts) live irgendwie anders vorgestellt (rockiger).

140.000.000 v. Chr.
Peter Zwegat ist entsetzt: Dinosaurier stehen unverschuldet bis zu den Knöcheln in der Kreidezeit.

138.000.000 v. Chr.
Ein gewaltiger Meteoriteneinschlag legt Fulda frei.

Übungsaufgaben:

- Kreisen Sie alle Wörter ein, die es zu Zeiten der Neandertaler noch nicht gab! Mündlich!

- Praxisaufgabe: Riechen und sprechen Sie zwei Wochen lang wie ein Neandertaler!

- Experiment: Zünden Sie ein Lagerfeuer in Ihrer Achselhöhle an und machen Sie es sich gemütlich!

Germanien

Im Jahr 800 v. Chr. schließen sich im Gebiet um das heutige Delmenhorst nordische Bagaluten, wartheländische Vandalen, sächselnde Angeln und angelnde Sachsen nach ergebnisorientierten, aber blutigen Verhandlungen zum Volksstamm der Germanen zusammen.

Da es in den meisten Siedlungen dieser Zeit zuging wie bei den *Hottentotten*, beschlossen die bärtigen Hünen im Zuge dieser Völkervereinigung, dass es fortan im neu gegründeten Germanien mindestens so ordentlich zu sein hatte wie

Kleine Völkerkunde

Vandalen unterteilt man in *Riemchenvandalen*, *Sportvandalen* und *Flip-Flops*. **Vandalen mit weißen Socken** wurden den Göttern geopfert.

Faktenwissen Extrem

Die Hünen praktizierten eine strenge Trennung von Amt und Mandat und hatten eine Frauenquote von mindestens 50 %.[10]

Abb. 5 – Zum Fürchten: **Dinosaurier** waren zwar *computeranimiert*, sahen aber täuschend echt aus!

3. Oktober 137.299.532 v. Chr.
Außerirdische werfen *Taschenrechner*, *Klarsichthüllen* und *Leitz-Ordner* über Deutschland ab. Die verdutzten Riesenechsen versteinern größtenteils vor Schreck.

ca. 100.000.000 v. Chr.
Ende der Eiszeit: Alle Mann aussteigen!

10 *siehe auch*: Bündnis 900 v. Chr. / Die Hünen

bei Hempels unterm Sofa – ein deutlicher zivilisatorischer Fortschritt.

Die Praxis sah jedoch anders aus: Die meisten Germanen lebten bis zum Beginn des Waldsterbens 1970 auf Bäumen.

Das frühe Germanien erstreckte sich im Jahr 800 v. Chr. von Schweden bis zur heutigen *Autobahnausfahrt Ascheberg* an der A 1 und hatte, wie zeitgenössische Gotenmessungen belegen, lediglich rund vierhundert kreuz und quer miteinander verwandte Staatsangehörige.

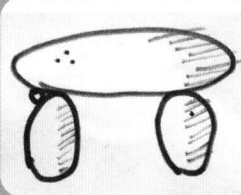

Was ist eigentlich ein Hünengrab?

Die Hauptbeschäftigung der frühen Germanen war das Aufeinanderstapeln tonnenschwerer Felsbrocken. Das strengte die *Hünen* genannten Frühdeutschen zumeist so sehr an, dass sie nach verrichteter Arbeit unter den bis heute in der norddeutschen Tiefebene aufzufindenden steinernen Kolossen (auch *Hünengräbern*) verstarben.

Ab 330 v. Chr. verstärken sich die Einflüsse der kultigen Kelten in Germanien; mangels attraktiver Alternativen bleibt die suebische Gothicband *Wir sind Heiden* aber nach wie vor beliebt. Um 150 v. Chr. formieren sich, angelockt vom ohrenbetäubenden Partylärm germanischer Lebemänner,

ca. 70.000.000 v. Chr.
Durch unvorhergesehenen **Kontinentaldrift** verschiebt sich der Weißwurstäquator um zwei Handbreit.

68.001.981 v. Chr.

Abb. 6 – *Der Dinosaurier unter den Keksen* (lat.: *Leibnizosaurus Keks*) fletscht seine 52 **furchterregenden Zähne**. Er gilt mittlerweile als ausgestorben.

die piekfeinen Römer südlich des Rheins und verunstalten die traditionsreichen germanischen Dörfer Koblenz, Mainz und Xanten mit schlecht zu merkenden, lateinischen Ortsnamen, Römerbrunnen und großklotzigen Bauwerken.

Ebenso errichteten die Römer zur Sicherung ihres Imperiums entlang des heutigen Limes-Wanderweges einen *antimperialistischen Schutzwall* quer durch Süddeutschland. Deutsches Land, geteiltes Land! Während sich der nördliche Teil Deutschlands frei, wild und unbeschwert entwickeln konnte, drangsalierten die spießigen Italiener den südlichen Teil Germaniens mit teurem Wein, Essmanieren und sonstigem hochkulturellen Kokolores.

Eselsbrücke

Vor Christi Geburt (Abk. *v. Chr.*) nennt man die Zeit **vor**, *nach Christi Geburt* (Abk. *n. Chr.*) die Zeit **nach** Weihnachten.

Germanische Volksstämme im Überblick

Stamm	Siedlungsgebiet	Erkennungsmerkmal	Anführer	Hobbys
Franken	Frankreich	Fränkliches Erscheinungsbild	Günther der Becksteinige	Völkerwandern
Chatten	Südöstliches Internet	»Witziges« Profil bei GermaniaVZ	Onno der Gruschelige	Chatten
Goten	Heutige DDR	Gotenfrauen in Führungspositionen	Gabi die Gote	Kräftig auf die Chauken hauen

12. Januar 66.231.291 v. Chr.
Schweres Erdbeben: *Helgoland* rutscht von der *Zugspitze* und platscht in die Nordsee.

ca. 65.000.000 v. Chr.
Aus Angst vor einem drohenden Weltuntergang verlassen die letzten Dinosaurier die Erde und lassen ein paar Knochen zur Verwirrung der Menschheit zurück.

ca. 50.000.000 v. Chr.
Durch Bodenerosion entsteht der **Kölner Dom** (bei Düsseldorf).

Irgendwann platzte den geduldigen Germanen der Kragen. Nachdem die vereinigten germanischen Stämme unter Führung Hermanns neun Jahre nach Christi Geburt drei römische Legionen zu einer reichhaltigen *Varusschlachtplatte* aufschnitten, flohen die italienischen Mimosen über den Rhein nach Süden und konzentrierten sich fortan auf die Organisation der Fußballweltmeisterschaft 1990, bei der sie den Deutschen die schmachvolle Niederlage heimzahlen wollten.[11]

Übungsaufgaben:

- Sagen Sie Ihrem Italiener an der Ecke, was Sie von römischer Kultur halten! Werden Sie dabei ruhig laut!

- Sport-Leistungskurs: Tragen Sie einen Hinkelstein den Limes entlang!

- Textverständnis: Haben Sie den obigen Text verstanden? Wenn ja: Sind Sie wahnsinnig?

ca. 49.000.000 v. Chr.

Abb. 7 – Wuschelig, flauschig, gemütlich: **das Mammut** (Rekonstruktion)

ca. 43.130.000 v. Chr. *Bei Gotha*: die Zeitleiste wird unter einem Haufen Mammutdung verschüttet.

125.000 v. Chr. In der Nähe von Gotha wird ein versteinerter Haufen **Mammutdung** entdeckt, in dessen Innerem sich eine Zeitleiste befindet.

11 *Heute weiß man*: Das hat ebenfalls nicht geklappt!

Mittelalter

Führende Experten[12] finden das *Mittelalter* (500 – 1500) äußerst spannend und machen in Fachaufsätzen und Büchern[13] Lust aufs Zeitalter der Hexenverfolgung, öffentlichen Hinrichtungen und des tödlichen Aberglaubens. In der Tat: Das Mittelalter war gar nicht so furchtbar, wie uns die Folterinstrumente im Heimatkundemuseum glauben machen wollen.

Die katholische Kirche in Deutschland, das noch *Heiliges Römisches Reich Deutscher Nation* (HRRDN) genannt wurde, war auf dem Höhepunkt ihrer Macht und verbreitete »Nächstenliebe«[16] wie »Ratten«[17] die Beulenpest. Es gab noch keine Homosexualität, *Ritter-Sport* war noch ein blutiges Geländespiel zu Pferde in voller Rüstung, und Feuersbrünste sorgten für lauschige Wärme in den überfüllten Sterbesälen der zahlreichen Tuberkulose- und Cholera-Spezialkliniken.

Die Ständegesellschaft hatte im Mittelalter einen vergleichsweise guten Stand, die Menschen lebten, Feudalismus sei dank, mehrheitlich auf feudalen Anwesen und, darauf war man in Deutschland besonders stolz, es gab mehr als zwei-

> **Merke!**
>
> **Folter** ist zwar[14] seit 1828[15] in Deutschland verboten, macht aber immer noch Spaß!

> **Deutschland Glossar**
>
> **Homosexualität**, *die (f.)*: Eine ausschließlich **außerhalb der katholischen Kirche** weitverbreitete Spielart der Heterosexualität.

45.000 v. Chr.
Dr. Müller-Wohlfahrt erfindet den aufrechten Gang, lässt ihn patentieren und sich danach wieder einfrieren.

41.000 v. Chr.
Ein strengeres Jugendschutzgesetz erlaubt den *Homo erectus* erst ab 18 Jahren.

38.000.000 v. Chr.

Abb. 8 – Dank Filmguru **Neander Haußmann** auch heute noch beliebt: die zottelige Urmenschenmatte!

---

12 *z. B.* Jörg Pilawa
13 *z. B.* Pilawas Mittelalter: Eine vergnügliche Zeitreise durch die Jahrhunderte (KiWi, 18.95 €)
14 (...) außerhalb des Frühlings-

fests der Volksmusik mit Florian Silbereisen (...)
15 Die drei letzten deutschen Städte, die Folter verboten, waren Hannover (1822), Bremen (1824) und Coburg (1828).

hundert verschiedene Möglichkeiten, seine rechte Hand zu verlieren (*Strafe fürs Lügen, Klauen oder Onanieren / Lepra / Schwertkampf / Vergesslichkeit usw.*).

Abb. 41 – *Unbeliebt, aber pünktlich:* Häufig überbrachten **Pestboten** (*»Tach, Pest!«*) die schlechte Nachricht einer Ansteckung.

Drei beruhigende Fakten zum Rechtsstaat im Mittelalter

- Glück für die Verurteilten: Vierteilungen wurden im Nachhinein oft für unzulässig erklärt.
- Unter den Talaren steckte noch nicht der Muff von tausend Jahren.
- Hexenverbrennungen fanden unter dem hysterischen Gejohle von mindestens zwei *Schöffen* statt.

Doch das dunkle Zeitalter hatte auch Schattenseiten. So waren unter der Regentschaft von *Otto dem Großen* das Erzählen von Ostfriesenwitzen und Malen von Ottifanten streng

ca. 30.000 v. Chr.
Entweder haben sich zwei gleichgeschlechtliche Murmeltiere gepaart oder es ist eine Mutation, in jedem Fall das Resultat: der Neandertaler.

29.731 v. Chr.

Abb. 9 – *Streichelzart, sanft und spürbar weniger Hautirritationen:* Der **Faustkeil** gilt heute als Vorläufer des Ladyshave.

16 Achtung, Ironie! In Wirklichkeit verbreitete die katholische Kirche nicht nur Nächstenliebe.
17 Achtung, Biologie! In Wirklichkeit waren auf Ratten reitende, giftige Flöhe (vereinfachte Darstellung) und die im Mittelalter weitverbreitete Vorliebe fürs Nichtwaschen für die Pest verantwortlich.

verboten. Statt in weltoffenen Megametropolen wie Berlin, München oder Hamburg mussten Ketzer und Gehenkte in miefigen Provinznestern wie Worms oder Speyer abhängen. Hinzu kam: Viele Kreuzzüge hatten Verspätung oder wurden ersatzlos gestrichen, Heinrichs III. Vorhaben, mit dem Papst im *Kettenhemd* zu tanzen, endete mit Kirchenbann und/oder Schisma.

Erst als der Dresdner Alchimist *Georg der Langweiligere* beim Versuch, aus Scheiße Gold zu machen[18], herausfand, wo die Babys herkommen, endete das Mittelalter abrupt und das Zeitalter der Aufklärung bzw. die Neuzeit begann.

> **Deutschland Glossar**
>
> **Schisma**, *das (n.)*: dt. f. *Shizzle-Ma-Nizzle* (Snoop Dogg)

Übungsaufgaben:

- Hauswirtschaftslehre: Machen Sie aus einer Hungersnot eine Tugend!

- Schwerpunkt Religion: Verscherzen Sie es sich mit einem Papst bzw. Gegenpapst Ihrer Wahl. Mündlich UND schriftlich!

- Erörtern Sie die Vor- und Nachteile der Beulenpest. Ganze Sätze!

29.004 v. Chr.
Der erste Neandertaler rasiert sich die Beine!

19.000 v. Chr.
Marmor, Stein und Eisenzeit – Hauptnutznießer: ein Deutscher!

18.000 v. Chr.
Die **Höhlenmenschen** verlassen ihre Höhlen, zählen bis drei und klettern auf Bäume.

18 Ein Verfahren, dessen Entwicklung erst dem deutschen Glücksphilosophen Eckhart von Hirschhausen im Jahr 2009 gelang.

Erster Weltkrieg

Deutschland um 1900: Wilhelm II. beschloss als erster Kaiser in der Geschichte, einen großen internationalen Wettbewerb nach Mitteleuropa zu holen: den Ersten Weltkrieg.

Deutsche Kaiser im Direktvergleich

Abb. 42 – Kaiser Wilhelm II.

Abb. 43 – Kaiser Franz

Abb. 44 – Roland Kaiser

Berühmtestes Zitat: »Das Auto hat keine Zukunft, ich setze aufs Pferd«
Größter Erfolg: Einführung der Rente ab 70 (1891), Erster Weltkrieg
Kann gut mit: Äxten und Bäumen, kaisertreuen Monarchisten

Berühmtestes Zitat: »Jo, ist denn heut' schon Weihnachten?«
Größter Erfolg: Silberner BRAVO-Otto 1976, Millennium-Bambi 2005
Kann gut mit: Fußbällen, Pele, Uli Hoeneß

Berühmtestes Zitat: »Dich zu lieben / dich berühren / mein Verlangen / dich zu spüren / deine Wärme / deine Nähe / weckt die Sehnsucht in mir / auf ein Leben mit dir.«
Größter Erfolg: Santa Maria (Platz 1 in Deutschland und Holland, 3 in Österreich, 5 in der Schweiz)
Kann gut mit: Gerhard Schröder (SPD)

12.000 v. Chr.
Mittweida (Sachsen): Hungersnot durch Keulenpest.

ab 1.000 v. Chr.
Bereits Jahrtausende vor seiner Veröffentlichung löst **Hape Kerkelings** Megabestseller *Ich bin dann mal weg* die Völkerwanderung aus.

753 v. Chr.
Urmel schlüpft aus dem Ei.

Die Bundesrepublik Deutschland hörte damals auf den Namen *Deutfchef Reich*[19], sie besaß noch zwei stattliche, gen Osten ragende Hasenohren[20], und die exotischsten Bundesländer hießen nicht Bremen, Saarland oder Mecklenburg-Vorpommern, sondern *Kiautschou*, *Ruanda* und *Neuguinea*. Mit dem für 1914 anberaumten Spektakel wollte *Kaiser Wilhelm II.* Deutschland der Welt als liebenswert zupackende, endsiegorientierte Weltmeisternation präsentieren – ein Vorhaben, das, wie wir heute wissen, so erst Kaiser Franz[21] (1974 bzw. 1990) in Rom gelingen sollte.

Nach dem peinlichen Tod des Glamour-Prinzen *Foffi von Habsburg* in Sarajevo begann das erste größere gesamteuropäische Live-Event der Neuzeit: Der mittelmächtige Partyadel, allen voran Wilhelm und sein treudoofer Schwippschwager *Franz Joseph*, entsandte mehrere Hunderttausend schwer bewaffnete Eventmanager in alle deutsch-österreichischen Nachbarländer, um so die Einführung der europaweiten Pickelhauben- und Backenbartpflicht zu forcieren.

An das deutfche Volk!

Seit der Reichsgründung ist es durch 43 Jahre Mein und Meiner Vorfahren heißes Bemühen gewesen, den Weltfrieden zu erhalten und im Frieden unsere kraftvolle Entwicklung zu fördern. Aber die Gegner neiden uns den Erfolg unserer Arbeit. Alle offenkundige und heimliche Feindschaft von Ost und West und von jenseits der See haben wir bisher ertragen im Bewußtsein unserer Verantwortung und Kraft, nun aber will man uns demütigen. Man verlangt, daß wir mit verschränkten Armen zusehen, wie unsere Feinde sich zu tückischem Ueberfall rüsten, man will nicht dulden, daß wir in entschlossener Treue zu unserem Bundesgenossen stehen, der um sein Ansehen als Großmacht kämpft und mit dessen Erniedrigung auch unsere Macht und Ehre verloren ist.

So muß denn das Schwert entscheiden. Mitten im Frieden überfällt uns der Feind. Nun auf zu den Waffen! Jedes Schwanken, jedes Zögern wäre Verrat am Vaterland!

Um Sein oder Nichtsein unseres Reiches handelt es sich, das unsere Väter sich neu gründeten, um Sein oder Nichtsein deutscher Macht und deutschen Wesens. Wir werden uns wehren bis zum letzten Hauch von Mann und Roß. Und wir werden diesen Kampf bestehen, auch gegen eine Welt von Feinden. Noch nie ward Deutschland überwunden, wenn es einig war. Vorwärts mit Gott, der mit uns sein wird, wie er mit den Vätern war!

Berlin, den 6. August 1914.

Wilhelm.

Abb. 45 – Seltsamer Kriegsaufruf: Das *deutfche Volf* falsch geschrieben, der Rest viel zu klein zum Lesen. Dennoch: 1914 war die Begeisterung für **Wilhelms Krieg** groß.

561 v. Chr
Bau einer Terrakotta-Armee bei Rendsburg durch **Thorwald den Mettriefenden**. *Vorteil:* als Oleanderkübel spitze, *Nachteil:* sehr pflegeintensiv.

560 v. Chr

Abb. 10 – *Wuff?* Die beiden Lausbuben **Obolus und Rebus** necken den treudoofen römischen Hundegott *Pluto*.

19 Diese Tatsache wird durch zahlreiche zeitgenössische Quellentexte belegt.
20 Schlesien und Pommern
21 Beckenbauer

Eine wichtige Tatsache für den Hinterkopf

Im Ersten Weltkrieg diente auch der tyrannische Twentysomething *Adolf Hitler* als einfacher Gefreiter an der Gulaschkanone. Er verletzte sich jedoch im Oktober 1918 so schwer an der brühheißen Bockwurstbatterie, dass er mit knapp vier Gläsern Löwensenf in den Augen ins Lazarett eingeliefert wurde – Schluss, aus, ohne Endsieg ins Bett!

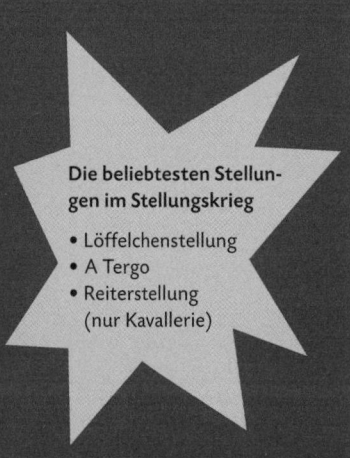

Die beliebtesten Stellungen im Stellungskrieg

• Löffelchenstellung
• A Tergo
• Reiterstellung
  (nur Kavallerie)

Sehr zum Missfallen der drei *ententes terribles*, England, Frankreich und Russland, die sich gerade zu einer strategischen *ménage à trois* zusammengefunden und darum eigentlich mehr Lust auf Schmusen als auf Geländespiele ohne Anfassen hatten. Doch Frankreich lenkte schließlich ein, hatte es doch wenige Jahre zuvor das Elsass und somit das europaweite Flammkuchenmonopol an den alemannischen Nachbarn verloren – eine Tatsache, die die linksrheinischen Gourmets natürlich nicht auf sich sitzen lassen konnten. Die Kontrahenten einigten sich also auf gelegentlichen Stellungswechsel unter freiem Himmel und frivole Zweifrontschweinereien. In ein paar Monaten würde dieser *erste modern geführte Krieg* schon Schnee von gestern sein und er zurück im Liegestuhl am puderweißen Sonnenstrand, hoffte nicht nur *Warlord Wilhelm II.*

333 v. Chr.
333 – auf Lesbos Sauerei!
Deutschland wird über den genauen Sachverhalt aus sittenrechtlichen Gründen im Unklaren gelassen.

123 v. Chr.
Typisch Italiener: Die Römer beginnen in Deutschland südlich des Rheins mit dem Bau kaputter Kampfbahnen, unwohnlich verfallener Tempeln und grob gepflasterter Straßen.

70 v. Chr.
Neuer Römertrend: Schiffe, Münzen und Tongefäße metertief im deutschen Boden verbuddeln.

Weit gefehlt! Statt Füße hoch am Strand von Zypern: Beine ab im Feld bei Ypern! Der *schlieffenplanmäßig* durchgezogene Angriff der Deutschen stieß auf *masterplanmäßig* organisierte Gegenwehr der Alliierten, gegenseitige Giftgasneckereien verbreiteten ätzende Stimmung im Schützengraben und dicke Luft im Erdloch, und statt kugelblitzartigem Kantersieg gab es bloß superzeitlupeske Scharmützel in schlammigen französischen Kartoffeläckern. Nicht nur das: Belgier, Luxemburger und Polen fühlten sich gleichermaßen von den forschen Hunnen überrannt – was daran gelegen haben könnte, dass sie von den forschen Hunnen einfach überrannt wurden.

Dass man bei einem *Zweifrontenkrieg* an *zwei Fronten gleichzeitig* kämpfen musste, überraschte die anfänglich so motivierten deutschen Rumpelartilleristen. Als auch noch die Amis beim franko-bretonischen Granatenhagel mithagelten, präsentierten sich die Deutschen im Kampf derart unprofessionell, talentfrei und bemitleidenswert, dass vielen gegnerischen Infanteristen der Spaß am Krieg gehörig verging.

Die Russen (→ *Russland, S. 227*) hatten als Erste die Faxen dicke: Angestachelt vom späteren Mausoleumsbetreiber *Lenin* unterzeichneten russische Kommunisten im März

Deutschland Glossar

Hunnen, *die (f.)*: Siehe auch dt. Sprichwörter, Lieder und Redewendungen wie »Am Hunnen vor dem Tore, Das Kind ist in den Hunnen gefallen, Auch ein blinder Hunne trinkt mal einen Korn« etc.

---

20 v. Chr.
Wieder mal die Römer: Spaßbadboom im Weltreich. Die fälschlicherweise für Aquädukte gehaltenen *Turborutschen* der Römer verschandeln bis heute den Blick auf Pfälzer Braunkohlekraftwerke.

15 v. Chr.

Abb. 11 – **Rom balla-balla**: Mangels entsprechender Drucktechnik (siehe **Johannes Gutenberg**) waren die Geldscheine der Römer rund und aus Metall.

1918 *Mao-Bibeln* schwingend und unter ohrenbetäubenden *Ho-Ho-Ho-Chi-Minh-Rufen* den Friedensvertrag von *Brest-Litowsk* und durften beim Ersten Weltkrieg nicht mehr mitmachen.

Grund: Die Russen wollten, den nur achtzig Jahre später folgenden Zusammenbruch des Kommunismus nicht im Traum kommen sehend, in Ruhe den Kommunismus in ihrem Land aufbauen.

Faktenwissen Extrem

Die vor 1914 üblichen, strassbestickten, clownsbunten Fantasieuniformen der Deutschen, Engländer und Franzosen erwiesen sich im matschigen Stellungskrieg schnell als *ungewollte Hingucker.*

Merke!

Bei der letzten Karte Mao-Mao sagen!

Deutschland Glossar

Brest, *the* (eng.): der Busen[22]

Abb. 46 – Europa ist kriegsmüde: 1918 hatte selbst **Lenin** so 'nen Hals!

4 v. Chr.
Die Xantener *Bürgerinitiative gegen das Rückwärtszählen der Jahreszahlen* löst sich wegen vermeintlicher Perspektivlosigkeit entnervt auf.

0
Die Nachricht von der Geburt von **Jesus von Nazareth** erreicht Deutschland an Heiligabend ausgerechnet zur Bescherungszeit und verdirbt vielen Deutschen ihren Heidenspaß.

16
Die Fahrschule *Crazydrive* (Unna) überreicht dem halbwüchsigen **Jesus** seinen Mofaführerschein.

[22] Bitte hier laut kichern!

Am 9.11. erlebte das Deutsche Reich sein persönliches *9/11*. Da alle Soldaten alle waren und kein Offizier mehr irgendwas auf die Kette bekam, musste Deutschland im Herbst 1918 kleinlaut die selbst geworfenen Fehdehandschuhe wieder aufheben. In einem Eisenbahnwaggon in einem Wald bei *Compiègne* unterzeichnete eine deutsche Abordnung reumütig den Waffenstillstands-Wisch – ärgerlicherweise ohne vorher das Kleingedruckte[23] zu lesen. Bis heute haben darum die meisten Deutschen ein gestörtes Verhältnis zur Bahn.

Kaiser Wilhelm II. dankte nach Ende des Ersten Weltkrieges dankend ab und hängte Pickelhaube und Dienstschnurrbart an den Nagel. Fortan widmete sich der *Hobbyholzfäller* seiner großen Leidenschaft, dem *Timbersport*.[24] Viele Jahre lang rodete er verlassen und vergessen Baum um Baum; erst als sich im Jahr 2004 *De Randfichten* in ihrem Volkslied »Lebt denn der alte Holzwilli noch?« besorgt nach dem Verbleib des einstigen Kaisers erkundigten, forschte man nach und fand heraus: *Neeeeeein, er lebt nicht, er lebt nicht, er lebt nicht, ist tot!*

100
Rückzug aus Deutschland: ROM passt wieder auf eine CD.

112
Iller, Lech, Isar, Inn, fließen rechts zur Donau hin

768
Karl der Große wird König des *Fränkischen Reiches*. Traurig: Karl der Käfer wurde nicht gefragt, man hat ihn einfach fortgejagt.

23 lange Vertragsbindung und horrende Grundgebühr
24 powered by **STIHL**

Übungsaufgaben:

• Wie würden Sie heute einen Weltkrieg anzetteln? Begründung!

• Erklären Sie die Dolchstoßlegende! Stichpunkte reichen!

• Praxisaufgabe: Überlegen Sie, wie man den Ersten Weltkrieg hätte gewinnen können, erfinden Sie eine Zeitmaschine und verraten Sie es Kaiser Wilhelm II.!

Weimarer Republik

Merke!

Entgegen der landläufigen Laienmeinung hatte die schon 1919 deutschlandweit beliebte **Mutter Weimar** rein gar nichts mit der Gründung der **Weimarer Republik** zu tun.

Da im Sommer 1919 in Berlin zahlreiche engagierte Hinterbänkler tagelang wie vom wilden Affen gebissen die irrwitzigsten Republiken ausriefen und tollkühne Proklamation von Balkons in die verdutzte Menge brüllten, musste die erste Republik auf deutschem Boden aus Lärmschutzgründen im ruhigeren Weimar konstituiert werden.

768

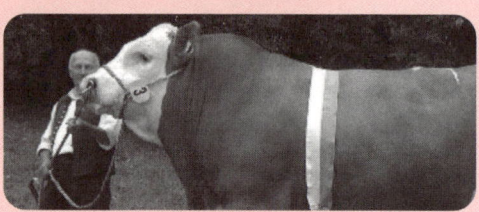

Abb. 12 – Zeitlos schön: *Der goldene Bulle* von **Karl dem Großen**.

Mit der als *Demokratie für Dummies* gedachten Republik konnten die Emanzipationsbefürworterinnen unter den Frauen ihren störrischen Bubikopf durchsetzen: Unter entrüstetem Kopfschütteln weiter Teile der männlichen Bevölkerung wurde das Wahlrecht für Frauen in Deutschland eingeführt – und mit ihm hielt auch ein neues weibliches Selbstbewusstsein Einzug in die junge Republik. Führende Parawissenschaftler sind sich einig, dass die Weimarer Republik deshalb eine nicht zu unterschätzende Mitschuld am Erfolg des Ekelschockers *Feuchtgebiete* trägt und deshalb besonders kritisch zu hinterfragen ist.

Fragen zur Frauenbewegung:

- Hinterfragen Sie die Frauenbewegung kritisch!

- Erklären Sie, wie die Emanzipation die Frauen kaputt gemacht hat!

- Fangfrage: Warum war Adolf Hitler keine Frau?

Obgleich in der Weimarer Republik eigentlich jeder machen durfte, was er wollte, gab es einige wenige Spielregeln, an die man sich zu halten hatte: Zum Staatsoberhaupt, dem

843
Ludwig der Fromme und sein Cousin **Ulrich der Verdutzte** verlieren Frankreich bei einer Partie Mühle.

861
Erste urkundliche Erwähnung von *Männer-Frauen-Witzen*.

920
Die **Wikinger** entdecken Amerika, verschlampen auf dem Rückweg aber die Wegbeschreibung (Grund: vermutlich wieder mal gesoffen).

Faktenwissen Extrem

Der noch heute gelegentlich im Bundestag praktizierte *Hammelsprung* ist ein Relikt dieser Tage.

Reichspräsidenten, wurde stets der Politiker ernannt, nach dem zu Beginn der Legislaturperiode republikweit die meisten Straßen und Plätze benannt waren (1919 Friedrich Ebert, 1925 Paul von Hindenburg). *Der Reichskanzler*[25] genannte Regierungschef musste alle zwei Wochen neu gewählt, fristlos gekündigt oder wenigstens einmal vom Reichspräsidenten vor versammelter Mannschaft runtergemacht werden.

Um der schlecht zu kontrollierenden Diskussionen im überfüllten Reichstag Herr zu werden, ließ Reichspräsident Paul von Hindenburg 1928 *Massenschlägereien, Hahnenkämpfe und Schnick-Schnack-Schnuck* als ordentliche parlamentarische Abstimmungsverfahren zu.

Abb. 47 – Lange vor Erfindung des *Telefonjokers* machte die **Hyperinflation** Millionen Deutsche über Nacht zum Millionär.

Wirtschaftlich ging es den Deutschen in den Goldenen Zwanzigern sehr gut:[26] Betrug das Grundeinkommen eines deutschen Arbeiters 1920 noch 200 Mark, waren es Ende September

Abb. 13 – Wurde sich auch schon viel drum gestritten: **Jenny Elsass***

**1041
Beppo der Halbseidene**
tauscht das *Elsass* gegen einen Würfelbecher aus Kuhhaut.

* zzt.: Elbertzhagen

25 später auch genannt: »Jawohl, mein Führer!«
26 wg. d. sog. »golden Twenties«

1923 bereits sagenhafte 4,3 Milliarden – *Bill Gates* lässt grüßen! Das viele Geld verhurte man Charleston tanzend in angesagten Revuetheatern, man schaffte sich eigene paramilitärische Einheiten an, organisierte mit Freunden und Arbeitskollegen Pütsche[27] oder wenigstens eine eigene Räterepublik. Da die Wahlzettel zur monatlichen Reichstagswahl mitunter umfangreicher als die gerade in Mode gekommenen Telefonbücher waren, stellte sich mit der Zeit eine gewisse Politikverdrossenheit ein.

Doch nicht nur das: Bis in die späten Zwanzigerjahre schossen *Stummfilm-Start-ups* wie Pilze aus dem deutschen Boden. Junge, hippe Schiebermützenträger rührten die blecherne Werbetrommel für das Zukunftsmedium Stummfilm und fuhren schon in den ersten Geschäftsjahren Gewinne zum Hosenträgerschlackern ein. Mit der Entdeckung des Tonfilms im Jahr 1927 platzte die Stummfilmblase, viele Deutsche verloren erst ihre mühsam abgeknapsten Sparbuchbillionen und mussten Federboa, Grammofon und ihr restliches Hab und Gut zum Pfandleiher bringen.

Die Folge: Weltwirtschaftskrise, Arbeitslosigkeit. Ist ja bekannt.

Abb. 48 – 1933: **Hitler** (rechts außen, *sichtlich happy*) lädt zur Probefahrt in der neuen Reichskanzlerschüssel[28] – Reichspräsident **Paul von Hindenburg** (links, *verdutzt*) wäre lieber bei Kräutertee und Buttergebäck im Ohrensessel sitzen geblieben.

1057
Wir sind Papst!

Abb. 14 – Der Blödelbarde und gelernte Betonbauer **Walther von der Vogelweide** (hier nachdenklich auf einem Haufen Drachenkot sitzend) landet mit *Mein Gott, Walther!* einen Überraschungshit.

27 Wieder ein Fall für *Bastian Sick*.
28 Wahrscheinlich: *Adi A8, Agolf GTI* oder *Führeri Testosterrossa*

Geschickt nutzten 1932 die beiden engagierten Polit-Steig-bügelhalter *Schmittchen Schleicher* und *Franz von Papen* die miese Stimmung, um dem depressiven deutschen Volk ihren Zögling *Adolf Hitler* anzupreisen. Der oberlippenbärtige Psychomath sollte für bessere Laune im Reich sorgen und nahm vor der Reichstagswahl im Januar 1933 in der Tat den Mund ganz schön voll: Unter dem Motto »Repression statt Rezession« versprach der cinemagene Nationalsozialist Hitler den Deutschen, falls sie seine Partei wählten, Bomben, Terror, Sippenhaft, eine flächendeckende Zerstörung ihres Heimatlandes und einen Holocaust, wie er im Buche (seinem[29]) steht. Obwohl augenzwinkernd darüber feixend, dass sich diese blumigen Versprechen als Wahlflunkereien herausstellen würden, wenn Hitler erst einmal an der Macht wäre, wählten Millionen Deutsche NSDAP.

Doch weit gefehlt: Der Führer sollte zwölf bewegende Jahre Kanzler der Deutschen werden – fast so lange wie ein halbes Jahrhundert später *Helmut Kohl.*[30]

1157
Heiliges Römisches Reich
Deutscher Nationen unter
Fürst Pückler und **Fürst von
Metternich**

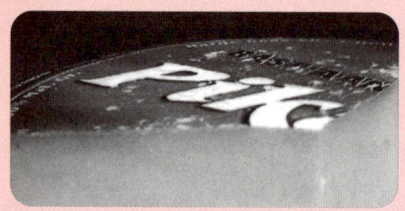

1183

Abb. 15 – Käse des Jahres
1183: **Mittelalter Gouda**

29 Adolf Hitler »Rassist-Ich«
(Führer-Verlag, 8,95 €)
30 *Anm. d. Justiziars d. Vlg. Kiepenheuer & Witsch*: Der Autor ver-
gleicht *Helmut Kohl* hier <u>nicht</u> mit
Adolf Hitler. Vielmehr stellt er die
Amtszeit der beiden als Deutscher
Kanzler wertungsfrei in Relation.
Hinzuzufügen ist außerdem, dass
auch Konrad Adenauer (CDU) eine
16-jährige Kanzlerschaft vorzu-
weisen hat. Das Verschweigen

Übungsaufgaben:

• Mündliche Hausaufgabe: Rufen Sie von Ihrem Balkon eine Republik aus!

• Textaufgabe: Erörtern Sie, wie Hitler trotz seines stigmatisierenden Namens (Adolf Hitler) und obwohl er eines Tages der größte Massenmörder aller Zeiten werden würde, in Deutschland an die Macht kam. Schriftlich!

• Vervielfältigen Sie den Wert Ihres Geldes innerhalb kürzester Zeit um das Milliardenfache und überweisen Sie es an: Kiepenheuer & Witsch, Köln.[31]

1209
Die *Einführung der Lohnsteuer* durch **Ferdinand den Buchprüfer** verdirbt vielen Deutschen schlagartig den Spaß an ihrer Lohnsteuererklärung.

1340
Die **Post** (auch: *gelber Tod*) wütet über Deutschland.

1346
Johannes von Heesters (bürgerlich: *Jopi*) wird geboren.

dieser Tatsache ist jedoch lediglich ein Versehen.
31 Noch besser: direkt an den Autor *Jan Böhmermann*.

1346
Wernher von Braun wird Patenonkel des kleinen Johannes Heesters.

So geht's:

Verbinden Sie alle Punkte der Reihe nach! Welcher *prominente deutsche Staatsmann* verbirgt sich hinter diesem Punktewirrwarr? (rechts, Abb. 49)

Praxisübung
Lernen durch Malen

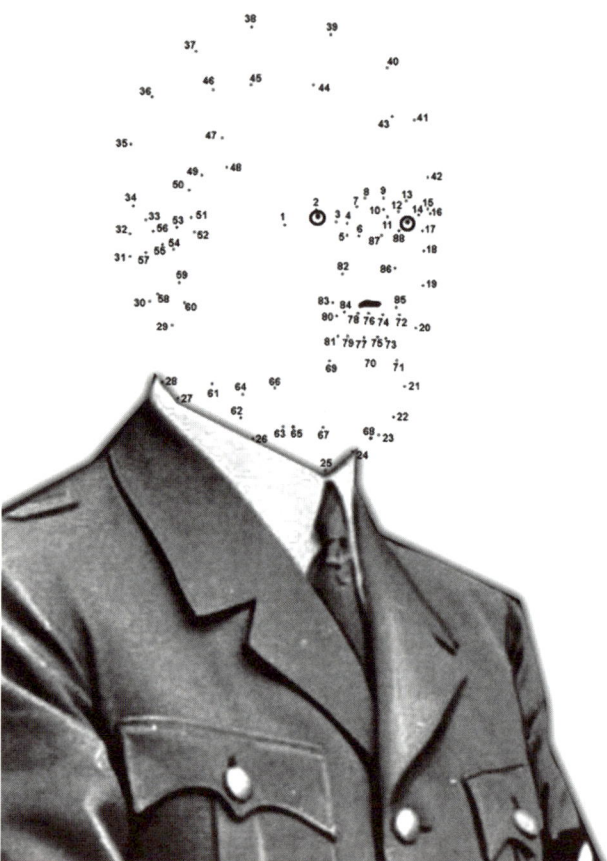

1389

Abb. 16 –*Spektakuläre Pyroeffekte* bei der Premiere des Musicals **Ketz** vorm Hamburger Operettenhaus

1412
Erstaussendung von *Wetten, dass ...?* durch berittene Boten.

Deutschland zwischen 1933 und 1945

Zwischen 1933 und 1945 war Deutschland von den Nazis besetzt.[32] Die überwiegende Mehrheit der deutschen Bevölkerung hat das allerdings *nicht gewusst* und, wenn doch, es *nicht gewollt.* Dennoch: Hinter vorgehaltenem Hitlergruß mussten viele Deutsche zugeben, dass ihnen Führer und Nazis anfänglich nicht ungelegen kamen.

Abb. 50 – *Hätte man wissen können*: Parteien, die verfassungsfeindliche Symbole wie das **Hakenkreuz** (Bildmitte, *Unkenntlichmachung v. Verlag*) verwenden, führen oft nichts Gutes im Schilde.[33]

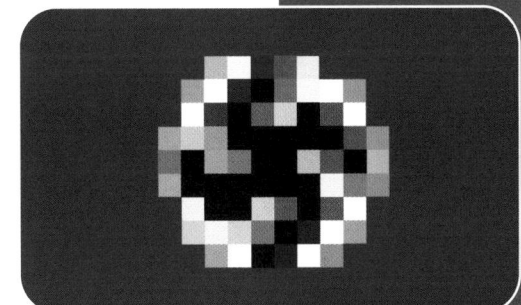

Gleichgeschaltete Zeitungen ersparten der Bevölkerung eine anstrengende eigene Meinung, die Diktatur machte die Reichstagswahlen zum Kinderspiel, und das eingesparte Papier für Wahlplakate und Werbung anderer Parteien entlastete die Umwelt spürbar. Fazit: Die Deutschen lebten in den ersten Jahren der NS-Herrschaft ein Leben auf der (von Hitler erbauten) Überholspur.

1492
Beim Versuch, eine Frittiermöglichkeit für Spritzgebäck zu entdecken, erfindet der Nordenhamer Bäckermeister **Jobst Hellweg** den Amerikaner.

1501
Fips Asmussen findet auf dem Dachboden eines Vegesacker Lagerhauses einen Sack brandneuer Witze.

1515
Martin Luther nagelt 95 Groupies an der Schlosskirche zu Wittenberg.

---

32 Als *Nazis* bezeichnet man Mitglieder der Nationalsozialistischen Deutschen Arbeiterpartei (*NKOTB*), militante Nichtraucher (*Nichtrauchernazis*) oder Menschen, die sich in nachbarschaftlichen Beziehungen zu Reinhard Mey eher undiplomatisch verhalten (*Gartennazis*).
33 z. B. Autobahnen, steuerliche Entlastung von Arbeiterfamilien, Senkung der Arbeitslosigkeit und so weiter

Die fünf besten Nazis aller Zeiten

Abb. 51 – **Heinrich Himmler**
Spitzname: Himmi
Heimliches Laster: Holocaust
War nie: ohne sein Wissen in der Waffen-SS
War unschuldig am: zu zaghaftem Umgang mit KZ-Häftlingen
Gesamtbewertung: ☆☆☆☆☆

Abb. 52 – **Joseph Goebbels**
Spitzname: Jojo
Heimliches Laster: Propaganda, Fummeln
War nie: 1 Meter 90 groß und durchtrainiert
War unschuldig am: Ende des Zweiten Weltkrieges
Gesamtbewertung: ☆☆☆☆☆

Abb. 53 – **Hermann Göring**
Spitzname: Manny
Heimliches Laster: Wannenbad in Diamanten
War nie: ein Kind von Traurigkeit
War unschuldig an: seinem Übergewicht (Ursache: schwere Orden, Helm, Goldringe usw.)
Gesamtbewertung: ☆☆☆☆☆

Abb. 17 – Nicht nur für Hugenotten: **Hagebutten**

1572
Die **Hugenotten** verbieten Zeitleisten.

Abb. 54 – **Albert Speer**
Spitzname: Schmusespeer, Nazi Zero, Amnesie-Albert
Heimliches Laster: Hat das alles nicht gewollt, gewusst bzw. verstanden
War nie: wissentlich auf einem Konzert von Johannes Heesters
War unschuldig an: allem
Gesamtbewertung: ☆☆☆☆☆

Abb. 55 – **Rudolf Heß**
Spitzname: Rudolf »Icke« Heß
Heimliches Laster: Rundflüge über England
War nie: eine große Leuchte in Rassenlehre (vier minus)
War unschuldig am: Zusammenwachsen seiner Augenbrauen
Gesamtbewertung: ☆☆☆☆☆

Auch der von Hitler angeregte *Völkermord mit menschlichem Antlitz* kam gut an, Männer hart wie Krupp- und Frauen süß wie Riefenstahl waren schwer in Mode, und zahlreiche neue Vereine und Clubs (*z. B. HJ, BdM, ADAC*) sorgten für einen Aufschwung des deutschen Vereinslebens.

Das Problem der hohen Arbeitslosigkeit in den ersten Jahren seiner Regierungszeit löste Hitler, indem er im Rahmen

> **Merke!**
>  nach langen Vokalen wird nach *neuer Rechtschreibung* manchmal zum ß!

1576
Aus unerfindlichen Gründen lassen die **Hugenotten** Zeitleisten wieder zu.

1582
236 Jahre nach seiner Geburt wird **Johannes von Heesters** achtzehn Jahre alt.

1640
Galileo Galilei beweist zwei Jahre vor seinem Tod in *Galileo Mystery*: Deutschland ist eine Scheibe.

1576
Wernher von Braun überredet die Hugenotten zur Wiedereinführung der Zeitleiste.

der *Reichsagenda 2010* Arbeitslosigkeit bei Todesstrafe verbieten ließ. Zwar war das Arbeitslosenproblem schon tags darauf erledigt, und auch auf dem *Zwangsarbeitsmarkt* herrschte nahezu Vollbeschäftigung, der linke Parteiflügel der Nationalsozialisten kritisierte Hitlers Sozialpolitik scharf und drohte mit Gründung einer Splittergruppe.[34] Einen Tag später war der komplette linke Parteiflügel arbeitslos und wurde auf Grundlage der neuen NS-Sozialgesetzgebung standrechtlich erschossen.

> »Mit zunehmender Länge einer Online-Diskussion nähert sich die Wahrscheinlichkeit für einen Vergleich mit Hitler oder den Nazis dem Wert Eins an.«
> Godwins Gesetz

Nazivergleiche ja – aber gepflegt müssen sie sein!

Ein gut gemachter Nazivergleich – je schiefer, desto besser – verschafft Ihnen einen Platz in den Schlagzeilen der Tageszeitungen und große Aufmerksamkeit in Ihrer Partei / Newsgroup / Firma / Familie / Wehrsportgruppe / Schulklasse / WG. Doch wie überall im Leben gilt: Übung macht den Meister! Trainieren Sie Ihre Nazivergleichskompetenz mit einer einfachen Aufgabe:

Vergleichen Sie Prominente und Institutionen der Gegenwart mit Personen und Einrichtungen aus der Nazizeit. Verbinden Sie die passenden Punkte mit einem braunen Filzstift!

NAZIZEIT

KONZENTRATIONSLAGER •
GESTAPO •
JOSEPH GOEBBELS •
HITLERJUGEND •
JOHANNES HEESTERS •

HEUTE

• KRITIK AM UNMORALISCHEN VERHALTEN VON MANAGERN
• ORDNUNGSAMT DER STADT KÖLN
• AFGHANISTANEINSATZ DER BUNDESWEHR
• OLYMPIA 2008 IN PEKING
• US-GEFANGENENLAGER GUANTANAMO

1663
Erster Türkenkrieg in *Berlin-Kreuzberg* endet mit gemetzeltem Lammfleisch im Fladenbrot und scharfer Soße.

Abb. 18 – **Johann Markus Dennis Ole Wilhelm Joachim Rodriguez Freiherr von und zu Guttenberg** (Quelle der Vornamen: Wikipedia) macht den Buchdruck salonfähig. Infolgedessen löst Lesen *Hexen verbrennen* als der Deutschen liebste Freizeitbeschäftigung ab.

34 *genannt:* Linksrechtspartei

NAZIZEIT	HEUTE
VOLKSSTURM •	• REAKTION AUF ERGEBNISSE DES PISA-TESTS
DER STÜRMER •	• JUNGE UNION
ZWEITER WELTKRIEG •	• JOHANNES HEESTERS
POGROM GEGEN JUDEN •	• MARIO BARTH
OLYMPIA 1936 IN BERLIN •	• BILD-ZEITUNG
DURCHHALTEPAROLEN DES OBER- KOMMANDOS DER WEHRMACHT •	• EIN-EURO-JOBBER

(Auflösung auf Seite 260!)

Tatsache: Hitlers ungebrochene Beliebtheit spiegelte sich auch in den in unregelmäßigen Abständen durchgeführten Kontrollwahlen wider, die der »Braunauer Rassenclown«[35] stets erdrutschartig mit 99 % Zustimmung bei 98 % Wahlbeteiligung gewann.[36] Bei den Olympischen Spielen 1936 in Berlin schafften es die Nazis lange vor *Mario Barth*, das Berliner Olympiastadion restlos auszuverkaufen.

Doch Hitler wollte nicht bloß schale Witze über seine Freundin Eva Braun auf DVD verkaufen und Kohle ohne Ende machen, er wollte mehr: Begeistert von den Möglichkeiten und Chancen eines Einparteienstaates erwog Adolf Hitler bereits ab 1933 die Durchführung eines präventiven Vernichtungskrieges in ganz Europa. Mittels seines schon

Traurige Randnotiz: Am 6. Mai 1937 stürzte in Lakehurst (USA) der greise Reichspräsident Paul von Hindenburg nach einer Wasserstoffexplosion in seinem Rumpf brennend vom Himmel.

1756
Weil er noch nicht volljährig ist, wird **der siebenjährige Krieg** ins Heim gegeben.

35 Freunde über Hitler
36 Bei den 2 (bzw. 1) Prozentpunkten, die zu 100 fehlen, handelt es sich um Rundungsfehler.

Faktenwissen Extrem

Synagogen sind Kirchen, vor denen Polizeiautos stehen.

im Kindesalter entwickelten, revolutionären politischen Konzepts »Ich sage euch, was ihr macht, und ihr macht das dann!« versuchte er, im Volke flammende Leidenschaft für seine Idee zu entfachen. Das gelang überraschend einfach. Unversehens zündeten die Deutschen alle verfügbaren *Bücher*[37] und Synagogen an.

Dennoch war die NS-Führung besonders in den letzten drei Jahren des zwölf Jahre währenden Tausendjährigen Reiches unsicher, ob den Deutschen so ein *Totaler Krieg* überhaupt gefiele. Erst 1943, nachdem Reichspropagandaminister *Joseph Goebbels* den ausverkauften Berliner Sportpalast mit schüchterner Stimme »Wollt Ihr den totalen Krieg?« fragte und ihm die tobende Menge statt des erwarteten zaghaften *Na ja* ein ohrenbetäubendes »Ja« entgegenbrüllte, sahen sich die Nazis in ihren Kriegsplänen endgültig bestätigt und hauten an allen Fronten richtig auf den bröckelnden Putz.

Abb. 56 – **Wehrmacht sichtlich genervt**: Der Stechschritt sticht im Schritt!

6. September 1761

Abb. 19 – Beim sonntäglichen *Königsberger-Klopse-Essen* klären seine Eltern den bereits 39-jährigen **Immanuel Kant** (*hier im Kreise seiner beiden Geheimratsecken in der Bildmitte*) auf.

1815
Scherzbolde kleben mit Sekundenkleber bei Waterloo **Napoleons** rechte Hand in die linke Innentasche seines Feldherrenmantels.

1815
Wernher von Braun verlässt in einer Postkutsche leise kichernd Waterloo.

Die Nazis planten den Zweiten Weltkrieg als Abenteuerreise quer durch Eurasien, mit Rucksack-Wandern, Schießen und viel Tamtam, an der Heimatfront gab's derweil fast jeden Tag Feuerwerk und reichlich Arbeit für alle. Wem das noch nicht aufregend genug war, der konnte spannende Kurztrips ins dunkle Gestapoverlies oder sogar einen lebenslangen Actionurlaub in einem der zahlreichen staatseigenen Freizeitcamps in der osteuropäischen Pampa gewinnen. Trotzdem ging der als harmloser Blitzkrieg konzipierte Zweite Weltkrieg aufgrund der trotzigen Verweigerungshaltung vieler deutscher Anrainerstaaten (*z. B. Frankreich, Russland usw.*) kräftig in die braune Hose!

Obgleich in den letzten Kriegsjahren auch noch prominente Schriftsteller und Kabarettisten mithalfen, war der Sieg nicht mehr zu retten. Enttäuscht verwolfsschanzte Hitler sich in seinem Berliner Führerbunker und widmete sich gemeinsam mit Reichsrüstungsminister *Albert Speer*[38] unter dem Trommelfeuer der herannahenden russischen Artillerie seinem letzten großen Projekt: dem Drehbuch zu einem Film über die letzten Stunden im Führerbunker mit *Alexandra-Maria Lara*, *Heino Ferch* und *Bruno Ganz* in den Hauptrollen. Auch andere NS-Funktionäre waren enttäuscht: *Heinrich Himmler* hatte sich seinen Holocaust ganz anders vorgestellt (größer), und *Hermann Göring* war mit

Abb. 57 – Die **guten Seiten des Krieges**: Soldaten der Wehrmachtsspezialeinheit **Aufbau Ost** weihen auf einem Kinderspielplatz bei *Minsk* ein neues *Klettergerüst* ein.

1819

Abb. 20 – **Georg Wilhelm Friedrich Hegel** (hier ein fröhlicher Schnappschuss von 1817) erfindet die *Bundeshegelbahn.*

37 Vorläufer von *Wikipedia*

38 auch: der George Clooney der NS-Regierung

seinem Body-Mass-Index unzufrieden. Da hieß es Zähne zusammenbeißen und die Zyankali-Kapsel den Rest erledigen lassen.

Übungsaufgaben:

• Beantworten Sie: Wie hätte das Kriegsende vermieden werden können? (Stichpunkte reichen)

• Bücher und Hefte vom Tisch, Stift raus! **Diktat!** Schreiben Sie folgenden Text möglichst fehlerfrei: »Wen der Fhüra hoite noch lebn wüade, were nich soviel Abeitslosikkheit inn Deutshlant unt alle würdän sich besa benehmn. Außadäm, könnteman in Urlaup in Bulkarien, Frankraeich oda Italin mit D-Mahrk bezahlen unt deudsch sprächen.«

Abb. 21 – *Genie oder Hochstapler?* **Goethe** hat in seinem Leben nicht eine einzige Symphonie komponiert!

1848
Schwarz-rot-geile Stimmung in ganz Deutschland!

Adolf Hitler[39]

Adolf Hitler, der weltweit bekannteste deutsche Politiker, war eigentlich Österreicher und ist darum in einem Atemzug zu nennen mit *Falco*, *Jörg Haider* oder *Romy Schneider*. Nach einer unbeschwerten Hitlerjugend und einem Krieg, an dem er anwesenheitspflichtbewusst teilnahm, erweiterte Hitler seines Lebensraum gen Wien und bemühte sich hier vergeblich um eine Ausbildung zum Kunst- oder wenigstens *Horst Mahler*. Gefrustet verlor er daraufhin bei einer Kneipenwette einen Hoden.

Unangekündigter Kurztest
Was hätte es ohne Hitler nicht gegeben? (bitte ankreuzen)

○ Das N24-Nachtprogramm
○ Führers Geburtstag
○ Willy Brandts versöhnliche Ostpolitik
○ Die Mauer
○ Holocaustleugner
○ 30 % aller Titelseiten von DER SPIEGEL
○ »Der Untergang«
○ Hitlervergleiche
○ Das Wirtschaftswunder der 50er Jahre
○ Guido Knopps Karriere

Die Lösung gibt's auf Seite 260!

1861
Sebastian Kneipp muss zur Kur.

Abb. 22 – *Missgeschick kurz vorm Fotoshooting*: Reichskanzler **Bismarck*** ist sein dicker Pickel auf der Haube sichtbar peinlich.

39 Geboren an Führers Geburtstag in Braunau am Inn, Österreich – am 05. Juli 2008 in einem Berliner Witzfigurenkabinett von einem verrückten Kreuzberger Hartz-IV-Empfänger geköpft.

*** Filmtipp für Bismarckfans:** Herr der Heringe I. – III.

Faktenwissen Extrem

Adolf Hitler zitterte nie vor Kälte, sondern vor unbändigem Ärger darüber, dass es nicht noch kälter war. [40]

Aufgrund einer chronischen Frisur gelang es Hitler nicht einmal, in der Wiener Skinheadszene Fuß zu fassen, Umstände, die er zeit seines Lebens zu vertuschen versuchte. Als Hitler nach einem gescheiterten Adventspunsch volltrunken in seiner gekachelten Schlafkammer im Wiener Obdachlosenasyl gegen eigenen Widerstand die Privatdiktatur ausrief, zeigte sich erstmals das vernichtungspolitische Talent des nationalistischen Nichtrauchers.

Abb. 58 – *Süßer Verführer*: Der kleine **Adolf Hitler** (*um 1890*) konnte schon mit einem Jahr ganze Hetze!

Lange bevor das sogenannte *Hitlerbärtchen* zur Mode wurde, wagte sich der egomane Braunauer Veganer schon 1919 mit einem ganz ähnlichen Designerschnäuzer[41] vor die Tür.

1900
Der *Boxeraufstand* wird von **Wladimir und Vitali Klitschko** nach nur drei Runden blutig niedergeschlagen!

1904
Thomas Mann erfindet die gutbürgerliche Küche.

1905
Die **Green Berets** beenden den Hereroaufstand in Deutsch-Südwest! Zur Strafe heißen *Herero-Küsschen* ab sofort *Negerküsse*.

40 Und wegen *Parkinson*
41 dem *Himmlerbärtchen*

Da ihm die Anerkennung seiner österreichischen Landsleu-
te hierfür verwehrt blieb, übersiedelte er Anfang der 1920er
Jahre ins benachbarte Deutschland, genauer nach München. Den von Weltwirtschaftskrise und Arbeitslosigkeit ge-
beutelten Deutschen versprach er im Falle eines Wahlsieges
seiner Partei »pro Wähler eine Geldleitung und zehn Geld-
pakete per Blitzüberweisung«, weshalb die schon damals
mehrheitlich leicht beeinflussbaren Germanen wie bekloppt
in die Wahlkabinen rannten, um ihr Hakenkreuzchen zu
machen.

Politisch gab sich Adolf Hitler stets einsatzbereit und weit-
blickend: Er bereitete weit vor Einführung des Euros einen
einheitlichen europäischen Währungsraum vor, plante die
bauliche Zerstörung deutscher Städte schon Dekaden vor
den Architekten der 60er und 70er Jahre und ebnete mit
groß angelegten Bücherverbrennungen der *Generation Wikipedia* den Weg.

Sicher ist: Dank Adolf Hitler hat Deutschland heute eine der
stabilsten Demokratien und besten Verfassungen weltweit
und ist besonders in Richtung Osten nicht mehr so unüber-
sichtlich groß und zerrupft.

Abb. 59 – *Auf dem Weg zur Massen-
kundgebung in Nürnberg:* Der Reichsparteitag 1933 war **Hitler** (*mit Bärt-
chen, Scheitel und Hitlergruß in der
Mitte*) ein innerer Reichsparteitag.

Abb. 60 – *Blühende Landschaften:*
Der **Führer** (vorne, im Kreise seiner
Lieben) begutachtet stolz das Werk
seiner politischen Arbeit.

1914
Furioser Gig von **Franz Ferdinand** in Sarajewo endet
mit mehrjährigem Feuer-
werk in ganz Europa.

1917
Exotische Stellungen und
häufiger Stellungswechsel
bringen wieder Schwung in
den Stellungskrieg.

1918
Philipp Scheidemann ruft
von einem Fenster des
Reichstages das Pizzataxi.

Obwohl er sich laut polizeilichem Führungszeugnis nie etwas hat zuschulden kommen lassen, hat der Führer nicht alles richtig gemacht: Posthum steht er unter anderem wegen der Ermordung und planmäßigen Tötung von Millionen unschuldiger Menschen in der Kritik. Auch muss sich Adolf Hitler aus heutiger Sicht vorwerfen lassen, mit seiner Familienpolitik indirekt für die Arbeitslosigkeit von Eva Herman mitverantwortlich zu sein.

Übungsaufgaben:

- Malen Sie allen in diesem Buch abgebildeten Persönlichkeiten ein Hitlerbärtchen! Mit Begründung!

- Zählen Sie die wichtigsten Gemeinsamkeiten von **Endsieg** und **bedingungsloser Kapitulation** auf!

- Suchen Sie nach unschönen Abschnitten im Lebenslauf von Adolf Hitler und unterstreichen Sie sie farbig!

Abb. 23 – 1918/19: Die erste **Sitzverteilung im Deutschen Reichstag** (schematische Darstellung)

1932
Ganz Deutschland liebt Negermusik!

42 dank *Guido Knopp, n24, n-tv* und *Phoenix*
43 Johannes B. Kerner (Sat.1) ist einer der besten deutschen Moderatoren und bei Alt und Jung sehr beliebt!

Lernkontrolle
Was darf man eigentlich über die NAZIZEIT sagen?[44]

Auch knapp siebzig Jahre nach Kriegsende sind viele Deutsche noch immer verunsichert, wie viele Blätter sie beim Thema Nationalsozialismus eigentlich vor den Mund nehmen müssen, und wenn ja: reicht DIN A4?[45] Die Causa Eva Herman ist ein Paradebeispiel dafür, wie schnell man sich im Deutschland des 21. Jahrhunderts mit einem schiefen Nazivergleich, einer unbedachten Lobhudelei auf den Holocaust oder einem begeisterten Hitlergruß vorm falschen Publikum in die braunen Nesseln setzen und gesellschaftlich disqualifizieren kann.

Schulen Sie mit zehn Multiple-Choice-Questions Ihr historisches Feingefühl und lernen Sie, was man in Deutschland über den Nationalsozialismus sagen darf und was nicht!

1. Zu Lebzeiten des Führers war die Welt noch ...
a) ... in Ordnung.
b) ... schwarz-weiß.
c) ... nicht so global wie heute.

2. Der Zweite Weltkrieg hätte ...
a) ... verhindert werden müssen.
b) ... gewonnen werden müssen.
c) ... mit LSD, Red Bull und Technomusik mehr Spaß gemacht.

> **!** Achtung, schön aufpassen!

Deutschland Glossar

Multiple-Choice-Questions, the (*n.*): z. Dt.: Multiple-Choice-Fragen

1934
Ganz Deutschland hasst Negermusik!

1936

Abb. 24 – **Die Zeitmaschine** (Wernher von Braun, 1936): Jahreszahl eingeben, Enter drücken, fertig!

44 Grundsätzlich gilt: Bloß nichts Falsches
45 *Westdeutschland:* Nein. *Ostdeutschland:* Ja, dicke!

3. Ohne die ehemaligen Ostländer Schlesien, Pommern und Ost-preußen ist Deutschland ...

a) ... gefährlich nah an Polen dran.

b) ... um viele engagierte Vertriebenenverbände reicher.

c) ... haarscharf um eine noch größere Ostzone herumgekommen.

4. Oder und Neiße ...

a) ... erkenne ich nicht als Flüsse an.

b) ... können gerne weiterhin die deutsche Grenze zu Polen markie-ren, wenn man sie fünfhundert Kilometer nach Osten verlegt.

c) ... kochen auch nur mit Wasser.

5. Die nationalsozialistische Diktatur in Deutschland war ...

a) ... ein Glücksfall für Guido Knopp.

b) ... von den damaligen Medien über Gebühr gehypt worden.

c) ... eine Erfindung der NS-Propaganda.

6. Der Hitlergruß ...

a) ... sollte unter laufenden Hubschrauberrotoren vermieden werden.

b) ... kann jedem mal passieren.

c) ... unter der Bettdecke sieht zwar so ähnlich aus, ist aber bei Wei-tem nicht so nützlich wie eine Erektion.

7. Unter Adolf Hitler war ...

a) ... die Servicewüste Deutschland zehnmal so groß wie heute und reichte vom Atlantik im Westen bis zum Ural im Osten.

b) ... immer was los.

c) ... Eva Braun (manchmal).

8. Die deutschen Autobahnen ...

a) ... trifft keine Kollektivschuld.

b) ... haben von nichts gewusst.

c) ... haben den Nationalsozialismus nie gewollt.

Microsoft Windows 95

Merke!

Abb. 62 – **Windows 95** ist das System, das Mitte der 1990er Jahre neben der *Demokratie* in Gesamtdeutschland eingeführt wurde.
Besonderheit: Erstmals im 20. Jahrhundert ging einem neuen System in Deutschland kein verlorener Weltkrieg voraus, sondern lediglich eine unblutige, wenngleich ähnlich nervenauf-reibende *Installation*.

1937
Wernher von Braun erfindet die Zeitmaschine.

Abb. 25 – *Ach du je*: **Wern-her von Braun** (Foto: *Jim Rakete*) erfährt per Telefon, dass er nicht in den Recall kommt.*

* *Hintergrundwissen*: **Von Braun** ver-arbeitete seine Enttäuschung, in dem er Amerikaner zum Mond schoss.

9. Soldaten der deutschen Wehrmacht ...
a) ... sähen in der Bundeswehr der Gegenwart ganz schön alt aus (weit über 70).
b) ... werden von Call of Duty auf PS3 und XBOX enttäuscht sein.
c) ... haben uns den Zweiten Weltkrieg vermasselt.

10. Bei öffentlichen Diskussionen zum Thema Nationalsozialismus sollte man ...
a) ... keine SS-Uniform tragen.
b) ... eine SS-Uniform tragen.
c) ... vorsichtshalber bei Beckmann sitzen (in SS-Uniform).

Die Lösung finden Sie auf Seite 260.

Die Gründung der Bundesrepublik Deutschland

Rassenwahn, Massenmord und der Vorname *Adolf* waren in Deutschland Ende der 40er Jahre aus der Mode gekommen, das vielversprechend gestartete Tausendjährige Reich in die BRD und das zukünftige Gebiet der ehemaligen DDR zerbrochen. Viele Deutsche hatten durch überstürzte Hamsterkäufe in den entbehrungsreichen Hungerwintern die Keller voller Hamster und fühlten sich nach dem Zweiten Weltkrieg wie *Windows 95* nach Strg + *mmm*, Alt + *Entf* mit anschließender Startvolumenformatierung.

Abb. 61 – Das Wappentier der Bundesrepublik Deutschland: **der knuddelige Baby-Eisbär** (*hier besonders süß:* an Karneval verkleidet als Adler)

Faktenwissen Extrem

Windows-Tipp für Experten: Wenn die Fenster auf sind, oben rechts klicken!

Kurzbiographie Wernher von Braun
Kongenialer Erfinder v. u. a. der Braun'schen Röhre, Bräunungscreme und Augenbraun, dehnt durch langweilige Vorträge Raum und Zeit und entdeckt dabei zufällig die Zeitmaschine.

1940
Deutschland ist wieder wer!

Die 1000 unbekanntesten Brüder großer deutscher Staatsmänner

Bernd »Bernie« Adenauer war der jüngste Bruder *Konrad Adenauers*. Der gelernte Frührentner litt unter starkem Asthma, Überbiss sowie einer chronischen Ähnlichkeit mit seinem Bruder Konrad. Über das Verhältnis zu seinem jüngsten Bruder sagte Konrad Adenauer 1955 in einem Rundfunkinterview: »Bernd wer?«

Zwei Umschulungen zum *Jungen Mann zum Mitreisen* brach Bernd Adenauer frustriert ab, weil er sich der beruflichen Herausforderung nicht gewachsen fühlte. 1933 trat er versehentlich dem *Bund deutscher Mädel* (BdM) bei, wo er sich nach anfänglichem Zögern recht schnell zur *Mädelschaftsführerin* hocharbeitete und u. a. an der Organisation und Durchführung des BdM-Kreissportfestes Bad Honnef 1935 aktiv beteiligt war. Den Zweiten Weltkrieg verbrachte Bernd Adenauer nahezu ausschließlich laut singend und mit Augen zu unter seiner Bettdecke. Nach dem Krieg fasste Bernd Adenauer schnell wieder Fuß und setzte seine Vorkriegskarriere als Taugenichts fort.

Bernd Adenauer war Deutsch-

Sie erfuhren erst jetzt mit Schrecken, dass der ach so kinderliebe große Führer Adolf Hitler mehrere Dutzend Helfer hatte – *Wir haben von nichts gewusst* war der Satz der Zeit. Auch die Aussicht, schlesische Gurkenhappen und Königsberger Klopse zukünftig diesseits von Oder und Neiße zubereiten zu müssen, sorgte für deutschlandweiten Volksfrust – die Stimmung schwankte zwischen »Dumm gelaufen« und »Nächstes Mal klappt's bestimmt«.

QUELLENTEXT

Ein Auszug aus der Biografie »Hinter den Kulissen von Konrad Adenauer« von Bernd Adenauer, dem jüngeren Bruder des ersten Bundeskanzlers der BRD.

LESEKONTROLLE: Bitte markieren Sie beim Lesen jedes zweite Wort farbig.

»(...) Bonn. Konrad und ich haben uns nie richtig kennengelernt, er war sein ganzes Leben lang fünfzehn Jahre älter als ich, selbst als ich schon dreißig war! Zwei Jahre nach meiner Geburt, das muss so um 1893/94 gewesen sein, hat er unser Elternhaus verlassen, um ›mittel- bis langfristig erster Bundeskanzler (...) der Bundes (...) re (...) pu (...) blik (...) Deutschland zu werden‹. So sagte er es. Wörtlich! Glaube ich. Ja, Weitblick hatte er schon

Abb. 26 – Nazis entrüstet: Die Nachricht, **Oberst Claus Schenk Graf von Stauffenberg** (Bild) sei angeblich Scientology-Mitglied, schlägt im Führerhauptquartier ein wie eine Bombe.

lands erster aktenkundlicher Messie, stand bis zuletzt unter Beobachtung des Jugendamtes und lebte bis 1984 als Sicherheitsrisiko und Plaudertasche in Alfter bei Bonn.

immer, unser Konrad – die Bundesrepublik gab es schließlich noch gar nicht.

Glaubt man seinen Schulfreunden, muss Konrad (...) ein Typ zum Pferdequälen gewesen sein, ein echter Springinsfeld. In Rhöndorf erzählt man sich noch heute davon, wie Konrad einmal von der Rheinfähre Königswinter-Mehlem alle Nothämmer hat mitgehen lassen oder in der letzten Reihe des Oberdollendorfer Omibusses mit dem Taschenmesser »Konny is the best« in das Sitzpolster ritzte. Ich kann mich noch gut entsinnen, dass er mir zur Einschulung 1897 einen zwanzig Zentimeter langen Schmiss mitten durchs Gesicht schenkte. Ich weinte. Nicht nur vor Freude. Und Konny war seiner Zeit oft voraus: Lange bevor die Homosexualität aus Amerika nach Deutschland schwappte, war er schon dagegen – auch Pille, Pilzköpfe und Peatmusik verabscheute Konrad Jahrzehnte vor ihrer eigentlichen Markteinführung. (...)«

LESEKONTROLLE: Überprüfen Sie, ob Sie jedes zweite Wort farbig markiert haben!

Abb. 63 – Platz 899: **Bernd Adenauer** (Bild: Gemälde Fingerfarbe auf Pappe, Ahnengalerie Fam. Adenauer, Rhöndorf)

In Westdeutschland bemühten sich Tommy, Ami und Franzose zwar redlich, die allgemeine Ordnung mit Porridge, Negermusik und schwarzen Rollkragenpullovern aufrechtzuerhalten, doch die Volksseele verlangte Change. Mit seinem peppigen Slogan »Yes, we can!« traf der jugendliche Erneuerer Konrad Adenauer (ca. 72, CDU) 1948 den Nerv der

1945
Das **Bernsteinzimmer** verschwindet, dafür Entdeckung des **Urinsteinzimmers** (im *Frankfurter Hauptbahnhof*).

1953
Helmut Schmidt erfindet die Dampfmaschine.

1962
Der erste Mensch im **Saturn** ist ein Deutscher.

Deutschland Glossar

Flipchart, *das (n., sprich: Flipp-Schart)*: ein von *Peter Zwegat* erfundener, überdimensionaler Notizblock zum Schuldenausrechnen

Faktenwissen Extrem

Grundsätzlich gilt damals wie heute: Das Grundgesetz der Bundesrepublik Deutschland ist mit einem Augenzwinkern zu lesen.

Zeit und erhielt von den alliierten Besatzern den Auftrag, in Westdeutschland *mal was Neues* auszuprobieren. Er verkroch sich im September 1948 mit seinen 65 Zivil- und Pflegedienstleistenden[46], fünfzehn Flipcharts und drei Europaletten Erdbeersekt und begann damit, sich die *Bundesrepublik Deutschland* auszudenken.

Inspiriert von den frischen, vorwärtsgewandten Räumlichkeiten des Bonner Naturkundemuseums und der Pädagogischen Akademie erfanden Adenauer und seine Clique die bis heute gültige deutsche Staatsform: die föderale Pädagogie musealer Prägung. Nie wieder sollte ein Deutscher in die Verlegenheit kommen, eine bedingungslose Kapitulation unterzeichnen zu müssen, darum erarbeiteten die 61 Väter des Grundgesetzes unter dem Motto »Wir sind das Volk« in monatelanger Fleißarbeit eine Verfassung, die sich gewaschen und ihre Lehren aus den Fehlern der Weimarer Republik gezogen hatte. Die vier Mütter des Grundgesetzes reichten dazu heißen Muckefuck und belegte Brote.

Deutschland sollte dem Willen seiner Gründerväter nach ein föderaler Staat werden. Die interessanten Themengebiete wie Außenpolitik, Geld und Rumballern mussten jedoch einer *Bundesregierung* genannten Zentraladministration obliegen. Die Länderparlamente sollten sich mit Bildung und

Abb. 27 – *Peinlich, peinlich*: Bei seiner berühmten Berliner-Rede quillt dem fröhlich kauenden **John F. Kennedy** vor Hunderttausenden am Rathaus Schöneberg Himbeermarmelade aus dem Mundwinkel.

46 *auch:* Parlamentarischer Rat

Demonstrantenzusammenknüppeln begnügen, mit dem Stänkergremium *Bundesrat* erhielten sie allerdings die Möglichkeit, alle von der Bundesregierung erdachten Gesetze und Vorschriften wieder einzukassieren. Mit dem 1948/49er Föderalismus legten die Gründerväter also den Grundstein für den sogenannten *Reformstau*, den brummenden Motor der heutigen bundesrepublikanischen Verwaltung.

Bundeskanzler der Bundesrepublik Deutschland – eine Chronik

Abb. 64 – **Konrad Adenauer** (1949–1963)
Partei: Brauchte er nicht
Bürgerlicher Beruf: Bürgermeister
So nannten ihn seine Freunde: Opa
Größter Verdienst: Rhöndorfer Boccia-König 1949–54
Schlimmster Fauxpas: Gründung der Bundesrepublik Deutschland
Tätigkeit nach seiner Amtszeit: Ableben

Abb. 65 – **Heinz Erhardt** (1963–1966)
Partei: Ja
Bürgerlicher Beruf: Spaßvogel, Volksdichter, Blödelbarde
So nannten ihn seine Freunde: Heinzer
Größter Verdienst: 1.000.000 DM netto
Schlimmster Fauxpas: Zigarre verschluckt
Tätigkeit nach seiner Amtszeit: Wirtschaftswundern

1966
Pilzbefall im *Hamburger Star-club.*

1974
Die DDR scheint ganz gut zu funktionieren!

1982
Gewerkschaftsfunktionäre zahlen erstmals Puffrechnung bargeldlos mit **EC-Karte.**

Abb. 66 – **Henry Kiesinger** (1966–1969)
Partei: bestimmt
Bürgerlicher Beruf: Außenminister der USA
So nannten ihn seine Freunde: Kurt-Georg
Größter Verdienst: zweiter Platz im Boxkampf gegen Beate Klarsfeld
Schlimmster Fauxpas: irgendwas mit Nazi
Tätigkeit nach seiner Amtszeit: Alt-68er

Abb. 67 – **Willy Brandt** (1969–1974)
Partei: Sozen
Bürgerlicher Beruf: Norweger
So nannten ihn seine Freunde: Herbi
Größter Verdienst: Herbert Wehner ausgehalten zu haben
Schlimmster Fauxpas: Schwalbe vorm Ehrenmal des jüdischen Ghettos in
Warschau
Tätigkeit nach seiner Amtszeit: Hausmeister in der Berliner SPD-Zentrale

Abb. 68 – **Helmut Schmidt** (1974–1982)
Partei: CDU (heimlich)
Bürgerlicher Beruf: Altbundeskanzler
So nannten ihn seine Freunde: Jawohl, Herr Bundeskanzler!
Größter Verdienst: 1977 beinahe Hanns Martin Schleyer gerettet
Schlimmster Fauxpas: 2008 beim Rekrutengelöbnis vorm Reichstag vor Ent-
täuschung eingenickt
Tätigkeit nach seiner Amtszeit: Bundeskanzler der Herzen

Abb. 28 – Deutsch-deutsche
Annäherung: **Götz Alsmann**
(Bild) nimmt Gespräche mit
Christine Westermann auf

1986
Die **DDR** ist nach wie vor
sehr beliebt (in der DDR).

Abb. 69 – **Helmut Kohl** (1982–1998)
Partei: Hierüber hüllt er sich in Schweigen (vmtl. jdm. sein Ehrenwort gegeben)
Bürgerlicher Beruf: Tabledancer
So nannten ihn seine Freunde: Dr. Helmut Kohl, Dickerchen
Größter Verdienst: Kannte die 3. Strophe der Deutschen Nationalhymne (nahezu) auswendig!
Schlimmster Fauxpas: Wiedervereinigung
Tätigkeit nach seiner Amtszeit: merkwürdige Frauen heiraten

Abb. 70 – **Gerhard Schröder** (1998–2005)
Partei: Liebe Genossinnen und Genossen!
Bürgerlicher Beruf: Ehemann (mehrfach)
So nannten ihn seine Freunde: _____
Größter Verdienst: Aufsichtsratsgehälter müssen/dürfen in Russland zwar nicht offengelegt werden, aber so viel sei verraten: neunstellig!
Schlimmster Fauxpas: Rudolf Scharping
Tätigkeit nach seiner Amtszeit: russischer Botschafter

Abb. 71 – **Angela Merkel** (2005 – _____)
Partei: KpCDU
Bürgerlicher Beruf: Heimchen
So nennen sie ihre Freunde: Baby
Größter Verdienst: Sie ist eine Frau
Schlimmster Fauxpas: Sie ist eine Frau
Tätigkeit nach ihrer Amtszeit: irgendwas mit Medien, Internet oder Podcast. Oder so …

1987
Scorpions-Frontmann **Klaus Meine** verliebt sich im Moskauer *Gorky-Park* Hals über Kopf in eine *Kangol-Kappe*.

Abb. 29 – *Deutsche TV-Legenden*: **Thomas Gottschalk** (Bild) wettet in seiner eigenen Sendung, dass er geklaute TITANIC-Gags nur am Geschmack erkennen kann – und gewinnt!

Abb. 71 – _____ (_____ – _____)
Partei: _____
Bürgerlicher Beruf:_____
So nannten ihn seine Freunde: _____
Größter Verdienst: _____
Schlimmster Fauxpas: _____
Tätigkeit nach seiner Amtszeit: _____

Hier bitte das Foto des nächsten Bundeskanzlers einkleben!

Die Deutsche Nationalhymne[50]

Wenn es Bratmaxe gibt,
steigt die Stimmung an.
Frisch gegrillt, knusprig-kross,
da will jeder gleich ran.
Bratmaxe schmeckt,
ob groß oder klein,
und weil sie immer gelingt,
stimmen alle mit e-hein,
unsere Bratwurst, muss Bratmaxe von
Meica sein.
Meica macht das Würstchen!

Im Mai 1949 war es dann so weit: Weg mit dem Bollerwagen, her mit dem Volkswagen! Alle 65 Mitglieder des Parlamentarischen Rates durften je eine Flasche Eierlikör auf dem Sturkopf des rheinischen Washington Konrad Adenauer zerschlagen und tauften so das schwarz-rot-geile Land links der Elbe auf den wohlklingenden Namen Bundesrepublik. Die Hauptstadtfrage wurde von Konrad Adenauer, sehr zum Bedauern von Delmenhorst, Viersen und Husum, kurz und knapp mit Bonn beantwortet. Als heiße Kandidaten für die neue deutsche Nationalhymne wurden vor allem die Vorschläge der FDP »Der Theodor[47], der Theodor, der steht bei uns im Fußballtor« und »Hier kommt Kurt[48], ohne Helm und ohne Gurt« (SPD) gehandelt. Nach kurzer Diskussion einigte man sich schlussendlich dann aber doch auf die dritte Strophe des Bratmaxe-Liedes.[49]

1988
Mit unterirdischen Moderationen verbreitet Fußball-Erpresser **Heribert** über Fußballdeutschland Angst und Schrecken.

1989
Nach dem Mauerfall verlassen Allergiker fluchtartig die blühenden Landschaften Richtung Westen

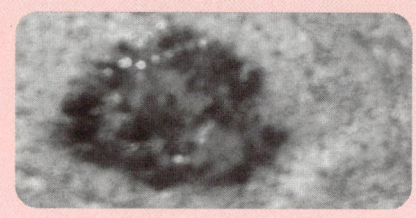

47 Beuys (o. ä.)
48 Schumacher
49 Bei offiziellen Anlässen wird heute jedoch auch das Deutschlandlied gesungen.

50 *Melodie:* Lalalala-lalaladida-tüdüdüdü-dü-tüdeldüüüüü (usw.)

Das Grundgesetz der Bundesrepublik Deutschland gilt heute neben der Einführung der Pendlerpauschale und der Legalisierung von Call-in-TV-Sendern als die größte politische Leistung deutscher Staatsmänner im 20. Jahrhundert.

Die RAF

Die RAF wurde im März 1970 von Rechtsanwalt Gustav Mahler gegründet, um Stefan Aust auf Lebenszeit ein zweites Standbein als Buchautor sowie in Jubiläumsjahren Talkshowauftritte zu garantieren.

Auch wenn die RAF das Modebewusstsein einer ganzen Generation prägte (z. B. tagsüber Unterhose, auf der Arbeit Perücke) – man darf ihre ehemaligen Mitglieder heute noch immer nicht zu verbrecherischen Terroristen verniedlichen. Sie waren, sind und bleiben: zugedröhnte Heißdüsen und verklärte Krawallbürsten. Allen voran Andreas Baader-Meinhof.

Abb. 73 – *Eiskalt, aber soooooo niedlich:* Andreas Baader-Meinhof

Die 1000 coolsten deutschen Geheimagenten

Abb. 72 – Platz 1: **Hans-Jürgen Wischnewski** (auch: *James Bund*) im Maßstab 1:160 (Gedächtniszeichnung)

»Eine verruchte Mischung aus Kommissar Maigret und Bauernschrank« **Marion Gräfin Dönhoff** über Hans-Jürgen Wischnewski

»Ein verschissenes, bourgeoises Schwein, aber irgendwie ganz süß!« **Gudrun Ensslin** über Wischnewski

Deutschland Glossar

Aust, Stefan *(m.)*: Pferdenarr, Internetspezialist und Ex-SPIEGEL-Chef, leidet seit vielen Jahren an einem schlimmen *Baader-Meinhof-Komplex*

1989

Abb. 30 – *Die spinnen, die Russen!* UdSSR-Tyrann **Michail Gorbatschow** (Bild) zwingt Deutschland die DDR auf!

1990
Im Eisernen Vorhang wird **Asbest** gefunden. Daraufhin Abriss.

1991
Ein Heizungsmonteur vom Kaiserstuhl gewinnt seine *Wetten, dass ...?-* Außenwette, indem er **Wolfgang Lippert** durch Aufblasen zum Platzen bringt. **Thomas Gottschalk** übernimmt wieder.

Abb. 74 – **Ein Stern, der ihren Namen trug:** Die RAF baute in Sachen PR ganz auf *Stadtguerillamarketing*.

Dieser bewohnte mit seiner Freundin *Ulrike Meyfarth* zusammen zunächst eine antiimperialistische Nasszelle in Frankfurt-Bockenheim. Nach einer abgebrochenen Kaufhausbrandstifter-Ausbildung ging das Paar in den Untergrund, wo es neue Mitstreiter anwarb. Wichtigstes Aufnahmekriterium: Doppelnamen.

Doppelnamen, egal ob hinten oder vorne, am besten gleich beides, mit und ohne Bindestriche – je oller, desto doller[51]! Wer einen Doppelnamen besaß, galt ab 1975 bereits als Sympathisant.

Als gesuchte Nr.1-Staatsfeinde, vor allem aber auch als Paar waren *Andreas Baader-Meinhof* und *Ulla Meinecke* inzwischen unerträglich geworden. Nach und nach blieben auch private Einladungen zu politisch motivierten Vergeltungsaktionen aus. Das Leben auf der Flucht war beinahe so wie im Film (dem mit *Moritz Bleibtreu*), alle paar Tage musste neue Verkleidung her, um wieder so auszusehen wie auf dem gerade aktuellen Fahndungsfoto. Das Leben in der Illegalität gestaltete sich nur äußerst kompliziert: Ein RAF-Kurier zum Beispiel hatte auf einer zweiminütigen Fahrt zum Zigarettenautomaten bis zu acht Mal den Wagen samt Nummernschildern zu wechseln, während sein Beifahrer mit verbundenen Augen unentwegt mit der einen Hand

1992

Abb. 31 – *Wenderock für Hosenträger*: **Die Prinzen** (v. l. n. r.) begeistern mit ihrem Smash-Hit »Küssen verboten« das wiedervereinte Deutschland.

1996
Politiker aller Parteien des Bundestages beschließen den Bau einer Mauer in unseren Köpfen.

51 Irmgard Möller-Westernhagen, Jan-Carl Heckler-Koch, Axel Cäsar Mohn-Haupt, Ho-Ho-Ho Chi-Min

Pässe zu fälschen und mit der anderen Kassiber zu ver-
schlüsseln hatte. Die Folge: Stress und Magenschmerzen,
hauptsächlich natürlich wegen der Tag und Nacht im Hosenbund steckenden, stets durchgeladenen Maobibel.

Schließlich wurden *Andreas Baader-Meinhof* und *Ulrike
Meins* eingefangen – gerade noch rechtzeitig, zwei Jahre und
zwölf Tage vor der Fußballweltmeisterschaft im eigenen
Land. Ein möglicher Anschlag auf den Kaiser (→ S. 70)
konnte so vereitelt werden, am Ende siegte wieder einmal
Deutschland (2:1).

Über die Jahre in Stammheim ist bis heute leider nichts bekannt.

Die Bande musste sich nun neu organisieren, *Andreas
Baader-Meinhof* und *Ulrike Mohnhaupt* hatten der zweiten
und dritten Generation[52] nur ein paar Schmauchspuren
und einen Haufen gammeliger Doppel-Decknamen hinter-
lassen.

Nach der überraschenden Selbstauflösung der RAF im Jahr
1998 sicherte sich *Stefan Aust* in Panik sämtliche Rechte am
Nationalsozialismus und betreibt seither unter dem Namen
Guido Knopp ein gut laufendes drittes Standbein.

Deutschland Glossar

Hosenbund, *der (m.):* vor 1945
Bund Deutscher Hosen, seit 1982
Die Toten Hosen

Faktenwissen Extrem

Auch wer mit der RAF zu tun hatte,
kann noch Bundesinnenminister
werden.

1997
Exportboom von *Billig-
Bomben in den Iran!* Besonders begehrt: Atombomben
aus einem blinkenden Fax-
modem, Ford-Escort-Stoß-
dämpfern, Chilipulver und
reichlich Eierkarton.

1998
Missglücktes Attentat auf
Diddl-Maus-Erfinder.

1999
Die **CDU-Spendenaffäre**
schockt alle. Außer die, die
zu »Mambo No. 5« tanzen.

52 »Leb so, wie du dich fühlst«

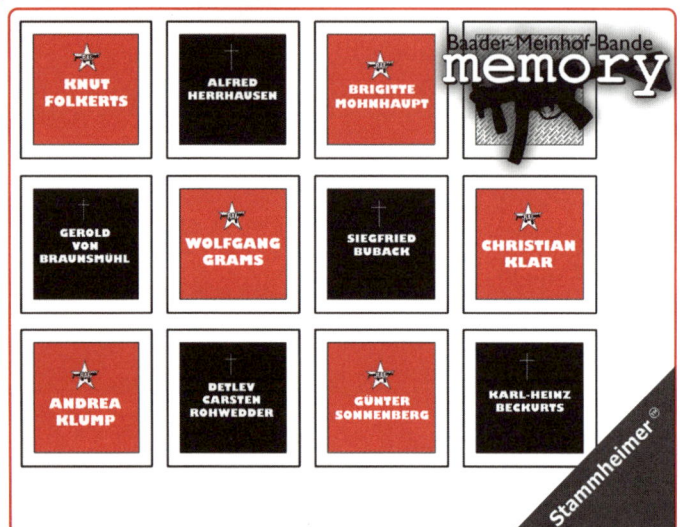

Abb. 76 – Für **2– 8** ausdauernde Ermittler und Ex-RAFler und bis zu 15 Jahre plus Sicherheitsverwahrung.

Lehrreicher Spielspaß!
BAADER-MEINHOF-BANDE-MEMORY®

Baader-Meinhof-Bande-Memory®
Bei der spannenden Suche nach passenden Bildpaaren sind Konzentration und ein gutes Gedächtnis gefragt.

Inhalt
72 Karten (bis zu 891.002.192 mögliche Kombinationen)

Komm, mach mit!
Das Baader-Meinhof-Bande-Memory®, mit den unrasiertesten Antiimperialisten und unaufgeklärtesten Actionattentaten aller Zeiten. Egal, ob angepasster Reaktionär oder revolutionärer Vorkämpfer, hier darf jeder mal überlegen, wer wem die Rübe weggeblasen hat!

2000
Trotz Protesten der Verbraucherzentralen endet zehn Jahre nach der Wiedervereinigung die Umtauschfrist für die fünf neuen Länder.

2004
Die Marssonde *Spirit* lässt sich durch die marsähnliche Infrastruktur ablenken und landet versehentlich in Mecklenburg-Vorpommern.

2005
Nach der Beförderung von **Papst Johannes Paul II**. übernimmt ein deutscher Kardinal im Auftrag der katholischen Kirche die Leitung ihrer Filiale auf Erden.

Spielziel
Wer am Schluss die meisten passenden Kartenpaare gefunden hat, muss bei der Staatsanwaltschaft antanzen und petzen.

Wie geht es los?
Alle Karten werden mit der Bildseite nach unten auf den Tisch gelegt und gut gemischt. Entweder bleiben die Karten danach in anarchischem Durcheinander liegen, oder sie werden in ordentliche polizeitaktische Aufmarschformationen geordnet. Die Spieler entscheiden per Pistolenduell, welche Variante gespielt werden soll. Wichtig ist, dass die Karten nicht übereinanderliegen.

Wer fängt an?
Sowieso immer die Bullen bzw. das Schweinesystem.

Wie wird Baader-Meinhof-Bande-Memory® gespielt?
Ist ein ehemaliger Kämpfer der RAF an der Reihe, darf er nacheinander zwei Karten aufdecken. Passen die beiden Bilder zusammen, muss der Spieler den Kopf schütteln, sich an nichts erinnern und die Karten wieder umdrehen. Dann ist ein Vertreter der Ermittlungsbehörden an der Reihe und deckt seinerseits zwei Karten auf. Gehören die beiden Karten zusammen, muss das ehemalige RAF-Mitglied mit dem Kopf schütteln und sich an nichts erinnern. Die Karten können dann wieder umgedreht werden. Das geht so lange, bis alle auf den Karten des Baader-Meinhof-Bande-Memory® abgebildeten Terroristen tot sind beziehungsweise die Spieler keine Lust mehr haben.

Was ist nicht erlaubt?
Peter-Jürgen Boock fragen.

Spielende
Spätestens in vierzig Jahren.

Memory-Tipp:

Merken Sie sich alle umgedrehten Karten, so steigen Ihre Chancen zu gewinnen!

2006
Ein Löwe ohne Hose entzückt eine ganze Nation.

2007
Im argentinischen Fernsehen wirft **Adolf Hitler** die deutsche Journalistin **Eva Herman** aus seiner Show.

Abb. 77 – **Einfach Hammer** (und Zirkel) – das peppige Logo der DDR!

DDR

Zahlen beweisen: Die meisten Deutschen unter 15 halten die DDR für so etwas wie NDR oder WDR[53] und glauben, dass sie eine Erfindung von *Coca-Cola*, Gregor Gysi oder Leander Haußmann sei. Fast! Richtig ist, dass sich die DDR[54] rund vierzig Jahre lang in der Ostzone, auf dem Gebiet der heutigen ehemaligen DDR befunden hat und das Fundament für den erfreulichen Erfolg des Mitteldeutschen Rundfunks bildete. Ähnlich wie Freizeitparks[55] war die DDR von einem hohen Zaun umgeben, damit nur Leute reinkamen, die auch Eintritt[56] bezahlten.

Interdisziplinär Lernen – Bio & Geschi
Ostzonenosmose

Weil es ihnen drüben nicht so gut ging (*wg. z. B. Wirtschaft, nur Mist im Fernsehen, Stasi*), strömte lange Zeit *ein zielgerichteter Fluss* von Sowjetzonenbewohner in Richtung Bundesrepublik. Diesen Vorgang, genannt *Ostzonenosmose*, versuchte die DDR-Staatsführung durch den Bau einer semipermeablen Membran (*1961– 1989*) mitten durch Deutschland zu verhindern. Semipermeabel ist eine Membran, wenn sie halb durchlässig ist, also gewisse Dinge durchlässt (z. B. Platten von Udo Lindenberg, harte Westmark), andere jedoch nicht (z. B. Menschen, modische Damenfrisuren).

In konservativen Kreisen sieht man die DDR jedoch noch immer kritisch und bemängelt die unzureichende Aufarbeitung der DDR-Verbrechen[57] und Menschenrechtsverletzun-

Abb. 32 – *Gebührenzahler* grummeln: Das **Eva-Herman-Mahnmal** im Teutoburger Wald kostete den NDR mehrere Hundert Euro.

2007
Nobelpreis an den deutschen Physiker **Peter Grünberg** für die Entwicklung und Programmierung von **Jogi Löw**.

53 Nicht ganz zu Unrecht.
54 Demokratische Deutschrepublik (oder so ähnlich)
55 *z. B.* Legoland, Phantasialand oder Europark Rust
56 *meint:* Devisen

57 Die DDR-Verbrechen sind wirklich nicht der Rede wert!

gen[58] und die Tatsache, dass die Täter größtenteils nicht zur Rechenschaft gezogen wurden.

Was war die DDR denn nun wirklich – Unrechtsstaat oder Sandmännchenland? Letzteres natürlich! Als Argumentationshilfe im Gespräch mit Unbelehrbaren und damit es auch nachfolgende Generationen nie vergessen, will dieses Lehrbuch im Folgenden die dringendsten Fragen ehrlich beantworten.

Stimmt es, dass in der DDR alles besser war als heute?
Ja.

Wer hat eigentlich für die Stasi gearbeitet?
Alle, außer Gregor Gysi.

Hat die Partei wirklich immer recht?
Jein, nicht *alle* Parteien haben *immer* recht! Grundsätzlich gilt: Je weiter eine Partei zur Mitte hin tendiert, desto weniger recht hat sie. Parteien der extremen Linken und Rechten haben jedoch immer recht. Da es in der DDR nur eine Partei[60] gab, hatte die natürlich das alleinige Rechthabemonopol – ganz legal!

Abb. 78 – **Reisefreiheit, Luxus und Südfrüchte ohne Ende**: In der DDR gab es[59] alles, was das Herz begehrte!

Deutschland Glossar

Sandmännchen, *das (n.)*: Ein Fabelwesen (wie z.B. das Einhorn, die Zahnfee, der Papst), an das nur Ostdeutsche glauben (wie auch: Peter Sodann, Wolfgang Lippert)

2009
Das Buch *Alles, alles über Deutschland* erscheint im Verlag Kiepenheuer & Witsch.

58 Pah, Menschenrechtsverletzungen! Manch ein Bundesligaprofi wäre froh, wenn er bloß ein verletztes Menschrecht hätte!
59 ... für DDR-Staats- und Parteichef *Erich Honecker* ...

60 SEEED

Warum hat man dann eine Mauer um die DDR herum gebaut?

Damit nicht zu viele Flüchtlinge aus der BRD in die DDR kamen, um den Ostdeutschen die Arbeitsplätze wegzunehmen.

Wieso gibt es die Mauer heute nicht mehr?

Keine Sorge, die Mauer existiert bis heute, inklusive Todesstreifen und Selbstschussanlage – in den Köpfen der Deutschen.

Musste man in der DDR Angst vor der Stasi haben?

Aber nein! Man musste nur Angst davor haben, dass die Stasi etwas Unangenehmes über einen herausfindet.

Wer hatte die Absicht, eine Mauer zu errichten?

Niemand bzw. Walter Ulbricht.

Ist ein Schießbefehl etwas Schlechtes?

Nicht direkt. Auch in den Verträgen zahlreicher *Bundesligafußballer* findet sich heute ein Schießbefehl – und ist Bundesligafußball etwas Schlechtes?

Übungsaufgaben zur Zeitleiste

Zeit ist Geld.
Wie viel Geld sind vier Tage?
Begründung!

Beantworten Sie in einem Besinnungsaufsatz folgende Fragen:
Wer hat an der Uhr gedreht?
Ist es wirklich schon so spät?
Ausführlich!

Fleißaufgabe:
Schreiben Sie alle Jahreszahlen auf, die nach 2009 kommen!

West und Ost – die wichtigsten Unterschiede im Überblick

WEST (BRD)	OST (DDR)
Cool	Uncool
Badehose	FKK
Schimpfen	Rügen
Scorpions	Puhdys
Uschi Obermaier	Margot Honecker
C64	AK47
Max Schautzer	Marx' Schnäuzer
Miele	Mielke
Faschismus	Kommunismus
München, New York, London, Paris	Erfurt, Warschau, Moskau, Minsk

Der Fall Karl-Heinz Kurras

Ein Aufschrei des Entsetzens ging durch Deutschland, als bekannt wurde, dass die Todesschüsse auf den Studenten Benno Ohnesorg von einem Stasispitzel und SED-Mitglied abgegeben wurden. Hätte man eher gewusst, dass die DDR an all dem schuld war, wäre der Bundesrepublik vieles erspart geblieben (z. B. Alt-68er).

Dahinter könnte ebenfalls die DDR gesteckt haben: Sahra Wagenknecht (Linkspartei), Sandmännchen (RBB), Mauerbau (1961)

ABSCHLUSSTEST GESCHICHTE

1. Warum starben die deutschen Dinosaurier aus?

○ a) Aus Scheiß
○ b) Sie verhungerten, weil sie nicht durch den McDrive passten
○ c) Echsenverbrennungen

2. Was kennzeichnete die ersten Deutschen?

○ a) Eine dunkle Vergangenheit
○ b) Bunt glitzernde Ohrmarken
○ c) Eine stets pünktliche Evolution

3. Wie war das Verhältnis von Römern und Germanen?

○ a) Bilateral
○ b) Rein platonisch
○ c) Im Kern richtig

4. Welcher berühmte Karl wird gerne zum Vater Europas verklärt?

○ a) Karl der Käfer
○ b) Karl Arsch
○ c) Lotto King Karl

5. Wer war der bekannteste deutsche Seefahrer und was war seine größte Leistung?

○ a) Käpt'n Iglu zog 1612 ein Schiff voller hungriger Kinder ins 3-Sterne-Fach
○ b) Rommel der Küstenfuchs zähmte die Wüste Gabi
○ c) Der unter der Flagge mit den gekreuzten Laugenstangen frei beutende Störtebäcker verweigerte sich an einem verkaufsoffenen Sonntag um 1400 der feindlichen Übernahme durch die Kampsarmada

6. Was war die Ursache für Willy Brandts Kniefall 1970 in Warschau?

○ a) Sekundenschlaf
○ b) Er wollte einen Elfmeter rausschinden
○ c) 20 Zloty auf dem Gehweg

7. Wo landete Mathias Rust?

○ a) Roter Platz
○ b) Grüner Hügel
○ c) Blauer Bock

8. Warum entschied man sich für Deutschland als Austragungsort des Zweiten Weltkriegs?

○ a) Schöne Städte und hervorragende Infrastruktur
○ b) Wegen der unsicheren politischen Lage in China
○ c) Damit die Deutschen endlich mal ganz befreit Fahnen schwenken und patriotische Lieder grölen dürfen

9. Wie kam man in der DDR ganz nach oben?

○ a) Mit einer mindestens 750 Gramm schweren Brille aus Pritzwalker Vollhorn
○ b) Mit links
○ c) Auf der Karriereleiter (entweder sechzehn Jahre warten oder von Verwandten aus dem Westen zuschicken lassen)

10. Welchem Zweck dienten die Leipziger Montagsdemonstrationen?

○ a) Eindrucksvolle Markierung des Wochenanfangs
○ b) Die Menschen forderten mehr Montage
○ c) Senkung des Spitzelsteuersatzes

Die Lösung finden Sie auf Seite 260!

_____

Datum / Ort

_____

Unterschrift des Buchinhabers

»Die deutsche Gesellschaft
ist auf lange Sicht nicht
gesellschaftsfähig.«

Kapitel 3

Sozialkunde

Soziologisch betrachtet, bilden die Deutschen eine Gesellschaft mit beschränkter Haftung[1]. Das heißt, wenn irgendwas schiefläuft, sind immer die anderen schuld. Grob unterteilt man die deutsche Gesellschaft tiramisuartig in drei Schichten: Hartz-IV-Empfänger[2], Normale[3] und Millionäre.[4]

Dieses Kapitel zeigt die Vorteile der modernen Dreiklassengesellschaft auf, behandelt Strukturen, Mechanismen und Traditionen und klärt auf, welche Bevölkerungsgruppen besser sind als andere und warum.

Folgende Fragen werden beantwortet: Welche Religion ist die beste? Warum sind »Superstar«, »Personal Coach« und »Mentalist« in Deutschland keine anerkannten Ausbildungsberufe? Und: Wann ist ein Mann ein Mann?

1 GmbH
2 Unterschicht
3 Mittelschicht
4 Oberschicht

Abb. 2 – *Noch immer so kultig und witzig wie von Florian Illies beschrieben?* Die **Generation Golf**.

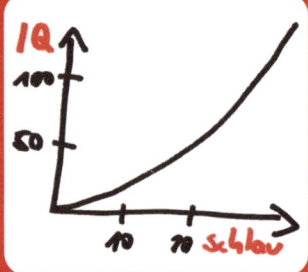

Die deutsche Gesellschaft in Zahlen
INTELLIGENZQUOTIENT (IQ)

Abb. 3 – *Dieses Diagramm beweist:* Je höher der **IQ** eines Bundesbürgers / einer Bundesbürgerin, desto schlauer ist er / sie.

Die deutsche Gesellschaft in Zahlen

DIE BELIEBTESTEN HOBBYS

13,4 %	Falschparker aufschreiben
12,9 %	Sich über Leute ärgern, die Falschparker aufschreiben
9,1 %	Falsch parken

Gesellschaftsgeschichte

Traditionell unterteilt man die deutsche Gesellschaft in sogenannte *Generationen*. Sie sind streng chronologisch angeordnet, umfassen einen Zeitraum von sechs Monaten bis zu fünfzehn Jahren und werden nach *Automodellen*[5], *Buchstaben*[6] oder *Geisteszuständen und Lebenssituationen*[7] benannt. Grundsätzlich gilt in Deutschland: Die Elterngeneration weiß alles besser, die Kindergeneration trägt merkwürdige Frisuren und/oder hat keine Perspektive, und die Großelterngeneration hat in ihrer Vergangenheit politisch etwas ausgefressen, wovon sich Eltern- und Kindergenerationen distanzieren.[8]

Eine Ende 1949 mit *Currywurst* und *Toast Hawaii*[9] in deutsche Essecken einziehende Exotik markiert den Beginn der ersten soziologisch bedeutenden Epoche Nachkriegsdeutschlands: die 50er Jahre. Wer auch immer die Deutschen waren, wenigstens waren sie jetzt erst mal wieder wer! Der greise Bundeskanzler Konrad Adenauer (→ *S. 98, 101*) ließ es sich nicht nehmen, sich höchstpersönlich an die Spitze der nagelneuen deutschen Alterspyramide zu stellen. Die ersten demografischen Schaubilder präsentierten erstmals seit Kriegsende wieder ihre frivolen Kurven und animierten zahllose Bundesbürger zur Fortpflanzung.

Ein sprunghafter Anstieg des *Bevölkerungshaarwachstums* läutete in der BRD die 60er Jahre ein (fünf Jahre später auch in der DDR). Soziologisch gilt dieser Zeitabschnitt aus heutiger Sicht als wohl einer der ereignisreichsten und interessantesten in der deutschen Bevölkerungsgeschichte: Der *Pillenknick* verunsicherte viele Frauen, und der *Bau der*

---

5 »Generation Golf«
6 »Generation X« , »Generation Y«
7 »Generation Doof«, »Generation Praktikum«
8 *z. B.* Holocaust, 68er-Studentenbewegung

9 *in Ostdeutschland:* gebratene Leber auf Nierentischen serviert

Mauer setzte der innerdeutschen Bevölkerungswanderung ein Ende.

Im Laufe der Zeit bildeten sich bedeutende Unterschiede zwischen den beiden deutschen Landesteilen heraus: Im Gegensatz zu Westdeutschland, wo in den 70er Jahren die *freie Liebe* sehr verbreitet war, wurde Liebe im Osten größtenteils planwirtschaftlich organisiert. In der BRD hingegen brachte die zunehmende *Feminisierung des Alters*[10] engagierte Frauenrechtlerinnen auf die Barrikaden, und den *Babyboomern* der jungen BRD folgten in den 70er Jahren die *Bonzenboomer* der RAF. Die größte Bevölkerungswanderung seit dem Zweiten Weltkrieg erfuhr die Bundesrepublik Deutschland während der Ende der 70er Jahre von Bundeswanderpräsident *Karl Carstens* (→ *S. 177*) organisierten Wählerwanderungen.

Trotz deutlicher Verbesserung der Individualhygiene brach gegen Ende der Hippie-Ära (1980) die Bevölkerungswachstumskurve in Ost und West stark wellenartig ein. Praktisch machte sich dieser *New Wave* oder *Neue Deutsche Welle* genannte Einbruch an einem starken Geburtenrückgang bemerkbar. Hintergrund ist aus heutiger Sicht wahrscheinlich die unansehnliche Optik breiter Teile der deutschen Bevölkerung[11], verstärkt durch nicht zur Fortpflanzungsuntermalung geeignete Popmusik.[12] Soziologisch unterteilte man die Menschen im Deutschland der 80er Jahre in Popper, Punker und Yuppies.

Faktenwissen Extrem

Um 1968 registrierten Gesellschaftswissenschaftler beunruhigend heftige **Studentenbewegungen** in vielen deutschen Großstädten und ein dadurch begründetes, abruptes Verschwinden des über tausend Jahre konstant gebliebenen *subtalaren Muffs*.

10 *d. h.,* Frauen müssen viel länger leben als Männer
11 Teilweise sahen die Männer besser als die Frauen aus.
12 *z. B.* von Rick Astley, Sandra

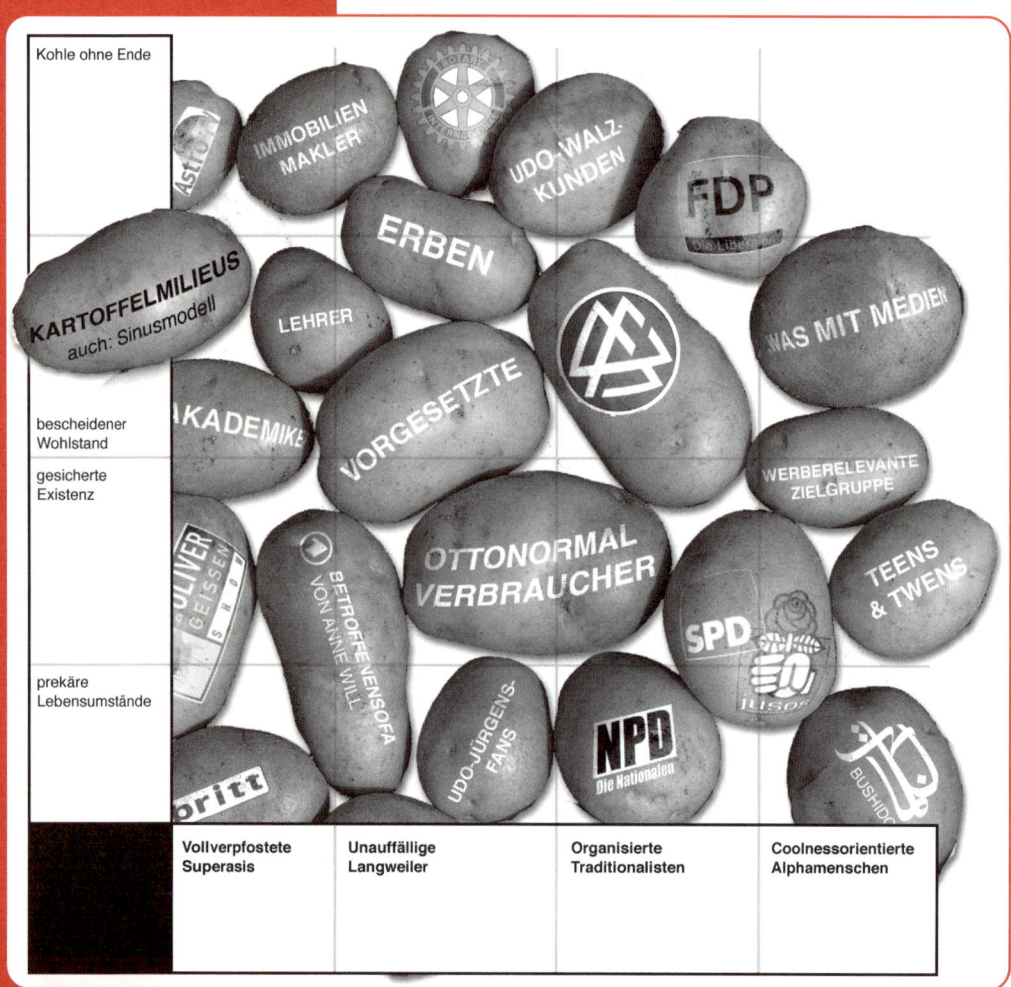

Abb. 4 – **Gesellschaftsmodell**: die Kartoffelmilieus im Überblick

Die Wiedervereinigung 1990 erschütterte die deutsche Gesellschaftswissenschaft erheblich. Plötzlich vermischten sich die bis dato übersichtlich voneinander getrennten Ost- und Westdeutschen, sämtliche Diagramme und Statistiken mussten aktualisiert und teilweise sogar neu erstellt werden. Obwohl der in den 90er Jahren moderne wummernde Eurodance den Soziologen die Arbeit zusätzlich erschwerte, entwickelten die Wissenschaftler nach monatelanger Recherche in bundesdeutschen Rotlichtmilieus ein Gesellschaftsmodell (Abb. 4), das bis heute seine Gültigkeit hat.

Das Schaubild ist selbsterklärend.

Innerhalb der Milieus kann es zudem zu weiteren Unterteilungen und Abstufungen kommen. Neben Bevölkerungsschichten gibt es noch die in Deutschland allseits unbeliebten sogenannten Früh-, Spät- und Nachtschichten.

> **Deutschland Glossar**
>
> **Eurodance**, *the (m.)*: wie in: »Go where you want, but don't forget the Omen«, »Rhythm is a dancer«, »Lananadinananana – be my lover«. Krachende Tanzmusik von Bands, die aus einer »Sängerin« und einem schwarzen »Rapper« bestehen.

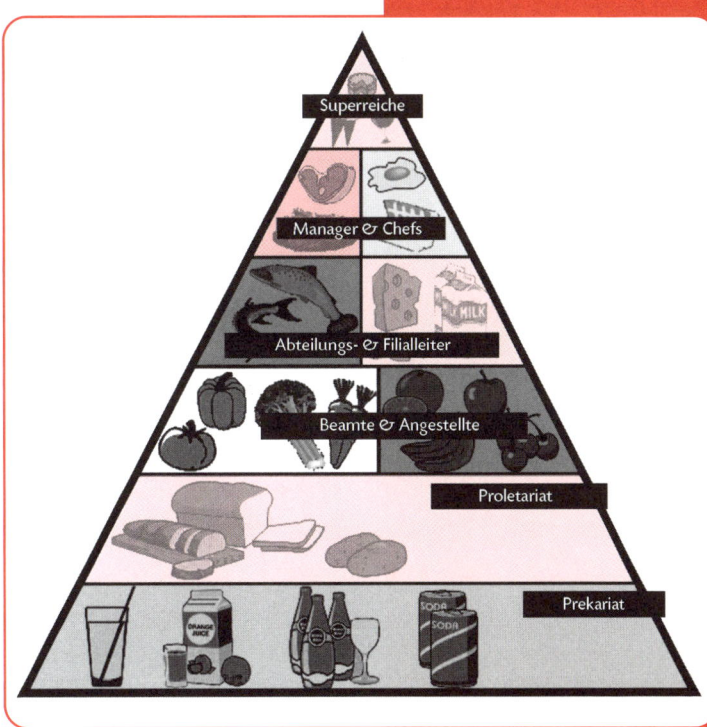

Abb. 5 – **Bevölkerungsschichten** (Pyramidenmodell)

Deutschland Glossar

Bevölkerungsschichtenpyramide, *die (f.)*: Die ersten Bevölkerungsschichtenpyramiden wurden von den *Ägyptern* bei Gizeh errichtet. Anfänglich ließen die Statistiker des Pharaos tatsächlich noch die gesamte Bevölkerung im Maßstab 1:1 zu einer übersichtlichen Schichtpyramide aufstapeln – ein kostspieliges und langwieriges Unterfangen. Später ging man dazu über, die Schichtmodelle in Stein nachzubilden. Aber auch das erwies sich mittelfristig als zu aufwendig – insbesondere da aktuelle demografische Entwicklungen ständig in die übergroßen Schaubilder eingearbeitet werden mussten, um eine akkurate Darstellung der ägyptischen Bevölkerungsschichten zu gewährleisten.

Zwecks Anschaulichkeit werden Bevölkerungsschichten auf anderen Schaubildern (Abb. 5) in Fachbüchern und wissenschaftlichen Publikationen häufig auch aufeinandergestapelt (Bevölkerungsschichtenpyramide), was natürlich eine besonders starke Belastung der unten liegenden Schichten zur Folge hat. In Wirklichkeit leben die Bevölkerungsschichten heutzutage natürlich nicht übereinander, sondern friedlich miteinander, aber strikt getrennt durch sorgsam errichtete Zäune, Hecken und kilometerlange Mauern.

Übungsaufgaben:

- Schraffieren Sie jeden unbedruckten Fleck des Schaubildes auf Seite 120 mit Bleistift!

- Welche Bevölkerungsschicht ist die beste? Begründung!

- Welche soziologischen Vorteile brächte eine Wiedereinführung des Feudalismus in der Bundesrepublik Deutschland mit sich? Erläutern Sie!

- 3-D-Bild-Aufgabe: Halten Sie sich das Gesellschaftsmodell von Seite 120 im Abstand von zehn Zentimetern vor die Augen, entfernen Sie sich langsam von dem Bild und bewegen Sie dabei Ihre Augen nicht. Nun müssten Sie in dem Gesellschaftsmodell ein dreidimensionales Bild eines bekannten Sozialpolitikers sehen! Notieren Sie dessen Namen auf dieser Linie:

  _____

Abb. 6 – *Ungenau und nur bei brennenden Kerzen halbwegs aussagekräftig:* Frühere **Modelle der Bevölkerungsschichtenpyramide** wurden von Soziologen vielfach kritisiert.

Männer

Männer sind die behaarteste Volksgruppe Deutschlands und führen seit Jahren die Physiognomiestatistik der Bundesrepublik an. Nach einer repräsentativen Razzia in 10.000 deutschen Männerschlüpfern ist das Statistische Bundesamt zu dem Ergebnis gekommen, dass der deutsche Mann mit einer durchschnittlichen Penislänge von 9,4 Zentimetern geschlechtsteilgrößenmäßig im Weltvergleich weiter hinter Blauwal und *afrikanischem Elefant* (→ *Fauna, S. 17*) lediglich im unteren Mittelfeld liegt bzw. steht.[13]

Weiterhin konstatieren Soziologen besorgt, dass, wäre am kommenden Sonntag Wahl, 73 % aller deutschen Männer die Sonntagsfrage verneinten.

Diese marginalrelevante Statistik darf jedoch nicht darüber hinwegtäuschen, dass Deutschland mit einer Männersterblichkeit von annähernd 100 % das traurige Schlusslicht Europas bildet – noch hinter Albanien und Serbien-Montenegro.

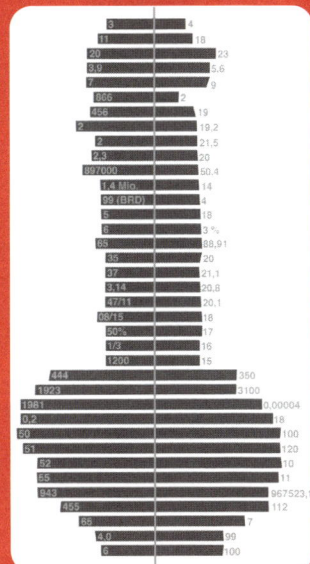

Abb. 7 – Schaubild: Die demografische Entwicklung des Mannes in Deutschland

Übungsaufgaben:

- Frage zum Text: Wie hoch ist die Männersterblichkeit in Deutschland und wo steht Deutschland damit im europäischen Vergleich?

- Erörterung: Wann ist ein Mann ein Mann? Mit Einleitung, Hauptteil und Schluss!

- Warum hören Männer nicht zu und parken Frauen schlecht ein? Bitte ausführliche Hausarbeit (396 Seiten)!

Übungsaufgaben:

- Beschreiben Sie, was dieses Schaubild zeigt!
- Wie unterscheiden sich die Entwicklungen des deutschen Mannes in Ost und West?
  Beantworten Sie anhand des Schaubildes!
- Welche Auswirkungen hatte der Zweite Weltkrieg auf Diagramme und Schaubilder in Deutschland?

[13] *Hinweis*: 90 % dieser Statistik befinden sich unter der Gürtellinie

Frauen

Die zweite große Volksgruppe in Deutschland ist die der Frauen. Sattstiicsh its bwesieen: Jeder zweite Deutsche hat eine oder mehrere *Frauen* im Bekanntenkreis – weit über 20 % aller Deutschen sind sogar selbst Frau. Deutsche Frauen bekommen im Laufe ihres Lebens 1,37 Kinder – über 100 % mehr als deutsche Männer im selben Zeitraum!

Die maximale Anzahl der »Sturm der Liebe«-Episoden, die eine normale deutsche Frau zu Lebzeiten gucken kann, beträgt 710.436, weibliche Autofahrer bringen in Deutschland ihren Pkw im Schnitt alle zwei Jahre zum TÜV, und 21 % aller deutschen Frauen wünschen sich als Herdprämie »einen schicken Herd« – drei Tatsachen, die zu über 80 % nichts miteinander zu tun haben.

Abb. 8 – Davor haben 75 % aller Frauen Angst: **Kalorien** (Abb.)

Faktenwissen Extrem

Die **Frauenquote** in der weiblichen Bevölkerung Deutschlands ist sehr hoch (ca. 80 %)!

Übungsaufgaben:

- Warum sind Frauen besser als Männer? Bitte ohne Begründung!

- Woran erkennt man eine Frau im Dunkeln?
  a) am Parfum
  b) an der hohen Stimme
  c) auf Nachfrage am Vornamen

Kinder & Jugendliche

Kinder entstehen während oder kurz nach dem Beischlaf zwischen Mann und Frau. Wem diese Aktivität zu anstrengend ist, der kann sich auf der nächsten Afrikareise aber auch einfach ein Kind von dort mitnehmen.[14] Doch Vorsicht: Kinder sind in Deutschland *meldepflichtig*!

Allgemein gilt: Sie sind beinahe wie richtige Menschen, nur kleiner und dümmer. Kinder lassen sich leicht beeinflussen und bei Gesellschaftsspielen gut beschummeln. Bis zum sechsten Lebensjahr sind Kinder in Deutschland nahezu überhaupt nicht alphabetisiert. Auch danach liegt ihre Lese- und Schreibgeschwindigkeit noch lange auf dem Niveau eines 3,5"-Diskettenlaufwerks. Ihre Unmündig- und Minderjährigkeit versuchen Kinder durch niedliches Aussehen zu kaschieren – oft mit Erfolg!

Die Bundesrepublik Deutschland hat eines der liberalsten Kindergesetze Europas. Das Führen und Tragen eines Kindes in der Öffentlichkeit ist jedem Deutschen ohne gesonderte Erlaubnis der Ordnungsbehörden oder vorbereitende Schulungen durch Sachverständige möglich. Kinder bekommen und erziehen wird den Bürgern der BRD demnach leichter gemacht als z. B. Auto fahren, Gabelstapler lenken oder Gaststätten betreiben. Das pädagogische Unvermögen vieler Eltern zahlen ihnen ihre Kinder jedoch bereits nach wenigen Jahren mit schlechtem Benehmen, Ungezogenheit und einem frühzeitigen Abgleiten in Kriminalität, Suff und Arbeitslosigkeit heim. Die traurige Endstation für diese Kinder ist »Die Außreißer« oder »Die Supernanny« (RTL).[15]

Merke!

Die bis zu 25 Jahre andauernde **postnatale Phase** von Kindern ist für Eltern oft sehr anstrengend.

Faktenwissen Extrem

Wenn der Mann beim Beischlaf **die Luft** anhält, kann die Frau **trotzdem** schwanger werden.

14 Prominenz ist hierbei von Vorteil
15 → *Fernsehen, S. 234*

Die Entwicklungsstufen eines deutschen Kindes im Überblick

Abb. 9 – *Hochbegabt*: Bei seiner Einschulung (5 – 7 Jahre) sollte das deutsche **Kind** (Bildmitte) bereits die Wörter »Kinder« und »Heiner« lesen und schreiben können.

Abb. 10 – *Mama, wo kommen eigentlich die Haare her?* Sicheres Anzeichen beginnender **Adoleszenz** (11 – 14 Jahre) ist der starke Wunsch eines Kindes, sich die Haare über die Ohren wachsen zu lassen (links und rechts).

Abb. 11 – *Schwierige Phase*: Auf dem Höhepunkt seiner Pubertät interessiert sich der **deutsche Jugendliche** nur noch für Schmuddellektüre (Bildmitte), trägt Hip-Hop-Klamotten und einen wilden, unangepassten Punkerhaarschnitt.

HINTERGRUNDWISSEN IM KASTEN

Wollten Kinder vor wenigen Jahren noch Feuerwehrmann, Polizist oder wenigstens *groß und stark* werden, sind die beliebtesten Berufswünsche deutscher Kinder im Jahr 2009 einer Umfrage zufolge *Spongebob*, *Michael Ballack* und *Topmodel*.

Mit Einsetzen des Achselhaarwachstums verwandeln sich Kinder in *Jugendliche*. Jugendliche gelten gemeinhin als schwierig und sind für nahezu 100 % der in Deutschland auftretenden Jugendkriminalität verantwortlich. Hartnäckiger Widerstand seitens der Kirchen verhindert in Deutschland leider, dass sie nachträglich abgetrieben werden dürfen. Jugendliche interessieren sich hauptsächlich für heimliches Rauchen, Heavy Petting und Handys und sitzen in Bussen und Bahnen immer ganz hinten, damit sie sich gegenseitig ungestört ausrauben[16] können. Wenn man Jugendliche auf ihr flegelhaftes Verhalten beispielsweise in der U-Bahn aufmerksam macht, wird man in der Regel ins Koma geprügelt.

Um Jugendliche zu vergraulen und in die Flucht zu schlagen, sollten vorsichtige Rentner stets einen tragbaren Fernseher mitführen, auf dem ARD oder ZDF eingeschaltet sind.

---

16 Jugendliche nennen das: *abziehen*

Übungsaufgaben:

- Was sollte man mit Kindern auf keinen Fall machen?
  a) falsch erziehen
  b) Memory spielen
  c) ohne Gaspistole in die Schule lassen

- Wo kommen die Babys her? Schreiben Sie einen Text unter Verwendung der Begriffe **Storch** / **Bienen** / **Blümchen** / **ganz doll lieb haben** / **Geschwisterchen**

- Kinder sind unsere Zukunft! Finden Sie das gut? Begründung!

Die Familie im Wandel der Zeit

Der Mittelpunkt des sozialen Lebens der Bürger der Bundesrepublik Deutschland ist die Familie.

Abb. 12 – *Keimzelle der deutschen Familie*: die **Ehe** (Bild)

In den Gründungsjahren der Bundesrepublik konnten Männer auch ohne einen Lügendetektor- oder DNA-Test bei »Britt« (→ *Fernsehen, S. 234*) Vater werden und waren unangefochtene Oberhäupter der damals vorherrschenden Normfamilie. *Mehlig oder festkochend* – auf diese und ähnliche Fragen beschränkte sich damals das Mitbestimmungsrecht der Frau in der Familie.

Durch die Legalisierung der gewaltfreien Erziehung Ende der 1960er Jahre kamen neue Familienmodelle hinzu: Die

Faktenwissen Extrem

Die **Familie** ist eine *häusliche Not-gemeinschaft*, besteht aus Männern, Frauen und/oder Kindern und Haustieren und ist in der BRD meist – anders als z. B. in Österreich (→ *Österreich, S. 220*) – *überirdisch* untergebracht.

Abb. 13 – *Im Alltag privilegiert*: Dieses Verkehrsschild bezeichnet einen ausschließlich von **Alleinerziehenden** begehbaren Straßenabschnitt.

Abb. 14 – *Familienmodelle im Wandel*: **damals** (oben) und **heute** (unten)

antiautoritäre Erziehungsphilosophie nahm den Kindern Angst und Respekt vor Autoritäten – dies entpuppte sich jedoch schnell auch als ihr größter Schwachpunkt. Zwar versuchten die überforderten Eltern noch ihre wild gewordenen Kinder mit kratzigen Strickwaren in Schach zu halten, doch – zu spät: Die Verzöglinge der reformbewegten Eltern rächten sich und wurden Banker, Broker oder Bonzen.

Nach dem Scheitern der antiautoritären Erziehung entstanden neue Modelle des familiären Zusammenlebens in der Bundesrepublik. Die einsetzende Emanzipation machte Frauen gefährlich. Viele Männer flüchteten verängstigt aus Beziehungen, Familien und Verantwortung. Die ersten alleinerziehenden Mütter entstanden! Sie sind jedoch nicht das einzige Beispiel dafür, dass viele Deutsche zwar Familie, nicht aber die lästige Monogamie wollten: Die in den 80er-Jahren aufkommende *Patchworkfamilie* als Fortführung der Promiskuität mit anderen Mitteln ist bis heute in Deutschland sehr beliebt. Mann mit Mann, Frau mit Mann, Exfrau mit Frau vom Exexmann, Opa mit Stiefmama, Papa mit Schwippschwager, Tante mit Halbschwester – in Patchworkfamilien ist *alles* möglich.

Entgegen landläufiger Laienmeinung ist das Familienmodell der Zukunft weder das *Von-der-Leyen-System*, ein stalinistisch durchorganisierter Privathaushalt mit zehn bis vierzig Kin-

17 in der Regel der Mode folgend *Hans* oder *Friedrich* (o. ä.) genannt
18 *z. B.* in der eigenen Boutique Handtaschen aus *Capri-Sonne-Verpackungen* o. ä. herstellen und verkaufen

dern bei gleichzeitiger voller Berufstätigkeit beider Elternteile, noch das liberale Großstadtpaar, das sich »ganz bewusst« dafür entscheidet, das Einzelkind[17] vom Vater erziehen zu lassen, während die Mutter einem gut bezahlten *In-Job*[18] nachgeht. Wissenschaftler vermuten, dass Fernsehen und Internet die herkömmliche Familie in den nächsten Jahren überflüssig bzw. zu einer Randerscheinung des bürgerlichen Milieus machen werden.

Übungsaufgaben:

• Die meisten deutschen Kinder gelten als hochbegabt. Woran erkennt man die Hochbegabung eines Kindes?
  a) Es lärmt
  b) Es ist unkonzentriert
  c) Es schlägt seine Klassenkameraden

• Wer ist das Oberhaupt der modernen deutschen Familie?
  a) Jugendamt
  b) Fernseher
  c) Käpt'n Iglo

• Was ist zu tun, wenn es Probleme in der Familie gibt?
  a) sofort bei Olli Geißen anrufen
  b) erst Gewalt und dann mal sehen
  c) trennen und Soloprojekte realisieren

(Die Lösungen können Sie auf Seite 260 nachschlagen! Aber bitte nicht schummeln!)

Abb. 15 – *Der Trend geht in Deutschland zum Pfusch am Bau*: Das (Bild) ist das **Haus vom Nikolaus**!

Faktenwissen Extrem

Der bundesweit einheitliche, gesetzliche Feiertag zu Ehren des Wohneigentums heißt **Wüstenrottag** und wird seit gefühlten fünfzig Jahren immer am 31. eines vom lustigen Fuchs der Volksbanken-Raiffeisenbanken willkürlich bestimmten Monats begangen.

Wohnen

Ist es Todessehnsucht, urzeitlicher Trieb oder bloß harmlose Dummheit: Obwohl hier 90 % aller tödlichen Unfälle passieren und es die Grundlage unangenehmer Erscheinungen wie *häusliche Gewalt*, *Haustürgeschäfte* und *Immobilienmakler* schafft, ist ein eigenes Zuhause noch immer der Traum von 50 % aller Deutschen.

Doch ein selbst gebautes Eigenheim ist eine überaus kostenintensive Angelegenheit. Für Millionen Bundesbürger endete das voreilige »Rein in die Doppelhaushälfte« bei »Raus aus den Schulden«.

Das ideale deutsche Eigenheim ist *umschreitbar*, d. h. es hat einen ausreichenden Abstand zum Nachbareigenheim. Es besitzt meist einen *Kapott* genannten Carport, einen Garten, zwei Etagen und ein Dachgeschoss (fürs Arbeitszimmer) und wenigstens eine großflächig mit teilsubventionierten Solarpanels zugepflasterte Dachseite. Das nachbarschaftliche Umfeld stellt sich in der Regel ein Jahr nach Einzug ins neue Eigenheim als »problembeladen« heraus.

Der Mann, der beim Bau eines Hauses zwar selten einen Helm, aber immer die Kappe aufhat, heißt *Bauherr*. In Deutschland reißt der Bauherr aus Kostengründen meist auch die *Bauaufsicht* an sich. Mit dem gesparten Geld kann er dann die durch seine mangelnde Fachkenntnis doppelt so lange Bauzeit und die anschließenden Zivilprozesse gegen schlampige und/oder insolvente Handwerksunternehmen finanzieren. Viele Bauherren erreichen zusätzlich durch sogenannte *Eigenleistung* eine weitere beträchtliche Wertminderung ihrer Immobilie.

Grundsätzlich gilt: Die Mehrheit aller deutschen Bauherren ist pünktlich zum Richtfest ein Fall für die Berufsunfähigkeitsversicherung. Und wer vom Stress der Bauphase noch nicht psychisch gebrochen wurde, den raffen feuchte Keller, schimmelige Wände und undichte Dächer kurz nach dem Umzug körperlich dahin. Nach dem Zusammenbruch des Bauherren schlägt die Stunde der Bauherrin, die sich bis zu diesem Zeitpunkt beim intensiven Studium von »Schöner wohnen« und IKEA-Katalog eher theoretisch mit dem Eigenheim auseinandergesetzt hat. Die meisten Deutschen sind in Sachen Inneneinrichtung trotz Laminat im Wohnraum auf dem Teppich geblieben. Ein gutes deutsches Zuhause sieht exakt so aus wie im Katalog. Und nicht anders!

Die andere Hälfte der Bundesbürger, denen nicht das Glück eines Eigenheims vergönnt ist, nennt man laut Fernsehen (→ *S. 234*) *Mietnomaden*. Vorrangiges Ziel dieser entfernt mit dem Wüstenvolk der Tuareg verwandten Volksgruppe ist es, unbescholtene Grundbesitzer zu prellen.

Faktenwissen für Eigenleister

Bei schief hängendem Haussegen während der Bauphase: **Wasserwaage** benutzen!

Deutschland Glossar

Tuareg, *die (f.)*: Nomaden, die in VW-Geländewagen durch die Sahara fahren.

Übungsaufgaben:

• Schwedenrätsel: Wohnen Sie noch, oder leben Sie schon?

• Messen Sie Ihre Wohnung exakt aus und schreiben Sie das Ergebnis hier hin:

_____

• Interdisziplinäre Frage: Wer macht in Deutschland den Bundeshaushalt?

Abb. 16 – *Wohnfühlwoman mit Luxusemotions*: **Tine Wittler** (siehe Abb.) liest gerne (ihre) Bücher.

DIE 1000 WICHTIGSTEN DEUTSCHEN MEDIENSTARS

Tine Wittler
(* 02.04.1973 in rosafarbendem Wohlfühlambiente mit Luxusflair)

Im Alter von sechzehn Jahren entdeckte die gelernte Ostwestfälin Tine Wittler beim Einrichten eines DSL-Anschlusses ihr besonderes Einrichtungstalent. Während eines Praktikums beim Kölner Fernsehsender RTL (→ *Fernsehen, S. 234*) kippte Tine Wittler im Wohnbüro der späteren RTL-Chefin Anke Schäferkordt versehentlich einen Eimer türkisfarbenen Glitzerlack um. Schäferkordt war allerdings von dem sofort spürbaren »Wohlfühlflair mit Luxusambiente« so begeistert, dass sie Wittler einen Zehnjahresvertrag als Einrichtungsfee anbot.

Der Wahlhamburger Wirbelwind Wittler verwandelt in ihren Sendungen »Einsatz in vier Wänden« oder »Einsatz in vier Wänden – Das Messiehaus« mittels liebevoller Dekotipps und Bastelideen den grauen Alltag perspektivloser Hartz-IV-Empfänger in einen grauen Alltag mit violetten Punkten und ganz viel Rosa. Besonders erfreut sind die Kandidaten ihrer Sendung nach Drehschluss von »Einsatz in vier Wänden« meist von ihrer *total luftig, locker* und *geräumig* wirkenden Wohnung. Das liegt allerdings meistens daran, dass Tine Wittler weg ist.

Faktenwissen Extrem

Bahnchef Mehdorn hieß mit Vornamen nicht wirklich *Bahnchef*, sondern *Wolfgang* oder *Helmut* (o. ä.).

Verkehr

Seit dem Ausscheiden von Bahnchef Mehdorn bei der Deutschen Bahn AG gibt es in Deutschland nur noch zwei ernst zu nehmende Verkehrsmittel: *Auto* und *Füße*. Das Auto gilt in der Bundesrepublik als Statussymbol. Zu Fuß gehen auch.

Deutsche Autos sind Wunder der Ingenieurskunst, *scheckheftgepflegt* und leistungsstark – einige haben mehr als zweihundert Pferdestärken! Zum Vergleich: Die meisten Pferde haben nur eine einzige.[19] Zwar sind deutsche Automobile noch immer ein weltweiter Exportschlager, in letzter Zeit werden jedoch immer mehr Stimmen laut, die die deutsche Autoindustrie für ihre wenig zeitgemäßen, weil nicht sehr umweltbewussten Modelle kritisieren. Dies ist natürlich völliger Quatsch. Legt man eine Teststrecke von 25 Kilometern zugrunde, produzieren die meisten deutschen Hersteller seit Jahren 3-Liter-Autos in Serie.

Je nach Laune der Verkehrsteilnehmer und ihrer Rolle in einem Unfallgeschehen wird die deutsche Straßenverkehrsordnung (StVO) streng wörtlich genommen oder als »Eine lose Aufzählung von unverbindlichen Anregungen und lieb gemeinten Verhaltensvorschlägen für den Straßenverkehr« verstanden. Allgemein gilt: Gemäß gängiger Auslegung der Straßenverkehrsordnung ist betrunken Auto fahren nur erlaubt, wenn es keiner mitbekommt. Gleiches gilt für Fahrerflucht. Wer die StVO derart kreativ interpretiert, erhält zur Belohnung Punkte, die sich jedoch leider nicht in wertvolle Payback-Prämien oder Flugmeilen, sondern in eine gehörige Portion schlechter Laune tauschen lassen.

SICHERHEIT IM STRASSENVERKEHR wird in Deutschland großgeschrieben. In der Regel reicht es aber aus, wenn sich Fahrradfahrer die Augen von lediglich zwei bis drei Katzen als Reflektoren in die Speichen klemmen. Beim Auto ist – statistisch betrachtet – der sicherste Platz im Fahrzeug links hinterm Fahrersitz. Dies gilt allerdings nur, solange dieser Platz nicht vom Fahrer selbst eingenommen wird.

Abb. 17 – *Für viele Tausend Verkehrstote in Deutschland verantwortlich und noch immer ganz legal:* **die Landstraße** (Bild)

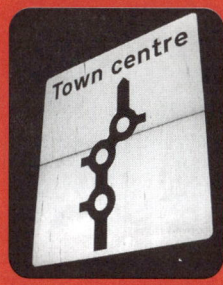

Abb. 18 – *Servicewüste Straßenverkehr:* Verwirrend, überflüssig, nicht mal auf Deutsch – **Verkehrsschilder** werden in der Bundesrepublik oft scharf kritisiert.

Neben der Straßenverkehrsordnung haben in der BRD eine ganze Reihe von **Faustregeln und Leitsätzen** Gültigkeit (Auszug):

- Wer hupt, hat recht.
- Wer lange hupt, hatte einen Herzinfarkt am Steuer und ist bewusstlos.
- Opa mit Hut – fährt selten gut (→ *Lyrik, S. 255*)!
- Der Fahrer darf den Radiosender aussuchen.
- Der Beifahrer darf den Radiosender aussuchen.

19 *oder:* 0,74 kW

Übungsaufgaben:

• Wo ist das Gaspedal?
   a) unten
   b) neben der Hupe
   c) in der Mitte

• Vervollständigen Sie folgenden Satz: Spiegel, Spiegel ...
   a) ... an der Wand.
   b) ... Focus.
   c) ... Schulterblick.

• Für wen gilt in Deutschland die StVO?
   a) Für die anderen
   b) Was bedeutet noch mal StVO?
   c) Für langsamere Verkehrsteilnehmer und Fahranfänger

(Die Lösungen finden Sie auf Seite 260!)

Freizeit & Sport

Freizeit ist der Teil des Tages, an dem der Deutsche eine Jogginghose trägt. Paradox: Für einen Profisportler (→ *Gastbeitrag Fußball, S. 136*) ist Freizeit der Teil des Tages, an dem er keine Jogginghose trägt. In der Freizeit treffen sich die meisten Bundesbürger am liebsten in der Kneipe, in einem Verein oder vor Gericht. Wichtigstes Ziel eines deutschen Vereins ist die *Eintragung*, die ihm den ruhmvollen Ehrentitel »eingetragener Verein (e.V.)« einbringt. Da ein Verein, der um des Vereins willen gegründet wird, in Deutschland jedoch aus *vereinsrechtlichen Gründen* nicht *eingetragen* wird, erfanden gewiefte Juristen vor circa 150 Jahren den *Sport* als Vereinsgründungsvorwand. Der Sport in Deutschland ist demnach ein Nebenprodukt des traditionellen Vereinswesens.

Junge Deutsche finden Vereine generell spießig und engagieren sich darum in Vereinen, die sich gegen Vereine engagieren. Viele bevorzugen aber auch gänzlich andere Freizeitbeschäftigungen wie *Killerspiele* und *Komasaufen.* Auch *Funsportarten* sind bei jungen Deutschen sehr beliebt – dies sind Aktivitäten, bei denen ein zusätzlicher Nervenkitzel dadurch entsteht, dass die bei ihrer Ausübung zu erwartenden schwersten Verletzungen von keiner Unfallversicherung bezahlt werden.

Abb. 19 – *Unstrittig*: Der beste Sportverein Deutschlands ist der **SV Werder Bremen**.[20]

Merke!

Durch das Überangebot an *leisure activities* leiden Millionen Bundesbürger unter der Modekrankheit **Freizeitstress** und müssen sich darum auf der Arbeit erholen und entspannen.

Übungsaufgaben:

• Ergänze: Welches ist der beste Sportverein Deutschlands?
SV _____ Bremen

• Wobei handelt es sich nicht um eine Funsportart?
a) Nordic Stalking
b) Waterboarding
c) Weight Watching

• Was machen Sie in Ihrer Freizeit am liebsten? Erzählen Sie in einem kurzen Aufsatz, was Sie am letzten Wochenende gemacht haben.

20 kann ggf. von Leser zu Leser variieren

Gastbeitrag: Der deutsche Fußball

Fußball! *Das Spiel der Welt*, wie man früher sagte. »Football? It's the beautiful game!«, wie Pelé einst sinnierte. »Jaja, der Fußball ist rund wie die Welt«, wie Barde Frank Schöbel (DDR) 1974 schmetterte. Oder »Es ist nur der Stress!«, wie Trainerlegende Jock Stein nüchtern konstatierte, nur Sekunden bevor er 1985 auf einer walisischen Trainerbank aus dem Leben schied, kurz nach einem Strafstoß für seine schottische Nationalelf und mitten hinein in den Torjubel seiner Schützlinge.

Fußball bietet seinen Junkies all das, reihum und manchmal in schneller Folge: Verzückung ob seiner Schönheit, verstehende Kumpanei und Schulterschluss durch Verbreitung rund um den Erdball und natürlich auch den Herztod, dann wenn es am schönsten ist.

»Fußball ist herrlich einfach und deshalb einfach herrlich«, sagte mal irgendjemand im Fernsehen. Und das ist das Wunder an der ganzen Sache: Fußball braucht keine Komplexität, um faszinierend zu sein. Simpler Fußball kann wundervoll sein. Ja, sogar *dummer* Fußball kann großartig sein. Fußball lebt von der Einzigartigkeit seiner Augenblicke. Anders als beispielsweise im anderswo favorisierten Basketball geht es nicht um eine rasche Anhäufung zählbarer Erfolge, sondern um das Hinarbeiten auf *den* orgiastischen Moment. Rein muss er. Manch betagter Ascheplatz-Veteran kann heute noch sein schönstes Tor erzählen, damals, 1957 war das. Meistens in Herne oder so. Manchmal freilich gibt es keine schönen Momente. Manchmal verliert das ganze Team mit 0:7, es regnet und die Toilette ist am anderen Ende der Welt. Auch solche Spiele gibt es. Aber das macht nichts, denn zur Bewältigung derartiger Traumata gibt es sogenannte Rückspiele. Es geht im Fußball »immer weiter« (Oliver Kahn), und obwohl das eigentlich gar nicht geht, geht es auch immer wieder von vorne los.

Fußball muss man nicht verstehen! Und dennoch leben Hunderttausende von Koryphäen davon, das Unerklärliche zu erklären und uns Fans das Wunder zu entreißen. Das sind die sogenannten *Fußball-Fachleute*. Die tragen meist schon von Geburt an Sakkos, sagen pausenlos Dinge wie *aller Ehren Wert* oder *à la bonheur*, verwenden zwanghaft Worte wie *fulminant*, *eminent* oder *eklatant* und analysieren schöne Spiele schlecht und schlechte Spiele schön. Nach einem ereignislosen 0:0 jauchzen sie, das Spiel sei *taktisch hochinteressant* gewesen. Nach einem funkensprühenden 9:3 ätzen sie mit angewidertem Gesicht über die unfassbaren drei Gegentore und wie das denn nun wieder passieren konnte.

Fußball muss man nicht verstehen! Himbeerpudding muss man ja auch nicht verstehen.

Arnd Zeigler

Abb. 20 – Der Buchautor, Radio- und Fernsehmoderator, Fußball-experte, Stadionsprecher des SV Werder Bremen, Sänger und Kolumnist **Arnd Zeigler** leidet seit weit über vierzig Jahren an hartnäckigem *Polytalent*. Zeigler kennt alle Vereine der ersten Fußballbundesliga auswendig und meißelt mit der Sendung »Zeiglers wunderbare Welt des Fußballs« in Fernsehen und Hörfunk seit Jahren erfolgreich an seinem eigenen Denkmal.

Übungsaufgaben:

• Erklären Sie anhand dieses Fachtextes passives Abseits / Relegationsspiel / Michel Platinis Job bei der FIFA. Schriftlich!

• Wer wird Herbstmeister? Begründung?

• Der Autor erklärt, dass man Fußball nicht verstehen müsse. Beantworten Sie anhand des Textes: Muss man Himbeerpudding verstehen?

Ernährung

Ernährung ist ein Teufelskreis und beginnt meist schon im Kindesalter. Bei der Ernährung von Kleinkindern achtet man in Deutschland stets darauf, dass sie nur das Beste vom Besten bekommen.[21] Nach der Zahnfee lockt dann die Toffifee: Bundesbürger über fünf Jahren ernähren sich überwiegend von Kristallzucker, *Acrylamid* und genmanipuliertem Fleisch aus Massentierhaltung. Stark fetthaltige Nahrungsmittel wie *Schmand* oder *Bauchspeck* schmieren zudem Venen und Arterien von innen und beugen so gefährlichen Gefäßkrankheiten vor. Vermeiden sollte man hingegen alle Lebensmittel, die keine zweifach ungesättigten *Omega3-Transfettsäuren* oder wenigstens ein paar Dutzend Acti-Regularis-Kulturen enthalten.

Abb. 21 – *Willkommener Zeitvertreib zwischen zwei Korn*: **deutsches Bier** (v. l. n. r.)

21 z. B. »Bio«

In der *Biernation Deutschland* ist der Gerstensaftgenuss stark im Alltag verwurzelt. Es ist kein besonderer Anlass nötig, um in Deutschland volkstümliche Bräuche wie *Komasaufen* zu pflegen und der Jugend weiterzugeben. Speziell in ländlichen Regionen genießt das deutsche Reinheitsgebot von 1516 durchweg eine höhere Akzeptanz als das Frauenwahlrecht.

Als Bindemittel zum Bier benutzte der Deutsche bis vor wenigen Jahren meist feste, am eigenen Herd zubereitete Kost, auch Essen (→ *Nordrhein-Westfalen, S. 40*) genannt. Der geschmackliche Grundton deutscher Mahlzeiten war rustikal: An Festtagen gab es zumeist Paniertes mit Salzkartoffeln und Mischgemüse (das sogenannte *Dreikomponentenessen*), Schmalzbrote dienten als Zwischenmahlzeiten, und für unterwegs bevorzugte man fleischige Matschepampe auf Frikadellenbasis, die noch vier Tage nach dem Verzehr olfaktorische Grüße aus dem Verdauungstrakt an alle verfügbaren Körperausgänge schickte. Kulinarische Fossilien wie die *Wurstschnecke*, der *Käseigel* oder das Solei zeugen bis heute von den fetten Jahren der deutschen Hausmannskost.

Heutzutage kocht in Deutschland natürlich niemand mehr selbst – außer Markus Lanz und sein Bataillon telegener Bouillonansetzer. Unter dem Motto »Die Augen wollen mehr als der Magen«, also kriegen die Augen auch mehr als der Magen« wird Deutschland inzwischen rund um die Uhr mit visueller Fernsehfeinkost versorgt. Begleitet vom frohlockenden Raunen des Studiopublikums bereiten *LaferLichterLeaLinsterLeckerLanz* im Fernsehen exotische Acht-Gänge-Menüs für die hungrige Republik, verkaufen nach Sendeschluss Kochbücher oder sorgen mit aufwendigen Live-Kochshows für ausverkaufte Mehrzweckhallen. Eine

---

Das deutsche Reinheitsgebot von 1516 (Update)
Bier plus **Cola** plus **X**

Abb. 22 – Schädigt die Leber weniger, macht nicht dick und nicht so besoffen: **Lungenbier** (Bild) ist bei gesundheitsbewussten Deutschen sehr beliebt.

Faktenwissen Extrem

Wer einmal ein echtes **Solei** sehen möchte, sollte den *Cirque de Solei* besuchen.

derartige Übersättigung mit küchenbezogenen TV-Inhalten führte im Laufe der letzten Jahre zur Degeneration der Nahrungszubereitungsfertigkeiten der Deutschen. Das simple Aufgießen einer heißen Gemüsebrühe überfordert viele Bundesbürger, zum bloßen Zwiebelschneiden müssen einige gar einen Personal-Coach engagieren.

Warum viele Deutsche trotz des Unvermögens, sich eigenhändig anständige Mahlzeiten zuzubereiten, so dick sind, ist der Forschung bis heute ein Rätsel.

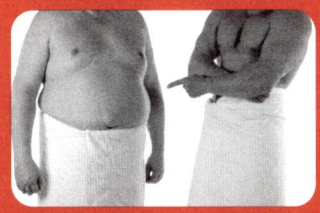

Abb. 23 – *Verdauung einmal anschaulich*: Autor **Jan Böhmermann** (rechts) zeigt seinem **Lektor** (links), wo sich aufgenommene Nahrung im Körper sammelt.

Übungsaufgaben:

• Wie sieht eine gesunde Mahlzeit aus?
   a) Lecker
   b) Genau wie auf der Verpackung
   c) Probiotisch

• Mathe: Wie viel Bier passt in einen normalen Menschen / ein fünfjähriges Kind / eine Badewanne? Mindestens 2 von 3 ausprobieren!

• Ergänzen Sie folgenden Lückentext: _____ auf Wein, das haut rein! Wein auf _____, Wein auf _____, bald wird das Häusle fertig sein.

Arbeit

Vor der globalen Wirtschaftskrise galt: *Arbeit* ist Kraft mal Weg und *Leistung* sind *Energie* und *Arbeit* im Verhältnis zur *Zeit*. Nach dem Finanzbeben sieht es freilich anders aus.

Bringen Deutsche heute die Kraft für einen Weg auf, führt der häufig nicht zur Arbeit, sondern zur *Agentur für Arbeit.* Hier sitzt man dann eine unverhältnismäßig lange Zeit im Wartebereich und erfährt dann vom Sachbearbeiter: Leistung wird nicht erbracht, sondern gekürzt!

Dabei ist Arbeit eine urdeutsche Erfindung. Erstmals um 1850 wurde ein Deutscher, genauer der Trierer Wuschelphilosoph *Karl Marx,* beim anstrengenden Verfassen seines Mammutwerkes »Das Kapital« mit Arbeit konfrontiert. »Das war aber eine ganz schöne Arbeit«, stöhnte Marx nach Manuskriptabgabe erschöpft durch seinen Rauschebart und wurde so posthum zum Begründer der weltweiten Arbeiterbewegung. Was Marx' Werk inhaltlich mit Arbeit zu tun hat, ist jedoch nicht ganz klar. Den ersten Sätzen seines Buches nach zu urteilen, handelt es sich bei »Das Kapital« um einen Gruselroman über ein umhergehendes Gespenst – Trivialliteratur also.[22]

Kaum erfunden, missbrauchten im 19. Jahrhundert Kapitalisten die Arbeit, um mit ihr Arbeiter auszubeuten. Diese revanchierten sich rund hundertfünfzig Jahre später mit *Frank Bsirske* und *Ursula Engelen-Kefer.* Aber auch Lohnfortzahlung im Krankheitsfall, Kündigungs- und Mutterschutz sind Belege dafür, dass das Kräfteverhältnis zwischen Arbeitnehmer und Arbeitgeber heute zuungunsten der Arbeitgeber steht. Viele Kapitalisten gingen zu Beginn des 21. Jahrhunderts aus Angst vor der Unterdrückung durch die Arbeiterschaft verstärkt dazu über, keine Menschen, sondern Geld für sich arbeiten zu lassen. Ein Projekt, das, wie man heute weiß, mit der größten Wirtschaftskrise seit dem Zweiten Weltkrieg endete.

Abb. 24 – *Held der Arbeit:* **Karl Marx** (Bild) schrieb aus Solidarität mit der unterdrückten Arbeiterklasse jede Ausgabe von »Das Kapital« per Hand.

22 *Quelle:* Karl Marx »Das Kapital«, S. 3

Die beliebtesten Formen der Arbeit sind Hausarbeit,[23] Kurzarbeit,[24] Schichtarbeit[25] und Kinderarbeit.[26] Wer keine Lust auf Arbeit hat, dem bleibt häufig nur eine Karriere im öffentlichen Dienst oder ein Job als Moderator in der Fernsehunterhaltung. Früher mussten die Deutschen für geringen Lohn hart arbeiten. Diese Form der Arbeit erscheint den meisten Deutschen heute nicht mehr zeitgemäß, weshalb sie derart unangenehme Tätigkeiten häufig von Türken, Afrikanern und Osteuropäern erledigen lassen – im besten Fall »ohne Rechnung«. Erstrebenswerte, also leichte und gut bezahlte Arbeit, erhält man in Deutschland leider nur über den mühseligen Umweg einer Berufsausbildung. Wenn ein Auszubildender nach circa drei Jahren gegenüber einem Kunden die Frage »Darf ich mal Ihre Toilette benutzen?« fehlerfrei ausformulieren kann, darf er sich Geselle nennen. Menschen ohne ordentliche Berufsausbildung heißen Akademiker.

Abb. 25 – *Gewerkschaftlich organisierter Widerstand gegen die Deutsche Bahn*: Seit Jahren demonstrieren deutsche **Kofferkulis** in Bahnhöfen gegen Pfand (siehe Bild) – bislang ohne Erfolg!

Übungsaufgaben:

• Was macht Arbeit?
  a) keinen Spaß
  b) Arbeit
  c) hungrig

• Was ist besser – Dienstbeginn oder Feierabend? Begründen Sie ausführlich!

• Was lernt man auf der Berufsschule?
  a) auf Lunge rauchen
  b) den Umgang mit Butterfly-Messern
  c) alle Berufe auswendig

23 keine lästige Pendelei
24 schön kurz
25 Hurra, endlich Schicht!
26 wg. Kindchenschema

Faktenwissen Extrem

Astro TV ist keine Religion

Religion

Religion ist eine Erfindung Gottes. Sie wurde in Deutschland vom anfänglich als Poptheologen verspotteten Reformator *Martin Luther* salonfähig gemacht und darf in der Bundesrepublik ausschließlich von Menschen praktiziert werden, die regelmäßig ihre Kirchensteuer bezahlen. Religion ist in der BRD meist *christlich*. Oder zur Not *evangelisch*. Der nördliche Teil der Bundesrepublik ist *säkular*, d. h., Staat und Religion sind hier voneinander getrennt. Im Süden entziehen sich Kirchen der weltlichen Gerichtsbarkeit, sind also im Wirkungsbereich des geistlichen Jus und somit ein idealer Ort zum Steinigen von Ehebrechern o. Ä.

Bei fast allen Religionen geht es um *Gott*, einen älteren Herren mit weißem Rauschebart (*siehe Abbildung auf S. 57*) und universeller Regierungsverantwortung. Gott ließ seine Quartalsziele und Dienstanweisungen von Ghostwritern in einem Buch namens Bibel

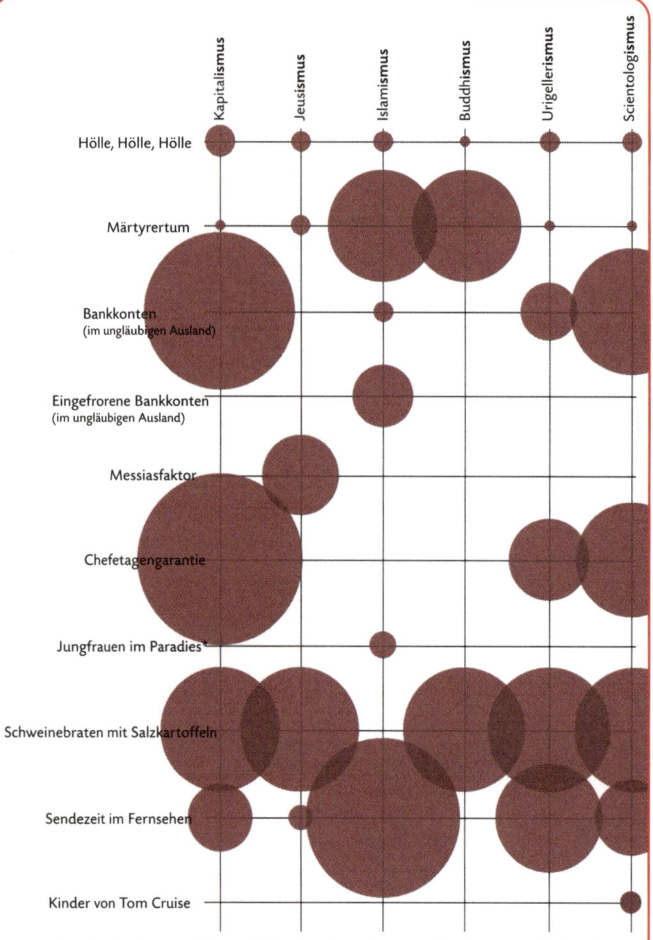

Kapitalismus · Jeusismus · Islamismus · Buddhismus · Urigellerismus · Scientologismus

Hölle, Hölle, Hölle

Märtyrertum

Bankkonten
(im ungläubigen Ausland)

Eingefrorene Bankkonten
(im ungläubigen Ausland)

Messiasfaktor

Chefetagengarantie

Jungfrauen im Paradies*

Schweinebraten mit Salzkartoffeln

Sendezeit im Fernsehen

Kinder von Tom Cruise

* Die Anzahl der Jungfrauen pro Märtyrer (VPM) variiert. Die gewährte Anzahl Jungfrauen kann jederzeit reduziert oder ohne Nennung von Gründen komplett widerrufen werden.Keine Barauszahlung. Die gewährten Jungfrauen sind vom Umtausch ausgeschlossen. Eltern haften für ihre Märtyrer.

Abb. 26

Merke!

Halbgötter in Weiß wissen: **Das Alte Testament** heißt mittlerweile *Patientenverfügung*.

niederschreiben. Die Bibel hinterlegte Gott dann vermutlich im Nachttischchen eines mittelklassigen Hotelzimmers, wo sie ein gewisser Jesus, sein unehelicher Sohn aus erster Ehe, fand und einem größeren Publikum zugänglich machte. Die beiden wichtigsten christlichen Feste in Deutschland sind Weihnachten und Ostern.

Wenn man hinter seinem Rücken über Gott sagt, er sei fett geworden oder trüge hässliche Klamotten o. Ä., nennt man das Gotteslästerung. Doch: Kleine Sünden straft der liebe Gott sofort – am liebsten mit Freifahrtscheinen ins Fegefeuer. Gott sieht alles, was *Google Earth* auch sieht. Darum sollten auch echte Christen Sex vor der Ehe auf keinen Fall unter freiem Himmel oder großen Dachfenstern praktizieren. Ausgenommen von dieser Überwachung und Beurteilung des Intimlebens sind in Deutschland lediglich katholische Priester, denn die besitzen keine Sexualität. Und wenn doch, ist diese meist kein Fall für Gott, sondern für weltliche Richter und Strafverfolgungsbehörden.

Der Obermufti der deutschen Katholiken heißt *Papst*. Als Vertreter Gottes auf Erden darf er sich einen Künstlernamen aussuchen. Der deutsche Kardinal Ratzinger vergab die Gelegenheit, als coolster Papst ever in die Geschichte einzugehen, und nannte sich *Benedikt XVI.* statt *Rocky XII.* oder *Terminator IX.* Der Papst hat immer recht und ist damit das geistliche Äquivalent von Altkanzler Helmut Schmidt (→ *Bundeskanzler, S. 102*).

Neben dem Christentum gibt es in Deutschland zwar noch zahlreiche andere Glaubensrichtungen, deren Anhängern wird jedoch dringend geraten, mal schön die Kirche im Dorf zu lassen.

Merke!

Weihnachten wurde vermutlich das Ei des Jesuskindes gelegt, und Ostern ist es geschlüpft. So erklärt sich die in Deutschland beliebte Tradition des Eierauspustens und -bemalens zum **Osterfest**.

Faktenwissen Extrem

Die **Heiligen Drei Fragezeichen** hießen Justus Jonas, Peter Shaw und Bob Andrews.

Übungsaufgaben:

• Malen Sie Gott, wie Sie ihn sich vorstellen.

• Widerlegen Sie Darwins Evolutionstheorie in einem Satz!

• Welche Religion ist die richtige? Begründung!

Abb. 27 –

Moslems in Deutschland[27]

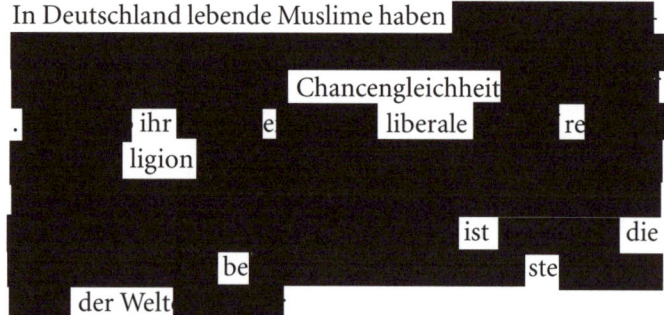

In Deutschland lebende Muslime haben

Chancengleichheit
ihr   e   liberale   re
ligion
                                    ist   die
            be   ste
der Welt

Da

rum

---

27 (Aus Rücksicht bzw. Angst vom Verlag überarbeitete Fassung)

28 das Zuckerfest

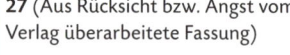

29

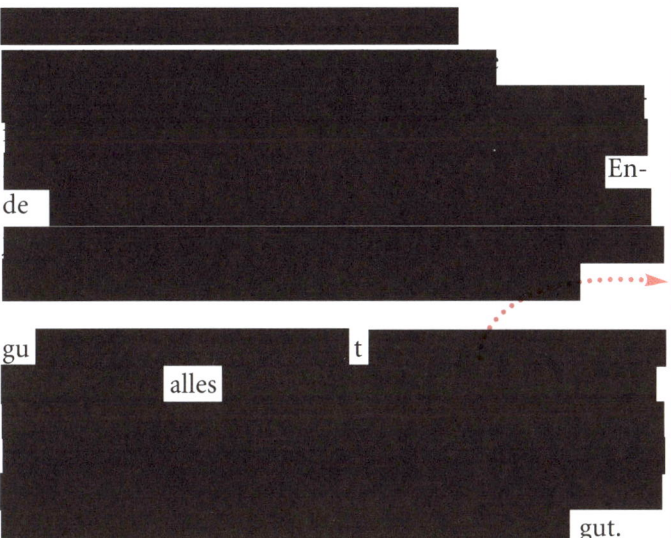

En-

de

gu   t

alles

gut.

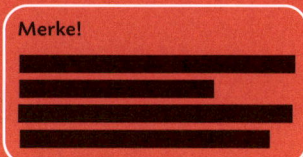

Merke!

Übungsaufgaben:

• Warum ist der Islam die beste Religion?
  a) In der islamischen Welt ist schöneres Wetter.
  b) Deutsche haben vor Muslimen mehr Angst als
     vor Christen.
  c) Unter der Burka kann man machen, was man
     will.

• Was darf man als Moslem nicht essen?
  a) Andere Menschen
  b) Mehr als 2600 Kalorien am Tag
  c) Den Koran

Faktenwissen Extrem

Nichts in der Bundesrepublik wird häufiger und gewissenhafter kontrolliert als das deutsche **Atom** – Lidl-Mitarbeiter mal ausgenommen.

Umwelt

Deutschland wird beinahe ausschließlich mit regenerativer Energie betrieben. Das Wetter läuft mit Solar, die Binnenschifffahrt funktioniert mit Wasserkraft, die Luftfahrt mit Windenergie und die fossilen Brennstoffe verwandeln sich in deutschen Autos in umweltfreundliches, weil unsichtbares Gas. Besonders gut für die Natur ist die Kernenergie: Deutsche Kernkraftwerke verwenden ausschließlich Atome aus biologisch nachhaltigem Anbau.

Dennoch gibt es in der deutschen Bevölkerung noch immer gewisse Vorbehalte gegen Energiegewinnungsanlagen, die von meterdicken Betonwänden ummantelt sind.

Abb. 28 – *Dieses Bild beweist*: In Deutschland steht selbst bei der Produktion von Atomenergie (*Hintergrund*) die Natur (*Vordergrund*) im Vordergrund.

Vier Argumente für Kernenergie[30]

- Diese angebliche Strahlung, über die sich alle aufregen, hat noch nie jemand gesehen.
- Schweres Wasser hat **0,0 % Fett** und **keine Kalorien**.
- Je mehr Atome wir in Deutschland zur Energiegewinnung behalten, umso weniger Atome fallen in die Hände von **Terrorstaaten**.
- Bei eingeschaltetem Geigerzähler bietet die Kernenergie romantisches Knacken und Knistern wie von einem **echten Kamin** – ohne lästiges Feuerholzholen!

Übungsaufgaben:

- Was könnte hinter der Einseitigkeit in der Berichterstattung der deutschen Medien über Atomkraft stecken?

- Hinter welchem Logo verbirgt sich Böses?
  a) ——EnBW   Abb. 29
  b) *e·on*   Abb. 30
  c) VORWEG GEHEN   Abb. 31
  d) GREENPEACE   Abb. 32

30 Bezahlt von Ihrer deutschen Atomlobby! 100 % des gezahlten Bestechungsgeldes werden zur Wiederaufforstung und Regeneration der Vermögensverhältnisse des Autors verwendet!

• In welcher regenerativen Energieform sind ebenfalls reichlich Atome enthalten?
a) Wind
b) Wasser
c) Sonne

Neben verhältnismäßig simplen Errungenschaften wie *Spül-wasserspartaste*, *Feinstaubplakette* und *Ökosteuer* haben sich die Deutschen auch sehr komplexe Systeme zur Naturerhaltung ausgedacht. So hat die *Mülltrennung* (in z. B. Altglas, Buntglas, Uschiglas) in Deutschland eine Geschichte, die sich höchstens mit der der *Rassentrennung* in den USA vergleichen lässt.

Zur langfristigen Schonung der berühmten deutschen Kulturlandschaft wurde diese flächendeckend mit Windkraftanlagen zugestellt. Diese stellen nicht nur aufregende Hindernisse für Zugvögel dar, sondern machen auch das Landschaftsbild so unansehnlich, dass kein Umweltsünder mehr Lust verspürt, es mutwillig zu zerstören.

Übungsaufgaben:

• Zeichnen Sie ein Atom im Maßstab 1:1!

• Von wem haben wir unsere Erde geliehen, und warum dürfen wir darum sorglos mit ihr umgehen?

• Ökostrom ist unsichtbar. Warum muss man dafür trotzdem bezahlen? Begründung!

Abb. 33 – *Völlig unproblematisch*: Die **Natur** hat augenscheinlich (siehe Bild) nichts gegen Atommüll.

Merke!

Regenerativ heißt das Zauberwort zeitgemäßer ökologischer Energiegewinnung. Nicht zu verwechseln mit **degenerativ**, dem Zauberwort für die moderner deutscher Altenpflege.

Minderheiten

Abb. 34 – *Achtung Oma, hinter dir!* Deutsche Rentner sind vor **Menschen mit Migrationshintergrund** (*typisch*: im Bildhintergrund) längst nicht mehr sicher.

Die Mehrheit der circa 82 Millionen Deutschen gehört wenigstens einer Minderheit an. Minderheiten nennt man Bevölkerungsteile mit einer oder mehreren sozialen, körperlichen oder geistigen Andersartigkeiten.[31] Man erkennt Minderheitsangehörige meist schon von Weitem an Hautfarbe, SPD-Winkefähnchen oder daran, dass sie einen Sparrings-Helm zum Schutz vor Stürzen tragen. Über Minderheiten darf man keine Witze machen – höchstens heimlich.

Eine besondere Art der Minderheit ist die der Ausländer bzw. *Mitbürger mit Migrationshintergrund*, wie sie in Deutschland per Gesetz verpflichtend genannt werden müssen. Soziologen unterteilen Migrationshintergründler in verschiedene Gruppen: Menschen mit *positivem Migrationshintergrund*[32] sind gern gesehene Gäste in Deutschland, solange sie sich »anständig benehmen« und/oder »gepflegte Haare haben«. Menschen mit *negativem Migrationshintergrund*[33] nehmen Deutschen die Arbeitsplätze weg und haben gefälligst zu verschwinden.

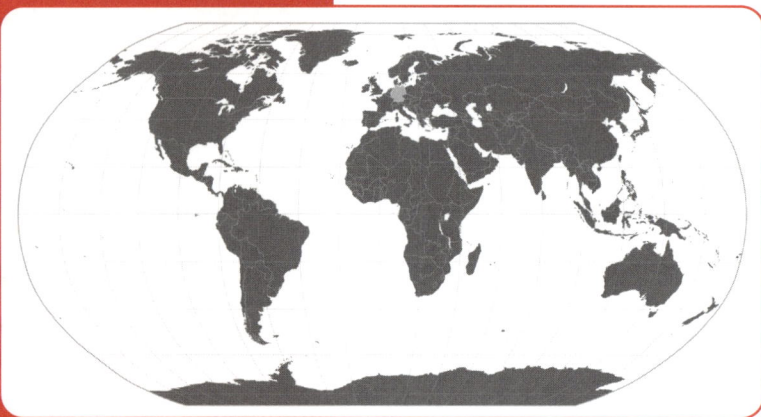

Abb. 35 – *Globales Problem Migrationshintergrund* – **Woher kommen Migrationshintergründler**? *Dunkelgrau* – hier kommen Migrationshintergründler her. *Hellgrau* – hierher nicht.

[31] *z. B.*: Jimi-Blue-Ochsenknecht-Fans, Einarmige, Hutträger, Frauen etc.
[32] → *Frankreich, S. 204 / Niederlande, S. 215 / Dänemark, S. 211*

[33] → *Polen, S. 118 / Tschechien, S. 217 / Russland, S. 227*

Da Minderheiten immer zahlreicher werden, droht die Mehrheit mittelfristig zur Minderheit zu werden. Minderheiten, wie man sie heute in Deutschland kennt, würden hingegen verschwinden. Wer in Deutschland einmal aktiv diskriminieren möchte, sollte sich darum beeilen.

Faktenwissen Extrem

Normale Minderheiten wie Schwule, Lesben, Karnevalisten oder Mütter erhalten in Deutschland Paraden und/oder Feiertage. **Edel-Minderheiten** wie *Behinderte* oder *Frauen* bekommen sogar eigene Piktogramme und Parkplätze.

Übungsaufgaben:

• Welche Minderheit tut Ihnen am meisten leid? Warum?

• Wer bestimmt in Deutschland darüber, welche Scherze Minderheiten zuzumuten sind?
b) der Lektor

• Warum braucht man vor Menschen mit Migrationshintergrund keine Angst zu haben? Begründung!

Wirtschaft

Die *soziale Marktwirtschaft* der Bundesrepublik Deutschland wirkt für den ahnungslosen Laien wie ein undurchsichtiges Gewirr verrückter Aktienkurse, wahnsinnig komplizierter Tabellen und langweiliger Aufsichtsratssitzungsprotokolle. Dieser Eindruck ist korrekt. Dennoch wird im Folgenden die Funktionsweise der deutschen Wirtschaft etwas detaillierter erläutert.

Wie funktioniert wirtschaftlicher Erfolg?

Eine straff geführte mittelständische Briefkastenfirma wird in Deutschland nicht nur aufgrund ihrer undurchsichtigen

Das große deutsche Wirtschafts-ABC

• Profit ist nicht so wichtig, solange der Gewinn stimmt.
• Massenentlassungen sind Einzelfälle!
• Bilanzbetrug ja, aber mit Augenmaß!
• Von Geld allein kann man sich auch nichts kaufen.
• Outsider zahlen bei Insidergeschäften häufig drauf.

Unternehmensstruktur, menschenrechtswidriger Personal-
politik und guter Kontakte zum weißrussischen Rotlichtmi-
lieu vom Local Hater zum Global Player. Der Key to Success
sind Billigarbeiter aus osteuropäischen Ländern, Gewalt
und das schmutzige Geld anderer Leute. Je erfolgreicher ein
deutsches Unternehmen am Markt ist, desto mehr ähnelt es
einer feudalistischen Militärdiktatur im Südamerika des
ausklingenden 18. Jahrhunderts.[34]

Was ist eine »Geschäftsführung«?

Die Geschäftsführung eines Unternehmens erkennt man
daran, dass ihre Mitglieder von allen Beschäftigten mit
Abstand das größte Gehalt und in der Kantine das beste
Mittagessen bekommen. Häufige gemeinsame Puffbesuche
sorgen in der Geschäftsführung für ein ausgewogenes Verhältnis von eisigem Schweigen und intrigantem Ausplau-
dern und schaffen überdies ein gesundes Klima der Angst
im gesamten Betrieb. Wichtigstes Kontrollinstrument der
Geschäftsführung ist das abgrundtiefe, gegenseitige Misstrauen ihrer Mitglieder.

*Welche wichtigen Fachbegriffe aus der Wirtschaft muss man
kennen?*

Struktur, Workflow, Schemata und Brainstorming

Was ist eine Wirtschaftskrise?

Grob gesagt: Krise ist, wenn die Frau im Pelz anfängt zu
weinen und die Bahn »Personenschaden in Blaubeuren«
meldet. Ökonomisch betrachtet, ist eine Wirtschaftskrise
jedoch nichts anderes als ein harmloser Prozess zur Markt-
gesundung. Da 90 % der Wirtschaft Psychologie sind, helfen

---

34 vgl. Lidl, Schlecker, Aldi etc.

Verdrängen, Ignorieren oder starke Psychopharmaka am ehesten gegen eine Krise. Der Fachausdruck für Wirtschaftskrise ist Depression. Die deutsche Popliteratin Sarah Kuttner[35] hat hierüber ein sehr interessantes Buch geschrieben, das zur ergänzenden Lektüre ausdrücklich empfohlen sei.

Übungsaufgaben:

- Wie funktioniert die deutsche Wirtschaft (bitte maximal eine halbe DIN-A4-Seite)?

- Repetitorium: Schreiben Sie alles auf, was auf Seite 150 steht!

- Was müsste man Ihrer Meinung nach an der Marktwirtschaft ändern, damit sie besser funktioniert?
  a) Abschaffen!
  b) Sie müsste weniger kommerziell sein.
  c) Mehr Freibier bei Aktionärsversammlungen.

35 »Mängelexemplar« (S. Fischer)

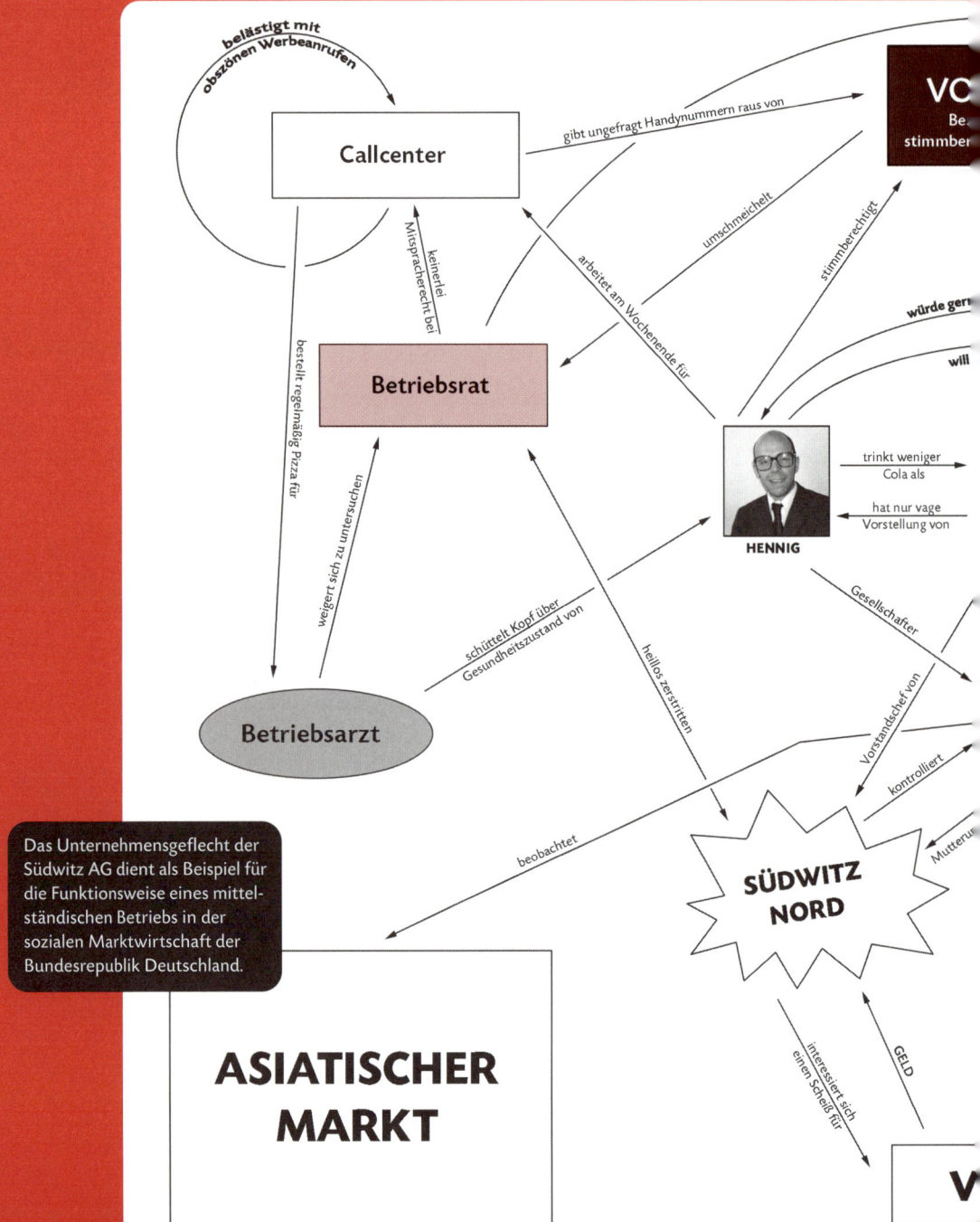

belästigt mit
obszönen Werbeanrufen

Callcenter

gibt ungefragt Handynummern raus von

VC
Be
stimmbe

umschmeichelt

stimmberechtigt

würde ger

will

keinerlei
Mitspracherecht bei

arbeitet am Wochenende für

bestellt regelmäßig Pizza für

Betriebsrat

HENNIG

trinkt weniger
Cola als

hat nur vage
Vorstellung von

weigert sich zu untersuchen

schüttelt Kopf über
Gesundheitszustand von

heillos zerstritten

Gesellschafter

Vorstandschef von

kontrolliert

Betriebsarzt

Mutteru

Das Unternehmensgeflecht der
Südwitz AG dient als Beispiel für
die Funktionsweise eines mittel-
ständischen Betriebs in der
sozialen Marktwirtschaft der
Bundesrepublik Deutschland.

beobachtet

**SÜDWITZ
NORD**

**ASIATISCHER
MARKT**

interessiert sich
einen Scheiß für

GELD

V

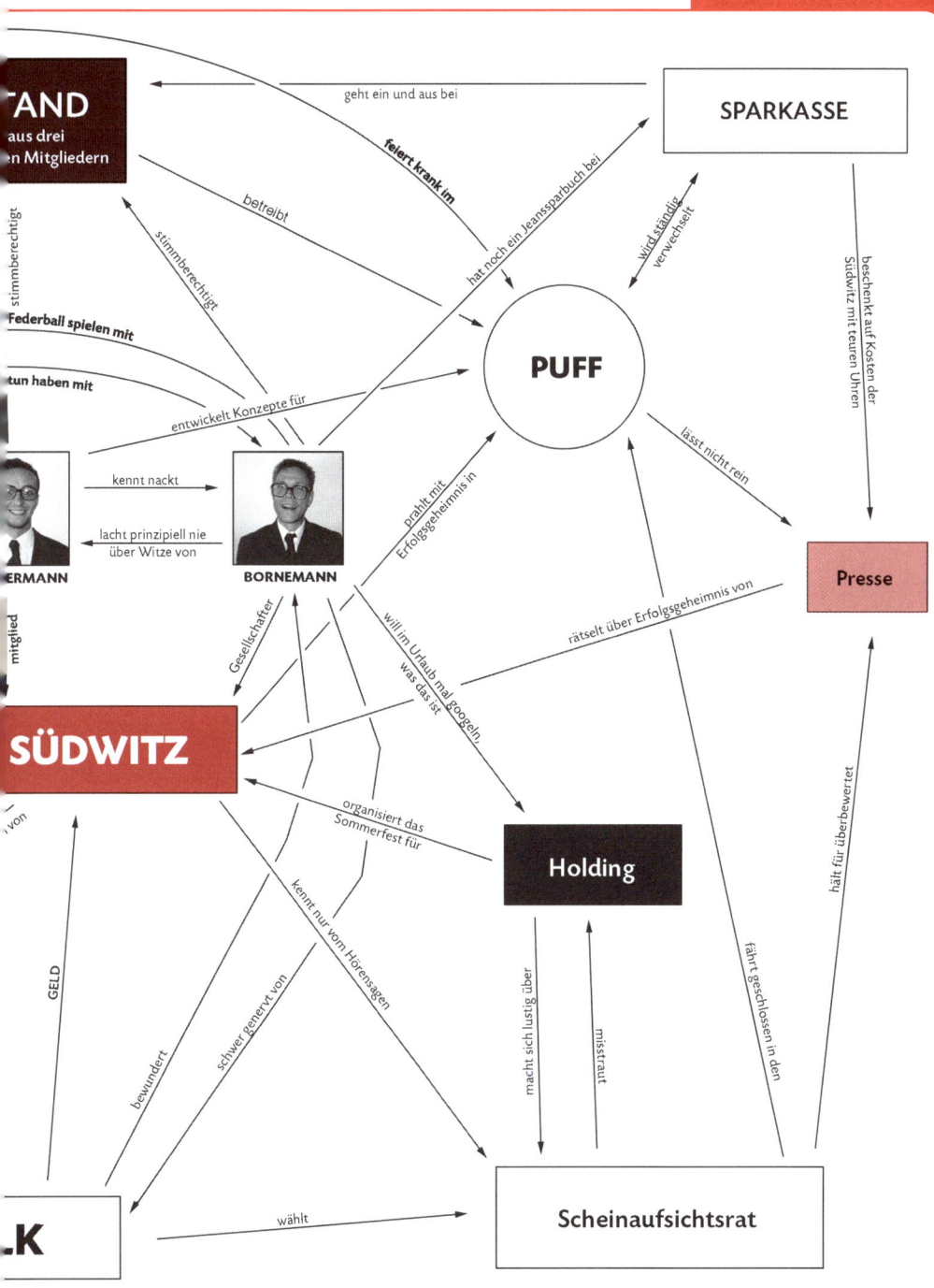

SPARKASSE

geht ein und aus bei

feiert krank im

betreibt

stimmberechtigt

hat noch ein Jeanssparbuch bei

wird ständig verwechselt

beschenkt auf Kosten der Südwitz mit teuren Uhren

...AND
aus drei
...n Mitgliedern

stimmberechtigt

Federball spielen mit

...tun haben mit

entwickelt Konzepte für

PUFF

lässt nicht rein

kennt nackt

lacht prinzipiell nie über Witze von

...ERMANN

BORNEMANN

prahlt mit Erfolgsgeheimnis in

rätselt über Erfolgsgeheimnis von

Presse

Gesellschafter

will im Urlaub mal googeln, was das ist

SÜDWITZ

organisiert das Sommerfest für

Holding

hält für überbewertet

...mitglied

GELD

bewundert

kennt nur vom Hörensagen

schwer genervt von

macht sich lustig über

misstraut

fährt geschlossen in den

...K

wählt

Scheinaufsichtsrat

ABSCHLUSSTEST SOZIALKUNDE

1. Was steht im Mittelpunkt des gesellschaftlichen Lebens in der Bundesrepublik Deutschland?

○ a) Klaus Wowereit
○ b) Patricia Riekel
○ c) die Wetten-dass-Couch

2. Arbeit: Was ist Arbeit?

○ a) ein Privileg der Unterschicht
○ b) nicht jedermanns Sache
○ c) Bedingung für die begehrte Frührente

3. Minderheiten: Woran erkennt man, dass man homosexuell ist?

○ a) man kann auf natürlichem Weg keine Kinder mehr mit seinem Partner bekommen
○ b) man wird von Udo Walz und Thomas Hermanns zu Partys ein geladen
○ c) man trägt plötzlich coole Klamotten und eine schicke Frisur

4. Umwelt: Was ist ein Castor?

○ a) Intendant der Volksbühne Berlin
○ b) Chef einer Castingagentur
○ c) ein Tor eines holländischen Profifußballers[36]

5. Wie wird die deutsche Dienstleistungsgesellschaft auch genannt?

○ a) Servicewüste Gobi
○ b) Mama
○ c) Absurdistan

6. Religion: Wie redet man in Deutschland einen Prediger des Christentums korrekt an?

○ a) Ey, Pfaffe!
○ b) Entschuldigung, Herr Ober!
○ c) Huhu, Xavier Naidoo!

---

36 *sprich:* Kaas-Tor

7. Verkehr: Was versteht man unter defensivem Fahrverhalten?

○ a) Panzer fahren ohne schießen
○ b) an Grundschulen und Kindergärten auf 120 km/h herunter-
     bremsen
○ c) sich nach selbst verschuldeten Verkehrsunfällen höflich ent-
     schuldigen

**8. Wirtschaft: Was ist der Motor der deutschen Dienstleistungs-
   gesellschaft?**

○ a) Alkohol im Dienst
○ b) Vorfreude aufs Wochenende
○ c) Abmahnungen und Disziplinarverfahren

9. Worauf müssen Raucher in Deutschland verstärkt achten?

○ a) auf die lustigen Lucky-Strike-Werbeplakate
○ b) keine Zigaretten zu kaufen, die laut Verpackungsaufschrift zum
     Tod führen können. Besser sind jene, die lediglich impotent
     machen oder den Spermazoiden schaden.
○ c) den Geldbeutel

**10. Moslems in Deutschland: Was sollten muslimische Frauen in
    Deutschland vermeiden?**

○ a) »westlichen Lebensstil«
○ b) ein Emma-Abonnement
○ c) ohne bewaffnete Begleitung zu spontan anberaumten Aus-
     sprachetreffen mit ihren großen Brüdern zu erscheinen

Datum/Ort

Unterschrift des Buchinhabers

»Politik ist wie Schach.
Nur ohne Würfel.«

Kapitel 4

Politik

Politologen sind sich einig: Ohne Politik dürfte in Deutschland jeder machen, was er wollte. Keiner müsste Steuern zahlen, es gäbe keinen Ladenschluss, keine Polizei, weder Parteispendenskandale noch Korruptionsaffären.

Zum Glück haben wir in Deutschland Politik – das beschriebene Schreckensszenario bleibt Bundesbürgern also erspart.

Doch wie funktioniert Politik eigentlich? Was ist der Unterschied zwischen KPD und NPD? Was tragen die Richter vom Bundesverfassungsgericht unter ihren Roben?

Im folgenden Kapitel erhalten Sie einen Einblick in die Abläufe, Strukturen und Mechanismen der deutschen Politik auf allen Ebenen. Sie lernen, wie die parlamentarische Demokratie funktioniert, warum man Altglas und leere Batterien nicht in die Wahlurne werfen darf und wieso Bundesrat und Bundestag zwar ähnlich klingen, aber dennoch in zwei völlig unterschiedlichen Gebäuden untergebracht sind.

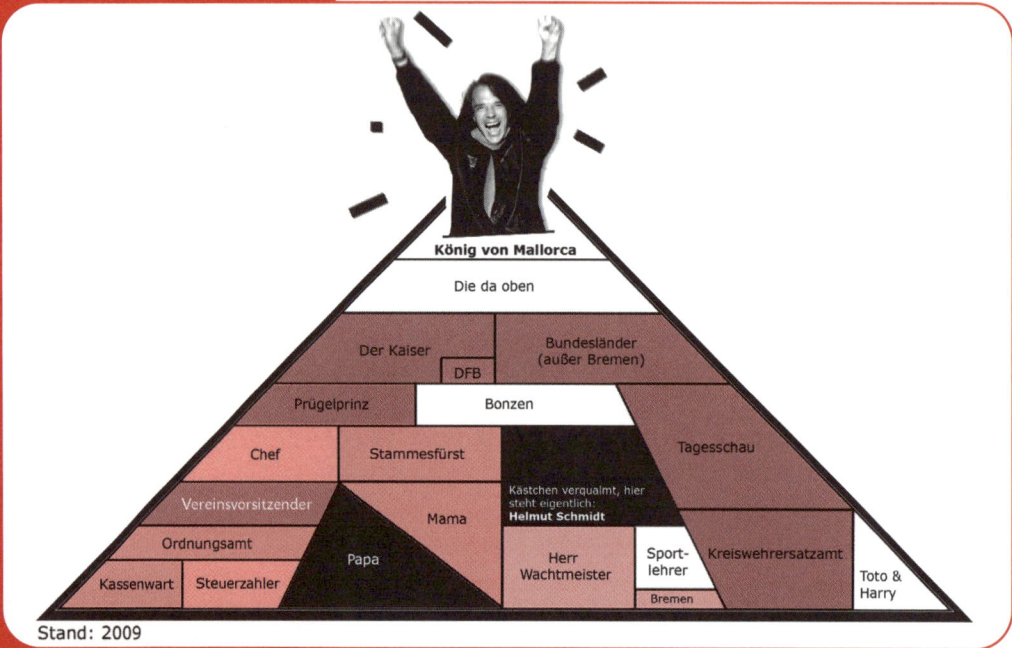

König von Mallorca

Die da oben

Der Kaiser

Bundesländer (außer Bremen)

DFB

Prügelprinz

Bonzen

Chef

Stammesfürst

Tagesschau

Vereinsvorsitzender

Kästchen verqualmt, hier steht eigentlich:
Helmut Schmidt

Mama

Ordnungsamt

Papa

Herr Wachtmeister

Sport-lehrer

Kreiswehrersatzamt

Kassenwart

Steuerzahler

Bremen

Toto & Harry

Stand: 2009

Abb. 2 – **Administrative Gliederung** der Bundesrepublik Deutschland

Bundesregierung

Die Geschäftsführung der Bundesrepublik Deutschland nennt man *Bundesregierung*. Vor der Einführung verschiedener Aufgabenbereiche waren alle Minister der Bundesregierung für alles zuständig. Wer einmal im Kabinett saß, hatte es geschafft: Ob Verbraucherschutz-, Wirtschafts- oder Grooveminister – den ministerialen Fachbereich konnten die hohen Herren und Damen nach Gutdünken und jederzeit wechseln.

In der praktischen Regierungsarbeit der Vergangenheit bedeutete das oft ein heilloses Durcheinander. Beliebte Staatsbesuche und Ortstermine[1] wurden von bis zu zehn Minis-

> **Deutschland Glossar**
>
> **Minister**, *der (m.)*, auch: **Ministerin**, *die (f.)*: muss Anzug, Kostüm oder wenigstens ein bisschen Verantwortung tragen und dabei wichtig gucken.

1 *wie*: zwei Wochen all inclusive Repräsentieren am Strand von Ipanema

tern und drei selbst ernannten Bundeskanzlern gleichzeitig wahrgenommen, wohingegen ungeliebte Aufgaben[2] über Jahre unbearbeitet liegen blieben. Ein solches Kompetenzgewusel in der Regierung machte nach außen hin natürlich keinen guten Eindruck, deshalb ist die Administration heute in verschiedene Sachgebiete unterteilt.

Bundeskanzler

Der Bundeskanzler ist der Chef der Bundesregierung und seit 2005 weiblich (→ *Angela Merkel, S. 160*). Auch ist er qua Amt im Besitz der *Richtlinienkompetenz*[3], mindestens zweier Ehrendoktortitel einer peruanischen Provinzuniversität und der Haustürschlüssel seines waschmaschinenförmigen Amtssitzes (Bundeskanzleramt). Er wird vom Bundestag alle vier Jahre per Handzeichen oder mittels eines *Hammelwurf* genannten Abstimmungsverfahrens gewählt, was allerdings sowohl der für Tierschutz zuständige *Umweltminister* (→ *Umweltminister, S. 171*) als auch der für Hammelfleisch zuständige Ernährungsminister scharf kritisieren. Wenn der Bundeskanzler ein Mitglied seines Kabinetts tritt, muss dieses zurücktreten.

Laut Protokoll ist der Bundeskanzler nach dem Bundespräsidenten (→ *S. 175*) und dem Bundestagspräsidenten bloß die Nummer drei im Staat.

Voraussetzung für eine ausgeglichene Regierungsbilanz des Regierungschefs ist es, dass er sich pro Legislaturperiode mit wenigstens einer kompromittierenden Kopfbedeckung[4] fotografieren lässt (→ *Deutsche Bundeskanzler im Direktvergleich, S. 101*).

---

2 *z. B.* bedingungslose Kapitulation, Verfassungsreform etc.
3 Falls keine eigene Kompetenz vorhanden, kann der Bundeskanzler, anders als z. B. seine Minister, seinen Führungsanspruch durch Verweis auf die gesetzlich vorgeschriebene Richtlinienkompetenz rechtfertigen.
4 *z. B.* Neoprenkapuze, Schwarzwälder Bollenhut

Faktenwissen Extrem

Nach Ablauf seiner vierjährigen Amtszeit muss der **Bundeskanzler** mindestens *acht Sommerinterviews* absolviert und *250 ausländischen Staatschefs* bedeutungsschwanger die Hand geschüttelt haben.

Abb. 3 – Hier (Abb.) schläft der **Bundeskanzler**.

Merkel!

Das *Statistische Bundesamt* hat 2007 bekannt gegeben, dass in der Geschichte der Bundesrepublik Deutschland 62,5 % aller Bundeskanzler **CDU-Mitglieder** waren, obwohl nur 0,66 % aller Bundesbürger überhaupt in der CDU sind! Gegen den Widerstand weiter Teile der SPD kündigte die Fraktion der Linkspartei bereits an, einen Untersuchungsausschuss zu diesem heiklen Thema einzuberufen.

Abb. 4 – Angela Merkel (Abb. ähnlich): Bundeskanzlerin der Bundesrepublik Deutschland von 2005 bis _____ (bitte selbst eintragen)

Die erste Bundeskanzlerin der Welt

Frauenhände regieren deutsche Länder, heißt es seit 2005 in der Bundesrepublik Deutschland, denn allen Unkenrufen zum Trotz ist Angela Merkel eine Frau – sogar die bundesweit einzige im Amt des Bundeskanzlers.

Das Phänomen Merkel – wie funktioniert es? Die Grande Dame der deutschen Politszene hat ein besonderes Talent: Mit stoischer Ruhe und Gelassenheit eint sie ihre Gegner und bringt ihre Freunde gegeneinander auf.

> INFOKASTEN ANGELA MERKEL
>
> **Berufswunsch als Kind:** Meeresbiologin oder Tierärztin
> **Lieblingsfilm:** »Die fabelhafte Welt der Angelie«
> **Lieblingsfarbe:** pink
> **Mag:** Volker Kauder, Rügen und Volker Kauder rügen
> **Mag nicht:** Arroganz, Unehrlichkeit, nackt duschen
> **PS:** HDL

Angela Merkel wurde als Renate Grübner in Hamburg a. d. Havel nach sozialistischer DDR-Zeitrechnung im Jahr 1954[5] geboren. Nach einem sehr guten DDR-Abitur[6] studierte Grübner Physik in Leipzig. Bald darauf wurde sie trotz durchweg mittelmäßiger Leistungen an die Akademie der Wissenschaften in Berlin (Ost) versetzt und arbeitete am Zentralinstitut für Physikalische Chemie hauptsächlich im Bereich Quantenchemie.

Wendepunkt im Leben der Renate Grübner war 1984 die Begegnung mit ihrer großen Liebe Joachim Merkel an der Akademie der Wissenschaften in Berlin. Obwohl die Che-

5 *BRD-Zeitrechnung:* 1971
6 *BRD-Notensystem:* 4+

mie zwischen den beiden charismatischen Chemikern von Anfang an stimmte, funkte es nicht sofort[7]. Doch nach einigen gemütlichen Muckefucks und vier gemeinsam geleerten Kisten Rotkäppchen-Sekt erfolgte 1985 endlich die lang ersehnte Reaktion im Glaskolben der Liebe.

Circa 1988 war Mauerfall, von da an ging es schnell für den ostdeutschen Backfisch Merkel. Von Papas Tochter über Joachims Mäuschen und Kohls Mädchen zur Frau aller Deutschen. Als Kanzlerin vereint sie das Beste beider Deutschlands: den exotischen Charme einer DDR-Funktionärin mit der sprichwörtlichen menschlichen Wärme und der sozialen Ader eines westdeutschen Arbeitgebervertreters.

Übungsaufgaben:

• Machen Frauen mit ihrer Weiblichkeit die Politik kaputt? Erörterung!

• Fassen Sie die Kernaussagen des Textes über Angela Merkel mit Wachsmalstiften in einem bunten Bild zusammen.

Die 1000 wichtigsten Publikationen von Angela Merkel

• Platz 12: *Podologie im Realsozialismus: Mauken und Quanten statt Barfuß und Lackschuh*, Leipzig 1978
• Platz 58: *Quanten – wann sie besonders stinken*, Berlin 1986
• Platz 791: *Ich bin die Nichte meiner Quante*, Fachaufsatz, Berlin 1988

Angela Merkel in Zahlen

• Angela Merkel wird von 91 % aller Deutschen halbwegs gut gefunden bzw. nicht gut gefunden
• 94 % aller TV-Comedians und 95 % aller politischen Kabarettisten sind noch immer auf die Frisur, Figur und Erscheinung von Angela Merkel beruflich angewiesen.

---

7 *möglicherweise*: Bunsenbrenner kaputt

Abb. 5 – »Ich habe mit einem menschgewordenen Geschichtsbuch gesprochen« – Autor **Jan Böhmermann** (*links, sichtlich stolz*) und **Wendekanzler Helmut Kohl** (*rechts*)

Quellentext

Helmut Kohl – Mein Treffen mit dem Kanzler der Einheit

Berlin. Helmut Kohl: der Vater der deutschen Einheit. **Zwei Meter Mensch, Denkmal auf Beinen. Legende, Witwer und Ehemann.**

Wir treffen uns vorm In-Schuppen *Borchardt* in der Hauptstadt.[8] **Der Einheitskanzler scherzt, ist gut aufgelegt.** Ob er mir »mit Edding« ein Autogramm auf mein Dekolleté schreiben soll, fragt mich der große Oggersheimer, bevor wir das Lokal betreten. **Ich verjeine dankend.**

Dann unser Gespräch: <u>Gorbatschow, Reagan, Bush – wir reden über alles! Wie war das damals im Kaukasus? Hatte Mitterrand in Verdun schwitzige Hände? Und die Geschichte mit den anonymen Spendern?</u> Kohl packt aus, vergisst kein Detail.

Atemlos verlasse ich nach dem Interview das Restaurant: reicher, weiser und satter. Ich habe mit einem menschgewordenen <u>Geschichtsbuch</u> gesprochen. **Mein Treffen mit Helmut Kohl – <u>ich werde es nie vergessen!</u>**

Jan Böhmermann

Übungsaufgaben:

• Hat Sie dieser Text beim Lesen so berührt wie den Autor beim Schreiben? Erklären Sie, warum!

• Zählen Sie die Verdienste von Helmut Kohl für die Bundesrepublik Deutschland in der richtigen Reihenfolge (mit dem kleinsten Verdienst beginnend) auf!

---

8 *hier:* Berlin

Kanzleramtsminister

Der Kanzleramtsminister ist eine Mischung aus gutem Geist und Hausmeister[9] des schnoddrig-berlinerisch *Waschmaschinenelse* genannten Bundeskanzleramtes (→ *Bild auf S. 159*). Zu den edelsten Pflichten und Aufgaben des stets devoten und unauffälligen Staatsdieners gehört es, den kompletten Haushalt zu machen – weshalb es gelegentlich zu Stutenbissigkeiten zwischen ihm und dem Finanzminister kommt.

Abb. 6 – **Die Siegessäule** im Zentrum der Bundeshauptstadt Berlin wurde 1991 im Gedenken an den *Sieg des Kapitalismus über den Sozialismus* errichtet. Auf ihrer Spitze steht eine vergoldete Nachbildung der Wendebundestagspräsidentin **Rita Süßmuth**.[10]

Montag: Reichstag, Donnerstag: Waschtag ist der Leitspruch des Ministers. Peinlich genau achtet er auf die Trennung von Staat, Kirche, Biomüll, Altglas und Kunststoffverpackungen, bringt regelmäßig die Umfragewerte des Kanzlers in den Keller oder lässt die Rollläden herunter, wenn ein ungemütlicher *Merz* oder *Sommer* vor der Tür stehen.

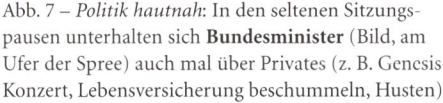

Abb. 7 – *Politik hautnah*: In den seltenen Sitzungspausen unterhalten sich **Bundesminister** (Bild, am Ufer der Spree) auch mal über Privates (z. B. Genesis-Konzert, Lebensversicherung beschummeln, Husten)

9 *früher*: Facility Manager
10 *im Volksmund*: Bundestagspräsidentenelse

Außenminister[11]

Als Chefdiplomat der Bundesrepublik Deutschland muss der Außenminister stets auf dem roten Teppich bleiben und sich sicher auf internationalem Parkett bewegen können, auch wenn er von Hause aus nur Laminat gewohnt ist. Er sollte zur Erleichterung bilateraler Gespräche fließend Bilateral sprechen. Lässt auch der Titel Außenminister anderes vermuten, kommt es ihm bei internationalen Beziehungen und/oder Urlaubsflirts trotzdem auf innere Werte an.

Abb. 8

Häufig wird der Außenminister vom Regierungschef mit dem Titel Vizekanzler gedemütigt und revanchiert sich dafür traditionell mit grotesk hohen Beliebtheitswerten. Nach dem Scheitern der »Außen Toppits, innen Geschmack«-Außenpolitik der 90er Jahre und der zum Leidwesen der europäischen Nachbarländer fast dreißig Jahre dauernden »Draußen-nur-Kännchen«-Doktrin wird seit den Bundestagswahlen 2005 im Auswärtigen Amt (Abb. 8) wieder die hohe Kunst der Duplomatie praktiziert.

Abb. 9 – *Geschafft, hurra*: **Zwei Bundesminister** (*l., r.*) feiern ausgelassen den seltenen Erfolg, einen eigenen Gesetzesentwurf unbeanstandet durch *Bundesrat* und *Bundestag* gedrückt zu haben.

---

11 *meistens auch*: Vizekanzler

Innenminister

Mit einem fröhlichen »O'zapft ist!« läutet der Bundesinnenminister mindestens einmal pro Amtszeit eine bundesweite Abhöraktion ein – ein lauschendes Fest nicht nur für Betroffene und Kritiker. Diese werfen dem Bundesinnenminister häufig vor, auf dem rechten Auge blind zu sein. Dies ist nicht richtig: Der Innenminister schränkt des Bürgers Rechte im gleichen Maße ein wie linke Bürger.

Abb. 10

Ein wichtiges Thema für den Bundesinnenminister ist das Zumüllen des Internets durch Pop-up-Werbung und pubertäre Youtube-Filmchen.[13] Umfangreiche Online-Durchsuchungen fördern jedoch ausschließlich harmlose Schmuddelbildchen zutage bzw. scheitern von vorneherein an den unübersichtlichen Dateistrukturen deutscher Festplattenmessies oder daran, dass bei BKA und BND wieder mal keiner das Passwort weiß.

Wer sich der Empfehlung des Innenministers für einen freiwilligen Fingerabdruck im Reisepass widersetzt, muss seit 1.1.2009 mit unfreiwilligen Schlagstockabdrücken im Gesicht rechnen. Positiv hingegen: Bei unziemlichen Sexualkundefragen ihrer Kinder können Eltern ab sofort den Einsatz von AWACS-Aufklärungsflugzeugen beim Innenministerium (Abb. 10) beantragen.

12 Grins, grins (*vgl. GG, V Internet, S. 245*)
13 *auch:* Cyberterrorismus

Innenministerwissen Extrem

Alle Staatsgewalt geht vom Volke aus, heißt es in Artikel 20, Absatz 2 des *GG*[12] *der Bundesrepublik Deutschland.* Vordringlichste Aufgabe des **Bundesinnenministers** ist es darum, dem Volk wieder etwas von dieser Gewalt zurückzugeben.

Abb. 11 – *Digital Natives:* **Mitglieder der Bundesregierung** (vorne) und **Renate Künast** (2.v.r.) *googeln* auf einem schusssicheren Laptop der Bundeswehr, ob *Twitter* ansteckend und was genau eigentlich *Google* ist.

Finanzminister

Kabinettsmitglieder, die immer schön fleißig für ihre Steuerprüfung lernen, haben die Chance, das prestigeträchtige Amt des *Finanzministers* oder *Finanzelse*, wie der Berliner mit seiner typisch-frechen Schnauze zu sagen pflegt, auszufüllen. Zu den Aufgaben des Finanzministers gehören die Durchsetzung des Ehegattensplittings – notfalls mit Gewalt –, das Zinken von Lohnsteuerkarten und das ordnungsgemäße Verzollen des gegenseitigen Respekts seiner Kabinettskollegen.

Abb. 12 – *Das soll bis zum Ende des Monats reichen?* Eine Bundesministerin betrachtet enttäuscht den vom *Bundesfinanzminister* für ihren Fachbereich (vmtl. »Gedöns«, → *S. 127*) zugeteilten Etat.

Im Dienstalltag sitzt der *Finanzminister* meist den ganzen Tag am Rechner, veröffentlicht Sparbücher, vergräbt Bundesschatzbriefe oder wechselt die Tintenpatronen seines Gelddruckers. Mehrmals jährlich rechnet er in seiner Funktion als staatlich anerkannter Schuldnerberater unter herzzerreißendem »Man, man, man«-Gejammer seinen Regierungskollegen vor, dass sie statt *Soll* haben besser *Haben* haben sollten.

Wirtschaftsminister

Als Experte für Vettern- und Zettelwirtschaft gibt der *Wirtschaftsminister* der rechtlosen deutschen Wirtschaft eine Stimme und zeigt mächtigen Arbeitnehmerkartellen, dass sie sich in Deutschland nicht alles erlauben dürfen. Eine wichtige Aufgabe ist auch die Sicherung der Marke *Made in Germany*, für die sich der Wirtschaftsminister sogar persönlich von der Qualität deutscher Spitzenprodukte direkt vor Ort an den Produktionsstätten in Rumänien, Bulgarien und Fernost überzeugt.

Abb. 13 – *Langer Arbeitstag*: Im Amtssitz des Bundeswirtschaftsministers, der **Bundeswirtschaft** (Bild), beginnt der Dienst bereits um acht Uhr mit dem *amtlichen Fassanstich im Rahmen des werktäglichen Staatsfrühschoppens*. Oft geht es dann bis halb drei in der Nacht bzw. so lange, bis der letzte Haushaltseuro im Münzspielautomaten verschwunden ist. *Am Wochenende wird auch schon mal durchgemacht.*

Den Gaspreiserhöhungen um 450 % alle zwei Monate oder unbegründeten Schließungen staatlich subventionierter Mobiltelefonwerke begegnet der Wirtschaftsminister mit staatstragendem Achselzucken.

Abb. 14

Auf die Erhöhung von Unternehmenssteuern und die Erstarkung nerviger Mitbestimmer in den Betrieben wirkt der Wirtschaftsminister deregulierend ein. Zu seinen repräsentativen Aufgaben gehört es, auf Gewerbeschauen arbeitgeberfreundlich in die Kamera zu lächeln.

Im Zug der Entstaatlichung des Ministermarktes werden ab 2012 wichtige Teilbereiche des Wirtschaftsministeriums privatisiert, spätestens fünf Jahren später soll es dann bereits die ersten von privater Hand betriebenen Wirtschaftsminister auf Bundesebene geben (→ *Die Funktionsweise der deutschen Wirtschaft, S. 149*).

Justizminister

Der für das Gummieren harter Paragrafen zuständige *Bundesjustizminister* hat Revision und Berufung zum Beruf gemacht und ist für behutsamen *Bürokratieaufbau auf Grundlage wirrer Bestimmungen* (BGB) und das Ausarbeiten von Gesetzen nach den Wünschen und Vorstellungen einflussreicher Lobbyisten verantwortlich, wobei hier stets das Motto gilt: Eingeschränktes Halteverbot geht vor uneingeschränktem NPD-Verbot! Auch überprüft der Justizminister, ob das engagierte Lochen und Tackern bundesdeutscher Beamter in Einklang mit dem Verwaltungsrecht steht.

Abb. 15 – *Moderner Strafvollzug*: Vierteilungen (Bild) sind nur noch in Bayern (→ *S. 23*) und Baden-Württemberg (→ *S. 22*) erlaubt. Hintergrund: Nach Verbüßen der Strafe hatten viele Verurteilte eine sehr schlechte Sozialprognose.

Der Bundesjustizminister bekommt während der gesamten Amtszeit beide Augen verbunden, um den wichtigsten Grundsatz deutscher Jurisprudenz »Vor dem Gesetz sehen Chinesen alle gleich aus« gewährleisten zu können. Er hat damit die begehrte Rechtspflegestufe 1.

Wenngleich zu seinen Lieblingsgerichten Königsberger Klopse, Leberkäse und die Große Kammer des Landgerichts

Faktenwissen Extrem

Um das grausame Abschlachten niedlicher **Robenbabys** zu beenden, hat die amtierende Bundesjustizministerin eine *Gesetzesreform zur Modernisierung der Kleiderordnung in deutschen Gerichtssälen* auf den Weg gebracht.[14]

14 Angedacht ist ein mit den wichtigsten Paragrafen des Strafgesetzbuches besticktes Lätzchen für das hohe Gericht.

München zählen, muss der rechts kräftig gebaute Justizminister regelmäßig auch bei spannenden Strafverfolgungs-
jagden seine Sportlichkeit unter Beweis stellen.

Familienministerin

Abb. 16

Hervorgegangen ist das Familienministerium aus dem von
der unvergessenen Claudia Nolte (CDU) gegründeten Ministerium für Rüschenblusen und Pottschnitte und kümmert sich neben der Familienpolitik auch noch um Frauen,
Senioren und die Jugend – unter Kanzler Gerhard Schröder
(*SPD, → S. 188*), zusätzlich sogar noch um Gedöns. Da
Männer sich zwar mit Autos, Hardcorepornos und Play-
stations, nicht jedoch mit Familie, Senioren, Frauen und
Jugend auskennen, sind Familienministerinnen immer
weiblich.[15]

Abb. 17 – *Fast wie ein echter Mensch, nur
kleiner und dusseliger*: **Das Kind** (CDU, Bild)
ist häufig derart egozentrisch, dass es zum
Mittelpunkt der Familie wird.

Seitdem durch eine flächendeckende Empfangbarkeit von
Super RTL (*→ Fernsehen, S. 234*) die bundesweite Ganz-

---

[15] *Ausnahme*: Familienminister

**Die 1000 besten Paragrafen
des bürgerlichen Gesetzbuches
(Auszug)**

Platz 7 § 1298 Ersatzpflicht
bei Rücktritt von der
Verlobung
Platz 25 § 243 Gattungsschuld
Platz 567 § 321 Unsicherheits-
einrede
Platz 600 § 1039 Übermäßige
Fruchtziehung
Platz 742 § 923 Grenzbaum

**Zuordnungsübung Justiz-
ministerium: Urteilen Sie
selbst – welche Straftäter
haben was verdient?**

Der gestiefelte Kater	*National-mannschaft*
Pantoffeltierchen	*Grauenhaft*
Mario Barth	*Einzellhaft*
Jogi Löw	*Fabelhaft*

tagsbetreuung für Kleinkinder sichergestellt ist, kämpft die Familienministerin für die Senkung der hohen Seniorensterblichkeit. Paradox: Angesichts der erschreckenden demografischen Entwicklung in Deutschland liegt es auch in ihrer Verantwortung, dafür zu sorgen, dass nicht noch mehr Omas und Opas geboren werden.

Abb. 18 – *Kurios, aber wahr:* Der **Bundesgesundheitsminister** muss seinen *Hippopotamischen Eid* auf einem Flusspferd sitzend ablegen.

Das Gesundheitsministerium im Mittelpunkt deutsch-deutscher Einigungspolitik

Die von der damaligen **Gesundheitsministerin Ursula Lehr** (CDU) 1989 initiierte Auflösung der **Ärzte**[16] unter dem Motto »Nach uns die Sintflut«[17] provozierte immer lauter werdende Rufe nach Rezeptfreiheit in der Ostzone und führte letztlich zur *kassenärztlichen Wiedervereinigung 1990*.

Gesundheitsministerin

Das Kabinettsmitglied, welches nach einem allergisch bedingten Niesanfall des Bundeskanzlers als Erstes *Gesundheit* ruft, wird als *Bundesgesundheitsminister* vorgeschlagen, durch freie Arztwahl im Amt bestätigt und ist fortan für das theoretische Ausarbeiten gesundheitspolitischer Fragen verantwortlich, deren tatsächliche Umsetzung allerdings erst nach Entrichtung einer geringen Praxisgebühr erfolgt.

Zu der vordringlichsten Aufgabe des Bundesgesundheitsministers gehört die Durchsetzung der allgemeinen *Apothekenpflicht für Senioren ab 65 Jahren* durch die ihm unterstellten Kreiszahnersatzämter. Der Leitspruch »Prävention statt Operation« gilt selbstredend auch für den Minister, weshalb er am Kabinettstisch einen türkisfarbenen AOK-Gymnastikball den sonst üblichen Ledersesseln vorzieht.

Abb. 19

16 bzw. dem, was davon übrig war (*Farin und Bela*)
17 Doppel-CD, erschienen bei Sony BMG

Umweltminister

Spätestens nachdem Ex-US-Vizepräsident *Al Gore* den Nobelpreis für die Entdeckung der Umwelt erhielt, ist Ökologie auch in der Bundesregierung ein Thema. Der Bundesumweltminister ist in Sachen Umwelt- und Klimaschutz das wohl wichtigste Vorbild der Deutschen. Die fünf Kilometer lange Strecke zu seinem Amtssitz legt er meist mit dem grün lackierten Porsche zurück, mit dem der Minister in Sitzungspausen auch für den Bundesgesundheitsminister an der Tanke Zigaretten und Rotwein (→ *Frankreich, S. 204*) holen muss.

Abb. 20 – *Origineller Antrag auf Erhöhung der staatlichen Ausgaben für Umwelt- und Naturschutz*: **SPD-Bundesumweltminister Gabriel** (Bild) bat in einem ergreifenden Song: »Hey Boss, ich brauch' mehr Geld«.

Zu den wenigen bekannten Leistungen des Umweltministers gehört die Gründung einer *Enquête-Kommission* zur Klärung der Frage, ob man kleine Eisbären, wenn man sie aufgrund nachlassender Niedlichkeit einschläfert, bedenkenlos in der Biotonne entsorgen darf oder warten muss, bis sie von alleine auftauen.

Abb. 21

Die parlamentarische Demokratie in der

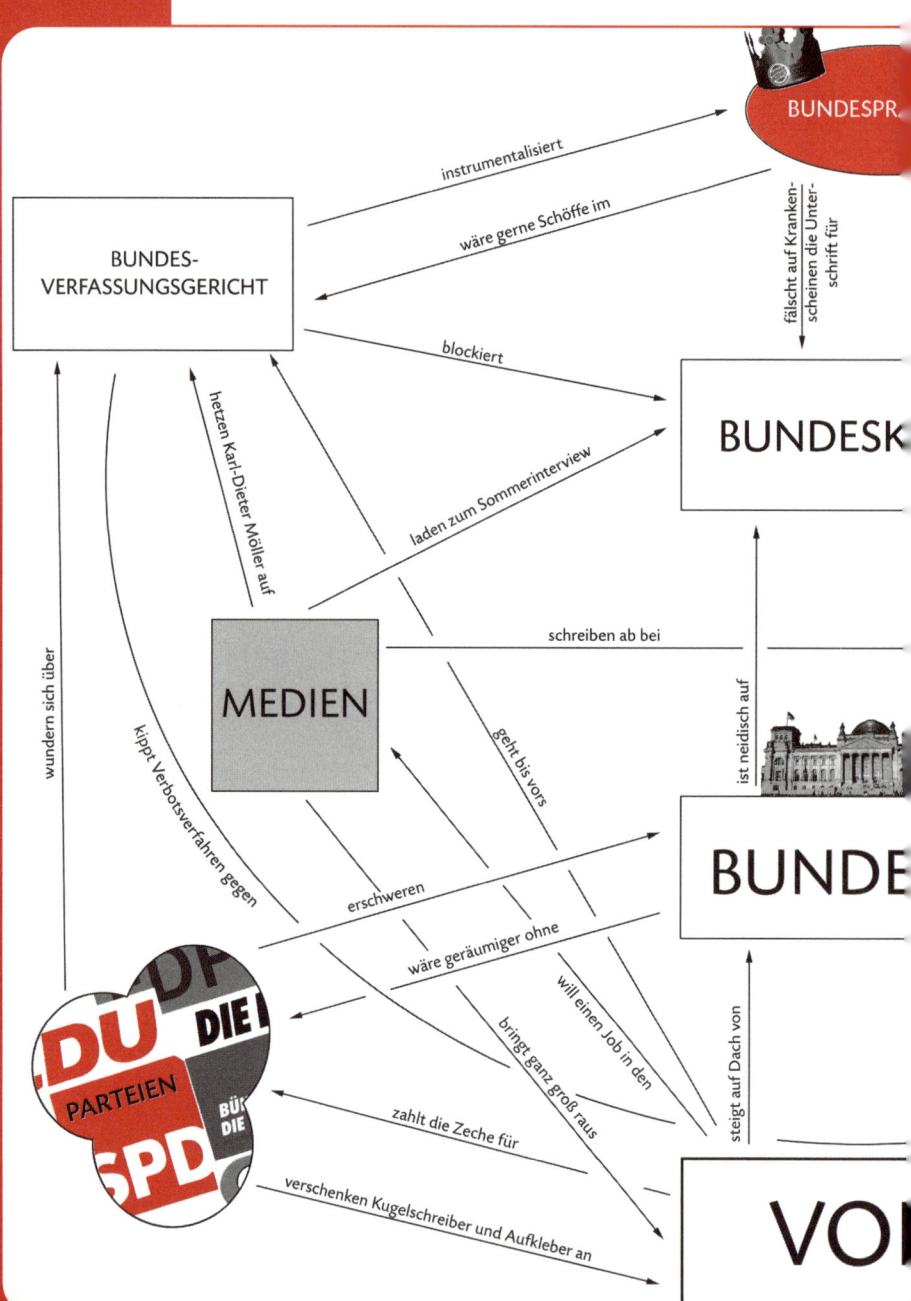

Bundesrepublik Deutschland

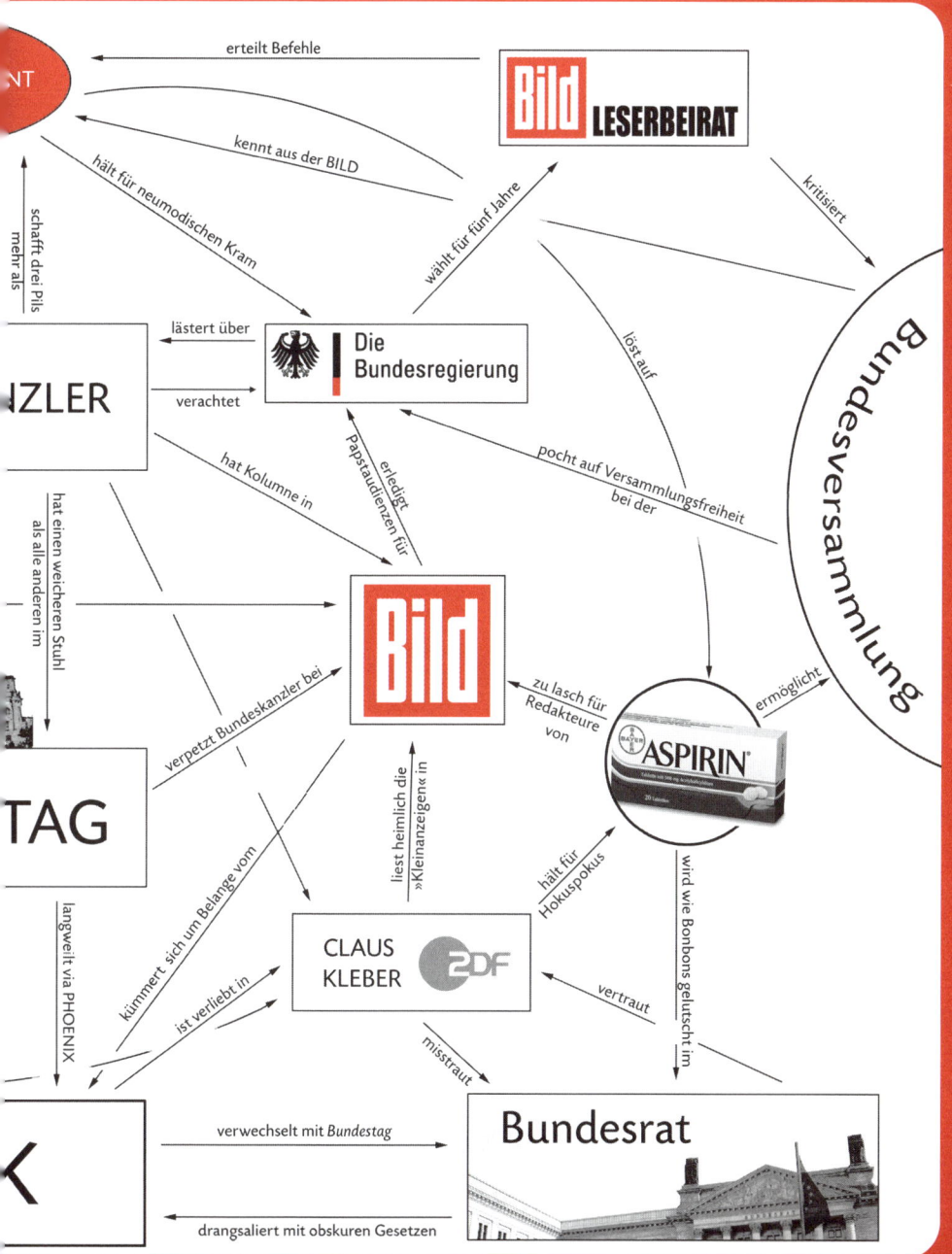

NT

erteilt Befehle

Bild LESERBEIRAT

kennt aus der BILD

hält für neumodischen Kram

schafft drei Pils mehr als

wählt für fünf Jahre

kritisiert

lästert über

Die Bundesregierung

löst auf

NZLER

verachtet

hat Kolumne in

pocht auf Versammlungsfreiheit bei der

Bundesversammlung

erledigt Papstaudienzen für

hat einen weicheren Stuhl als alle anderen im

Bild

zu lasch für Redakteure von

ermöglicht

ASPIRIN

verpetzt Bundeskanzler bei

TAG

liest heimlich die »Kleinanzeigen« in

hält für Hokuspokus

wird wie Bonbons gelutscht im

langweilt via PHOENIX

kümmert sich um Belange vom

ist verliebt in

CLAUS KLEBER **ZDF**

vertraut

K

misstraut

verwechselt mit *Bundestag*

Bundesrat

drangsaliert mit obskuren Gesetzen

Abb. 22

Übungsaufgaben:

- Theoretisch scheint die parlamentarische Demokratie ganz gut zu funktionieren (siehe Schaubild
S. 172/173). Warum klappt es dann in der Praxis
nicht?
Begründung!

- Was hilft bei Reformstau?
a) Hupen
b) Auf dem Standstreifen vorbeifahren
c) Ein gutes Hörbuch (z. B. »Alles, alles über
   Deutschland« von Jan Böhmermann, erschienen
   bei Tacheles)

- Was haben Exekutive, Legislative und Judikative
gemeinsam?
a) Die Endung »tive«
b) Mittagspause von 12 bis 13 Uhr
c) »So 'nen Hals« auf den Bundespräsidenten

- Normen und Werte: Warum darf am Vatertag
hemmungslos gesoffen werden und am Bundestag
nicht mal demonstriert?

Bundespräsident

Abb. 23 – Hier (Schloss Bullerbue (*Abb.*)) darf der **Bundespräsident** den lieben langen Tag *durch die Flure tollen, über die Wiese purzeln* und *im Garten butschern*!

Ein *Bundespräsident* hält bei normalem Gebrauch fünf bis zehn Jahre. Gewissenhafte Reinigung und Pflege, vor allem aber ein regelmäßiger Tagesablauf sind für einen ruckelfreien Betrieb unerlässlich. Hier zunächst ein kurzer Auszug aus dem Guten-Morgen-Protokoll der im Schloss Bellevue seit 1949 geltenden *Heussordnung*.

06:00 Uhr: Der Präsident wird von der Bundesversammlung geweckt.

06:17 Uhr: Auswahl und Anprobe der Amtsbekleidung (mit anschließender Vertrauensfrage)

06:26 Uhr: Empfang in der vollkornrechtlichen Vertretung im Bundescerealienamt

06:28 Uhr: Annahme der vollen formellen Frühstückskompetenz

ab 07:00 Uhr: Amtsgeschäfte (Mahnen oder Querdenken)

Abb. 24 / Abb. 25 / Abb. 26 – *Streetforce One*: Der **Dienstwagen des Bundespräsidenten** wartet mit einigen Extras auf. *Edel und kampf-mittelsplitterresistent: die Karosserie aus massivem schwarzen Granit* (Abb. 24), das irre *Kennzeichen* (Abb. 25) verwirrt im Angriffsfall potenzielle Terroristen und *die stets in den Wind gehängte Adlerfahne* (Abb. 26) besänftigt und belustigt politische Gegner (→ *Bundeskanzler, S. 101*).

Faktenwissen Extrem

Manchmal wird der **Bundespräsident** auch auf Staatsbesuch ins Ausland[18] geschickt, wo er sich eine Woche lang *Volkstänze* ansehen muss.

Der straffe Zeitplan lässt nur wenig Raum für Zerstreuung und Regeneration. Bundespräsidenten lassen sich deshalb in ihrer Freizeit am liebsten instrumentalisieren, besonders gerne von Wirtschafts- und Industrievertretern.

Bei großen Gala-Empfängen im Schloss Bellevue steht der Bundespräsident leider nie selbst im Mittelpunkt, sondern permanent zum repräsentativen Verabschieden der prominenten Gäste an der Garderobe. Dort hilft er dann wichtigen Menschen, die zwar den ganzen Tag da waren, die er zuvor aber noch nie gesehen hat, in Mäntel, die wiederum diese zuvor noch nie gesehen haben.

18 → *Erdkunde, S. 195*

Die 1000 besten Bundespräsidenten im Direktvergleich
es fehlen: Theodor Heuss (keine Lust), Horst Köhler (Schnupfen) und Peter Sodann (wurde nie gewählt)

Abb. 27 – **Heinrich Lübke**
Berühmteste Rede: die Negerrede beim Staatsbesuch im afrikanischen Liberia 1962
(»Hier siehste ja den Mohr vor lauter Negern nicht!«)
Bedeutendste Amtshandlung: Abtritt
Schlimmster Fehlgriff: zweimaliger Amtsantritt
Gesamtwertung:

Abb. 28 – **Gustav Heinemann**
Berühmteste Rede: indirekte Rede, wörtliche Rede, direkte Rede
Bedeutendste Amtshandlung: Kauf eines bernsteinfarbenen Perserteppichs für die
Essdiele der Villa Hammerschmidt
Schlimmster Fehlgriff: Uta Ranke-Heinemann
Gesamtwertung:

Abb. 29 – **Walter Scheel**
Berühmteste Rede: Wutrede vor dem damaligen Postminister Kurt Gscheidle
(»Ich will jetzt hoch auf den gelben Wagen!«)
Bedeutendste Amtshandlung: Aufnahme des Smash-Hits »Hoch auf dem gelben Wagen«
Schlimmster Fehlgriff: Aufnahme des Smash-Hits »Hoch auf dem gelben Wagen«
Gesamtwertung:

Abb. 30 – **Karl Carstens** (*Rufname:* Carl Karstens)
Berühmteste Rede: Wanderpredigt 1977 auf dem Jakobsweg
Bedeutendste Amtshandlung: Wanderurlaub 1976 im Bayrischen Wald
Schlimmster Fehlgriff: vertauschte mehrfach die Anfangsbuchstaben seines Vor- und
Nachnamens
Gesamtwertung:

Abb. 31 – **Richard von Weizsäcker**
Berühmteste Rede: 1987er Volksberuhigungsrede in Berlin (»Niemand hat die Absicht, eine Mauer abzureißen!«)
Bedeutendste Amtshandlung: Ernennung von Norbert Blüm zum Bundesspaßminister
Schlimmster Fehlgriff: Genehmigung des Mauerfalls 1989
Gesamtwertung:

Abb. 32 – **Roman Herzog**
Berühmteste Rede: Ruckzuckrede vor Jochen Bendel[19] und drei Mitkandidaten im Tele-5-Studio
Bedeutendste Amtshandlung: Verkauf seines Ziehsohns Andi Herzog an den FC Bayern München
Schlimmster Fehlgriff: mehr an German als an Roman interessiert
Gesamtwertung:

Abb. 33 – **Johannes Rau**
Berühmteste Rede: Wuppertaler Schlüsselrede 2002 (»Wo sind meine Schlüssel?«)
Bedeutendste Amtshandlung: Wiederauffindung seiner Schlüssel im Frühsommer 2004
Schlimmster Fehlgriff: Vereidigung von Rudolf Scharping (→ *Rheinland-Pfalz, S. 144*) als BUNTE-Fotomodell
Gesamtwertung:

Die meisten Bundespräsidenten leiden während ihrer Herrschaft auf Schloss Bellevue stark unter *schmerzhafter Verunglimpfung* oder *chronischer Unterzeichnung*. In besserer Erinnerung bleiben daher den meisten nach ihrer Amtszeit die heiteren Stunden in der Villa Kunterbunt in Bonn.

19 Tele-5-Moderator (*u. a. Ruckzuck*)

CDU/CSU

Abb. 34

Abb. 35

Die CDU/CSU, Deutschlands größte bürgerlich-konservative Partei, besteht im Wesentlichen aus der Mutterpartei *CDU (Abb. 34)*, ihrer bayrischen Schwesterpartei *CSU (Abb. 35)* und einem parteilosen Schrägstrich. Seit der berühmten Negerrede von CDU-Bundespräsident Heinrich Lübke (→ *Heinrich Lübke, S. 177*) ist die Vereinsfarbe der CDU schwarz, die extravagantere CSU erlaubt sich die Signalfarben blau und weiß. Übrigens: Die Wortführung in der Fraktion obliegt nach dem Flop der christsozialen TV-Krimireihe »CSI: CSU« der CDU.

Abb. 36 – Der *Willy Brandt* der CDU: **Helmut Kohl**

Abb. 37 – Von der befreundeten **BILD-Zeitung** (*Abb., Volks-PC, Volks-Farbe, Volks-Waschvollautomat*) wird die CDU/CSU als *Volks-Partei* vermarktet.

Abb. 38 – In der schleswig-holsteinischen CDU noch immer nicht so gern gesehen: **Badewannen**

Faktenwissen Extrem

Die wichtigsten Vertreter der **CDU/CSU** sind zwar beinahe so cool und beliebt wie die wichtigsten Vertreter der *Firma Vorwerk*, gehören aber bedauerlicherweise allesamt wenigstens einer Minderheit an (z. B. Frau, Rollstuhlfahrer).

Parteigeschichte: Die Mutterpartei CDU gebar ihre eigene Schwesterpartei CSU unehelich Ende der 1940er Jahre im Hinterzimmer einer freien und sozialen Schankwirtschaft. Ausgerechnet zu Beginn der reaktionär-piefigen Ära Adenauer – einer Zeit, in der es alleinerziehende Mütter (→ *Familie, S. 177*), insbesondere solche, die unehelich ihre eigenen Schwestern gebaren, nicht gerade leicht hatten.

Dennoch: Die merkwürdig inzestuösen Verwandtschaftsverhältnisse in der Fraktion machten die Partei insbesondere für Bauern und Landbevölkerung attraktiv – bis heute treue Stammwähler der CDU/CSU.

Zum Schutz vor der im Nachkriegseuropa grassierenden Entnazifizierung gewährten die christlich bewegten Konservativen zahllosen politisch verfolgten Würdenträgern des *Tausendjährigen Reiches* (→ *S. 83*) Asyl und gelten deshalb als Vorreiter einer modernen Integrationspolitik.

Da Bauchentscheidungen treffen und auf sein Bauchgefühl hören unerlässlich für die erfrischend unakademische Politik der gefühlsbetonten Konservativen sind, herrscht parteiintern strenger Bauchzwang.[20]

DIE GRÖSSTEN POLITISCHEN ERFOLGE DER CDU/CSU

• Wirtschaftswunder (→ *Heinz Erhardt, S. 101*)
• Frolleinwunder (Claudia Nolte).

---

20 *Bei Damen*: Frisur.

FDP

Abb. 39

Der liberalen Legende zufolge besiegelten *Theodor Heuss* und *Hans-Dietrich Genscher* (bekannt u. a. aus der Puppenshow »Hallo, Genscher!«) 1948 in der Sylter Sansibar die Gründung der Freien Demokratischen Partei durch feierliches Verknoten ihrer geschulterten Kaschmirpullover. Untermalt von stimmungsvollem Knacken brechender Hummerpanzer schworen sich die vier anwesenden Gründungsmitglieder ein auf den politischen Kampf gegen die ungerechte Ausbeutung einfacher Fabrikanten durch raffgierige deutsche Arbeiter.

Die beiden Adjektive Eigenverantwortlich und Selbstbestimmt wurden in der FDP damals wie heute großgeschrieben; trotz dieses mittelschweren Rechtschreibfehlers stellten die verdutzten Freidemokraten bereits kurz nach ihrer Gründung einen echten Bundespräsidenten. Von 1949 bis 1998[21] war zudem das Amt des Vizekanzlers der Bundesrepublik Deutschland fast ausschließlich über eine Mitgliedschaft in der FDP zu erreichen: Weniger wirtschaftsliberal ambitionierten Polittalenten[22] blieb dieser Posten darum meist verwehrt.

Faktenwissen Extrem

Die **FDP** ist wie *Die Grünen*, nur ohne Stricken und mit gepflegten Haaren.

21 Nur unterbrochen von einer kurzen Verschnaufpause Ende der »Kurt-Georg Sechzinger Jahre«, um einen müden Wortwitz zu gebrauchen.

22 *z. B.* Willy Brandt, Helmut Schmidt, Gerhard Schröder oder Helmut Kohl

Faktenwissen Extrem

Aus Protest gegen das zu blumige Parfüm **von Oskar Lafontaine** sitzen die FDP-Abgeordneten im Bundestag ganz rechts.

Um sich vom Image einer Partei der Besserverdienenden zu befreien, verabschiedete der FDP-Parteivorstand unlängst in einer *Dirk-und-Niebel-Aktion* ein Sozialprogramm:

• Die FDP steht zukünftig für einen tariflichen Mindestlohn von 2,10 Euro pro Doppelstunde[23] ein.
• Jeder Privatier, der sich aus dem deutschen Arbeitsmarkt ins mallorquinische Luxusschlösschen zurückzieht, macht einen Arbeitsplatz für bedürftige Hartz-IV-Empfänger frei.

Abb. 40

In die Kategorie Sozialprogramme fiel auch das 2003er Projekt »Sprung an die Spitze« zur Senkung der Lohnnebenkosten bei gleichzeitiger Verdopplung der Adrenalinproduktion von *Jürgen W. Möllemann (Abb. 40)*, dem damaligen fallschirmsportpolitischen Sprecher der FDP. Nach innerparteilichen Zickereien zog der jedoch rechtzeitig nicht die Reißleine und legte sein ambitioniertes Projekt vorerst auf Eis – nach aktuellem Ermittlungsstand der Kriminalpolizeidirektion Marl *Eigenverantwortlich* und *Selbstbestimmt.*

23 *Ostdeutschland*: 1,30 € / Tag

DIE PARTEIEN IN ZAHLEN (OHNE GEWÄHR)

SPD	CDU	CSU	FDP	GRÜ	LIN
67	8	79	2*****	856	562
46	489	6	2	38	38
−1	56	87	5	2	39**
8****	4	23	35	49	85
500**	569	5	3	11	112
38	88	89	3	9,49*	100

*	Winter 1945/46
**	Stand 2005
***	bzw. 15
****	nur BRD
*****	Quelle: Statistisches Bundesamt, Jah.-Bt. II/2001

Übungsaufgaben:

• Erstellen Sie anhand der vorliegenden Zahlentabelle ein Linien- oder ein Tortendiagramm!

• Berechnen Sie: Wann wird Thorsten Schäfer-Gümbel (SPD) Bundeskanzler?

• Finden Sie in der Tabelle alle Tiernamen mit vier Buchstaben (horizontal, vertikal und über Eck)!

Die Linkspartei[24]

Abb. 41

Im westlich orientierten Teil Deutschlands sorgt *Die Linke* in immer kürzer werdenden Abständen für Angst, Schrecken und besetzte Talkshow-Sessel. Im Osten dagegen ist *Die Linke* längst politische Normalität geworden und braucht sich dort auch keinesfalls hinter den großen Volksparteien[25] zu verstecken.

Die Linke ging ursprünglich aus der aus der *Sozialistischen Einheitspartei Deutschlands (SED)* hervorgegangenen *Partei des Demokratischen Sozialismus (PDS)* hervor, die sich mit der Fusion mit der WASG schließlich endgültig zum dilettantischen Sozialismus bekannte.

Abb. 42 – *Linke Politik im Wandel*: Mit muffiger DDR-Ästhetik, verstaubten Argumenten und einem überkommenen Weltbild hat die neue **Führungsriege der Linkspartei** (*Bild aus dem Jahr 2009*) nichts mehr zu tun.

1993 gab die *PDS* völlig überraschend und unter Tränen die Trennung vom *SED*-Vermögen bekannt. Von diesem schmerzhaften Verlust sollte sich die Partei so schnell dann

24 Wenn Sie Ostdeutscher sind, können Sie diesen Artikel überspringen.
25 *z. B.* NPD

auch nicht mehr erholen, die Vorsitzenden *Lothar Bisky* und *Gregor Gysi* (Abb. 43) landeten vor Kummer sogar vorübergehend in der Treuhandanstalt. Auch die etliche Jahre später über eine Zeitungsannonce kennengelernte *WASG* wird die klaffende Lücke nie ganz füllen können, denn deren mit in die Ehe gebrachte Mitgift war schon nach wenigen Stunden für zwei neue hellgrüne Blazer für *Petra Pau* und einen Doppelpack Blockflöten aufgebraucht.

Abb. 43 – *Genial daneben*: Linkspartei-Guru **Gregor Gysi** (Bild) erklärt seinen *Anwälten* (Hintergrund), was sie sagen sollen, falls jemand fragt, ob er bei der Stasi war.[26]

Heute bringt es *Die Linke* zwar auf stolze sechs untereinander zerstrittene Parteiflügel, einen exzentrischen Saarländer, eine Bordell-Affäre und ein schickes rotes Dreieck, welches kraftlos über dem »I« in *LINKE* schwebt – dafür will und will sie aber seit Jahren schon einfach kein eigenes Parteiprogramm zustande bringen.

Für Kunden, die sich für diesen Artikel interessierten, interessiert sich auch:
• *Verfassungsschutz*
• *Hans Modrow*

Deutschland Glossar

Stasi, *die (f.)*: *merkwürdiger DDR-Altherrenverein*, in dem, glaubt man den zahlreichen *SPIEGEL-TV-Haustür-Überfall-Reportagen*, ausschließlich missmutige, in Plattenbauten wohnende ältere Ost-Herren in Jogginghosen Mitglied werden durften

Merke!

Vorschläge, wie man den Kapitalismus möglichst zügig überwinden kann, nimmt jede linke Parteidienststelle gerne entgegen. Vorschläge, wie man Sahra Wagenknecht loswerden kann, auch.

26 Natürlich fragt das niemand – er war ja auch nie bei der Stasi.

Gastbeitrag: (Fast) alles, alles über Die PARTEI

Abb. 44

Die beste Partei der Welt in Deutschland ist Die PARTEI. Ich muss das wissen, denn ich bin ihr Bundesvorsitzender. Das Zentralorgan der Partei Die PARTEI ist das Faktenmagazin *Titanic*; es ist doppelt so lustig und dreimal seriöser als die Zentralorgane anderer Parteien, z.B. *Vorwärts* (SPD), *Bayernkurier* (CSU), *Focus* (Yogische Flieger) oder *Der Schwachkopf* (FDP).

Eigentlich haben wir Die PARTEI 2004 nur gegründet, um das Schröder-Regime zu stürzen. Der Name erwies sich schnell als gut gewählt. Einerseits zeigt er deutlich, dass wir sämtliche anderen Parteien überflüssig zu machen gedenken; andererseits rufen noch heute Leute in der PARTEI-Zentrale an und verkünden: »Schon mein Großvater war in der Partei – ich möchte auch zu euch!«

Als politisches Alleinstellungsmerkmal – neben den grauen 49-Euro-Anzügen von C&A, die wir in der PARTEI uniform tragen – forderten wir den Wiederaufbau der Mauer; eine Forderung, die uns besonders in den ruinierten westdeutschen Randgebieten schnell Sympathien bescherte. Und hervorragende Wahlergebnisse: Bei unseren ersten Landtagswahlen in NRW erzielten wir – aus dem Stand heraus! – bis zu 0,9 Prozent in den Hochburgen der PARTEI. Leider hatten wir nur vier Hochburgen. Trotzdem war das wohl unser bestes Ergebnis seit Kriegsende.

Abb. 45 – **Martin Sonneborn**, 21, hat mit Stefan Aust gemein, ehemaliger Chefredakteur einer kunterbunten Illustrierten zu sein. Noch im Amt holte Sonneborn sogar die Fußballweltmeisterschaft 2006 nach Deutschland. Der Vorsitzende der *Partei für Arbeit, Rechtsstaat, Tierschutz, Elitenförderung und basisdemokratische Initiative* (PARTEI) schreibt für **Alles, alles über Deutschland** einen kritischen Aufsatz über die *Partei für Arbeit, Rechtsstaat, Tierschutz, Elitenförderung und basisdemokratische Initiative* (PARTEI).

Schnell fanden wir Spaß an der Politik, deshalb stürzten wir uns nach Schröders Abgang in einen verbissenen Kampf gegen A. Hit... Quatsch, A. Merkel: »Wir sind Die PARTEI, die die Mauer wieder aufbauen will – damit das Merkel wieder dahinter weggeschlossen wird. Deutschland hatte seine besten Jahre, Jahrzehnte, als das Merkel hinter der Mauer weggeschlossen war!«

Obwohl wir über gute Argumente verfügten (»Wir sind die einzige Partei, die KEIN Wirtschaftskonzept besitzt!«), konnten wir die Bundestagswahl 2005 nicht wirklich gewinnen (0,4 Prozent).

Wer innenpolitisch nichts zu bestellen hat, macht Außenpolitik. Das hatten wir von George Bush dem Dümmeren gelernt, und also flogen wir 2007 zum Staatsbesuch nach Georgien. Der Führer der größten georgischen Oppositionspartei, *Shalva Natelashvili*, empfing die 25 Mann starke Delegation in den C&A-Anzügen überaus freundlich. Aufgrund eines Übermittlungsfehlers glaubte er, wir seien bereits mit rund 30 Sitzen im Bundestag vertreten, und unterstützte uns bei der obligatorischen Kranzniederlegung und meinem Kniefall vor dem georgischen Nationaldenkmal. Zum Ausgleich entschuldigten wir uns in einer offiziellen Ansprache für den Bruch des Hitler-Stalin-Paktes vor über 60 Jahren und versprachen, Derartiges werde nicht wieder vorkommen. (Stalin ist Georgier und im Lande noch immer so beliebt, wie Pofalla und Westerwelle zusammen in Deutschland gerne wären.) Der anschließende Krieg im Kaukasus ist nicht unmittelbar auf unsere Aktivitäten zurückzuführen.

»Die PARTEI ist kein Internat für höhere Töchter, sondern eine Kampforganisation.«
A. Hitler

Innenpolitisch legten wir 2008 in Hamburg zu. Bei den Landtagswahlen hatten wir mit Heinz Strunk den wohl seriösesten Spitzenkandidaten, und mit unseren – vom politischen Gegner schwer zu widerlegenden – Wahlkampf-Aussagen »Hamburg – Stadt im Norden!«, »CDU-Wähler aufgepasst: Ole von Beust ist schwul!« und »Naumann klaut!« fuhren wir ein grandioses Ergebnis ein: Wir erhielten einen ganz klaren Auftrag zur Regierungsbildung. Allerdings von relativ wenig Wählern: von 0,3 Prozent.

Dabei soll es natürlich nicht bleiben, wir wollen schließlich an die Macht! Und deswegen bereiten wir die Teilnahme an der kommenden Bundestagswahl auch besser vor – mit dem einzigen frei verkäuflichen Partei-Buch in Deutschland (Martin Sonneborn: Das PARTEI-Buch, KiWi 2009, 8,95 €): lustiger als das CDU-Parteibuch, auflagenstärker als das SPD-Parteibuch und seriöser als die gesamte FDP!

Martin Sonneborn

Übungsaufgaben:

- Warum kostet das PARTEI-Buch von Martin Sonneborn (erschienen bei KiWi) nur 8,95 € – hat sich der Autor etwa nicht genug Mühe gegeben? Begründen Sie!

- Wie beurteilen Sie die Chancen Martin Sonneborns, eines Tages die Macht in der BRD an sich zu reißen?

- Wenn Sie vom Verfassungsschutz wären, was an Martin Sonneborn würden Sie am liebsten beobachten? Zeichnen Sie!

SPD

Abb. 46

Abb. 47 – *Jung, motiviert, auf-
strebend und irritierend sexy:*
Frank-Walter Steinhäger[29] galt vor
den Bundestagswahlen 2009 als die
Silvana Koch-Mehrin der SPD.

Die SPD[27] ist eine hundertprozentige Tochter des russischen Energiekonzerns *Gazprom* (→ *Russland, S. 227*). Die possierliche Splitterpartei hat sich in den letzten Jahren insbesondere für den Sozialstaatsrückbau und Unternehmerfreiheiten stark gemacht. Böse Zungen[28] behaupten darum, das »S« in SPD stünde für *skrupellosen Sozialabbau*, das »P« für *platten Populismus* und das »D« für »doof«. Dem gegen-

---

27 vmtl. Superpartei von Deutschland o. Ä.
28 Linkspartei
29 wollte für den Bundestagswahlkampf 2009 aus Imagegründen auf seinen Nachnamen verzichten

über stehen jedoch das amüsanteste Parteipersonal des politischen Berlins und ein Selbstbewusstsein, so unerschüt-
terlich wie es nur eine paradiesvogelhafte Minderheiten-
gruppierung wie die SPD besitzen kann.

Die SPD hat ungefähr zwanzig Mitglieder[30], einen Parteifle-
gel[31] und zwei Parteiflügel: Links sitzt Kurt Beck und rechts
der *Seeheimer Kreis*[32]. Die SPD hat demnach starke Schlag-
seite nach links. Während sich Kurt Beck hauptsächlich um
ernährungspolitische Fragen und den Vorsitz des Nicker-
chenausschusses kümmert, setzt sich der Seeheimer Kreis
für die Wiedereinführung der Prügelstrafe zur Aufrechter-
haltung der Parteidisziplin und den Anschluss der SPD an
die FDP oder die CSU ein.

Mitmachen darf bei der SPD eigentlich jeder außer *Wolfgang Clement*. Mit einer Mitgliedschaft in der SPD sind
unvereinbar: mehr als 2,1 Promille Blutalkohol und langfris-
tiger politischer Erfolg. Wer andere Parteimitglieder vor-
sätzlich siezt, dem droht ein Parteiausschlussverfahren oder
eine zünftige Standpauke von Franz Müntefering.

In letzter Zeit leidet die SPD unter einem dramatischen
Mitgliederschwund, dem man mit dem Bau einer Mauer
um die komplette Partei entgegenzutreten erwägt. Auch
hat die sympathische Randgruppenorganisation SPD mit
Imageproblemen zu kämpfen. So wurde dem ehemaligen
Bundeskanzler Gerhard Schröder während seiner Regierungszeit eine Nähe zur SPD unterstellt. Obgleich diese
Vorwürfe nie belegt werden konnten, scheiterte an ihnen
vermutlich seine dritte Amtszeit.

30 Tendenz: abnehmend
31 Niels Annen
32 benannt nach der letzten Frau
Willy Brandts, *Brigitte Seeheimer-
Brandt*

Merke!

Das Maskottchen SPD, der senile
Zwiebackmagnat Willy Brandt,
muss mittlerweile sehr schwer-
hörig sein. Darum fallen häufig
Sätze wie »Wenn das **Willy
Brandt** mitbekommen hätte«
oder »Zum Glück kriegt Willy
das nicht mehr mit«.

**Die 1000 besten Ideen, wie die
SPD wieder attraktiv für junge
Leute wird**

Platz 12: Bau einer gemütlichen
SPD-Lounge mit Alkopopaus-
schank im flauschigen Bart von
Wolfgang Thierse
Platz 34: Hubertus Heil das
Twittern verbieten!
Platz 36: Thorsten Schäfer-
Gümbel zum Kanzlerkandidaten
wählen
Platz 509: Crystal Meth für alle!

Abb. 48 – Der *Franz-Peter Stein-
meyer* der FDP: **Silvana Koch-
Mehrin** (Bild)

Bündnis90 / Die Grünen

Abb. 49

Gedacht waren die Grünen anfangs bei ihrer Gründung als fruchtloses Sammelbecken für *Steinewerfer, zerstrittene Halbintellektuelle* und *Ostfront-Offiziere* auf der Suche nach neuen Herausforderungen. Doch anstatt sich auf dem *Gipfel ihrer Fruchtlosigkeit*[33] zufrieden aufzulösen oder sich wenigstens wütend gegenseitig mit Wasserwerfern von den Bundestagssitzen zu schießen, verrieten sich die Grünen selber und wurden fast so etwas wie eine ernst zu nehmende Partei[34].

Als alternativer Strick-Club mit ausufernden Flügelkämpfen und viertelstündlich wechselndem Vorstand zu den ersten Wahlen angetreten, wussten die kauzigen Politzausel schnell zu gefallen. Ihr Erfolgsrezept: Sie mieden Themen, die die Wähler interessierten, und diskutierten innerparteilich nächtelang über Rotationsprinzip, Doppelspitze, Frauenquote und *Rezzo Schlauchs* lustigen Namen.[36]

Ihr offen propagierter Einsatz für die Umwelt (→ *S. 146*) wurde indes schnell als billiges Ablenkungsmanöver entlarvt. Was sich viele bereits hinter vorgehaltenem Jutebeutel zuraunten, wurde damals dank einer CDU-Studie zur Gewissheit: Die Grünen waren und sind wie keine andere Partei verantwortlich für das in Deutschland grassierende Sonnenblumensterben! Das brach dem damali-

Abb. 50 – In den Anfangsjahren der Grünen gerne genutztes Transportmittel auf dem Rückfahrt von *Anti-Castor-Demos, RAF-Solidaritätskundgebungen* und *Hörsaalbesetzungen*: die **Grüne Minna**[35]

Fünf geniale Patentrezepte zur Erhöhung der Frauenquote

1. Mehr Knackärsche!
2. Romantischere Plots (wie bei »Sturm der Liebe«)
3. Hugh Grant
4. Schnäppchenalarm! Alles um mindestens 40 % reduzieren!
5. Flächendeckende Fettreduzierung von allem

---

33 *auch*: Rot-Grüne Koalition
34 inklusive erst denken und dann reden
35 *nicht verwechseln mit*: die Grüne Claudia (die ist Roth)
36 Rezzo Schlauch

gen hessischen Turnschuhminister das Genick, und er zog sich von der politischen Bühne zurück, um sehr erfolgreicher Autor des Verlages *Kiepenheuer & Witsch* zu werden.

In einem verrückten Vollgas-Jahrzehnt wie den Neunzigern (→ *Geschichte, S. 57)* waren die Grünen die Partei der Stunde. Für den symbolischen Preis von einer Mark übernahmen sie, von einer bis dato für unmöglich gehaltenen Globalisierungswut gepackt, die Patenschaft für eine Handvoll wirrer Bündnis-90-Anhänger.

Aber die Grünen sind ihren Zielen im Kern immer treu geblieben. Noch heute träumen sie alle gemeinsam von einer Welt, in der Atomkraftwerke ausschließlich mit Solarenergie betrieben werden.

Meinungen

»Hängt die Grünen, solange es noch Bäume gibt!«
Mehmet Scholl

Übungsaufgaben zum Themenbereich Parteien:

• Welche Partei ist die beste? Begründung!

• Was ist der Unterschied zwischen SPD und CDU?

• Weisen Sie die SPD schonend auf die Tücken der Fünfprozenthürde hin!

ABSCHLUSSTEST POLITIK

1. Mega-Multiple-Choice: Wenn am Sonntag Montag wäre, was
   würde Jörg Schönenborn dann machen?

○ a) Die alten Sakkos von Uli Deppendorf auftragen
○ b) Backmischungen für Tortengrafiken kaufen
○ c) Eine Wählerwanderung unternehmen
○ d) Mit den Nachbarskindern im Garten quietschvergnügt über
   die Fünfprozenthürde springen
○ e) Wahlwiederholung drücken, in den Hörer kichern und schnell
   wieder auflegen
○ f) Ehrenamtlich die Elefantenrunde im Kölner Zoo moderieren
   (2 x 45 Minuten)
○ g) Sich vom Betriebsarzt auf Kosten des Gebührenzahlers Über-
   hangmandate weglasern lassen

2. Argumentationstraining: Entwaffnen Sie die folgenden fünf
   Behauptungen über die Deutsche Bundeswehr (Abb. 51)!
   Schriftlich!

Abb. 51

Beispiel:
Behauptung: »Soldaten sind Mörder«
Ihre mögliche Antwort: Quatsch, die meisten sind ganz nett!

a) Behauptung: »Die Bundeswehr ist die erste deutsche Armee
   seit hundert Jahren, die noch nicht einen einzigen Weltkrieg verloren hat.«
   Ihre Antwort:_____

   _____

   _____

   _____

   _____

b) Behauptung: »Die Bundeswehr ist doch nicht mehr als Fummeln und Ballern.«
   Ihre Antwort:_____
   _____
   _____
   _____
   _____

c) Behauptung: »Make war, not love!«
   Ihre Antwort:_____
   _____
   _____
   _____
   _____

d) Behauptung: »Dickere Bundeswehrsoldaten sollten dünnere Splitterschutzwesten tragen!«
   Ihre Antwort:_____
   _____
   _____
   _____
   _____

e) Behauptung: »Killerspiele sind schuld an der Bundeswehr.«
   Ihre Antwort:_____
   _____
   _____
   _____
   _____

(Die Antworten auf viele Fragen, z. B. diese, finden Sie auf Seite 260)

_____

Datum / Ort

_____

Unterschrift des Buchinhabers

»Die Welt zu Gast
bei Freunden? – Gerne,
aber bitte Schuhe
ausziehen, es ist
frisch gewischt.«

Kapitel 5

Erdkunde

Ein Blick über die Bundesgrenzen hinaus macht deutlich:
Hinterm Horizont geht's weiter – und zwar mit Europa!

Deutschland ist umgeben von Ländern, in denen man teilweise weder Deutsch spricht noch ein gesteigertes Inte-
resse an deutscher Kultur zeigt und lieber egoistisch und
zurückgezogen die eigene pflegt. Damit nicht genug: Deutsche Politiker sind in den meisten dieser Länder völlig
machtlos, auch die Polizei und nicht einmal das Ordnungsamt haben dort etwas zu sagen.

Trotz frappierender Unterschiede zu anderen Ländern ist
Deutschland Mitglied in der Europäischen Union (EU) und
engagiert sich weltpolitisch. Dieses Kapitel möchte das
europa- und geopolitische Wirken der Bundesrepublik näher beleuchten und Land und Leute der schönsten Länder
der Erde vorstellen:

Was macht das deutsch-russische Verhältnis so besonders?
Was steckt hinter der blauen Flagge mit den zwölf gelben
Sternen? Was hält Europa zusammen? Hörspielkassetten-
firma oder Kontinent – was ist Europa wirklich?

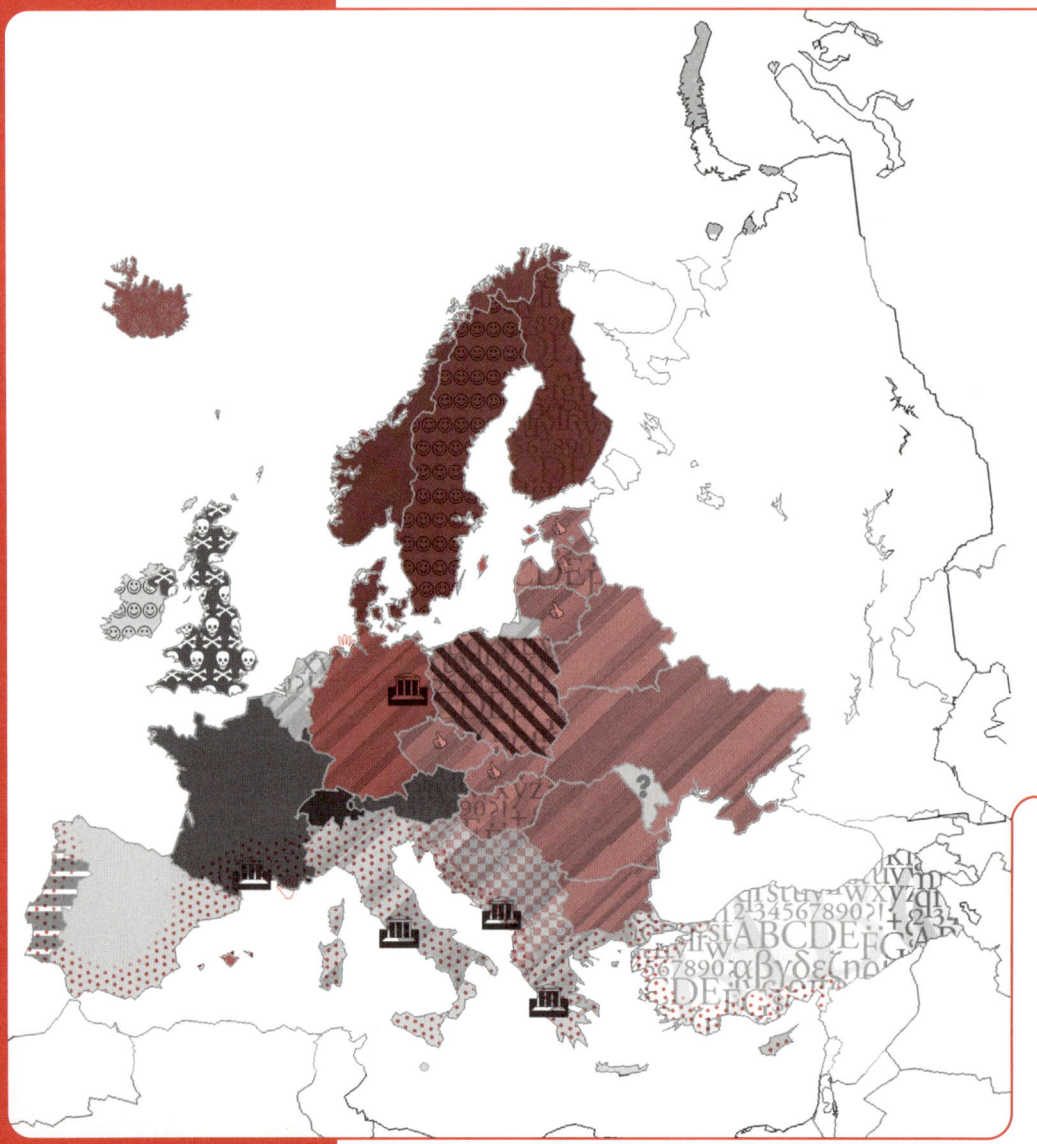

Abb. 2 – **Europa im Maßstab 1:160.000**

Europa

Deutschland

Früher mal (zeitweise)
Deutschland

Mit Vorsicht zu genießen!

Ein heilloses Durcheinander
(und Cevapcici)

Tolle Strände, leckeres
Essen, gutes Wetter!

Bessere Schulen, schlauere
Schüler: Streberalarm!

 Merkwürdige Sprache

Achtung, alles voller
Osteuropäer!!

Nicht verwechseln mit Spanien!

Länder mit Geysiren,
aus denen Björk kommt

Durch und durch sympathisch!

Unbekanntes Land

Linksverkehr

Osteuropa, aber
trotzdem okay!

Obacht, Ende des Festlandes,
ab hier: Wasser!

Tolle Ruinen und
alte Gebäude!

Abb. 3

Übungsaufgaben zur Karte:

• Kreisen Sie Deutschland ein!

• Schraffieren Sie alle Länder, die wie ein Stiefel aussehen!

• Zeichnen Sie Ihr Lieblingsgebirge (z. B. Harz) an
einer Stelle Ihrer Wahl ein!

Die Europäische Union

Abb. 4 – *Gute Idee*: Die zwölf auf blauem (*hier*: grauem) Grund angeordneten gelben (*hier*: grauen) Sterne der **Europaflagge** stehen für die *zwölf Monate* eines *europäischen Verwaltungsjahres*.[1]

Seit der Gründung der Bundesrepublik 1949 (→ *Gründung der BRD, S. 97*) haben alle Regierungen gelegentlich Verträge unterschrieben, ohne sie vorher zu lesen. Darum ist Deutschland heute in ein verwirrendes Geflecht internationaler und europäischer Organisationen und Vereinigungen eingebunden (z. B. *NATO, UNOX, IOC, ERASCO, UN, DVB-T, OECD* etc.). Jedoch hat keine Organisation die Bundesrepublik so geprägt und verändert wie die Europäische Union (die FIFA einmal ausgenommen). Dennoch ruft die EU mit ihren *Subventionen, Ratifizierungen, Referenden, Parlamenten* und *Erweiterungskommissaren* statt europaweiter Wirgefühle allenfalls nationales Wirrgefühl hervor. Obwohl sie gelegentlich die »Tagesschau« bis zum Ende angucken, einen gültigen Reisepass und profunde Kenntnisse des Regelwerkes zum *Eurovision Songcontest* besitzen, finden viele Bundesbürger bis heute einfach keinen Zugang zur EU.

Die EU ist die Rechtsnachfolgerin der vom deutschen Entertainer *Hans-Joachim Kulenkampff* moderierten TV-Sendung EWG. Wer in der EU mitmachen darf, regelt seit 2001 der Vertrag von Nizza.

1 Nach heftigen Protesten der neuen Mitgliedsländer stehen die Sterne inzwischen abwechselnd nach einem sich alle drei Tage ändernden Verteilungsschlüssel für zwölf andere EU-Staaten.

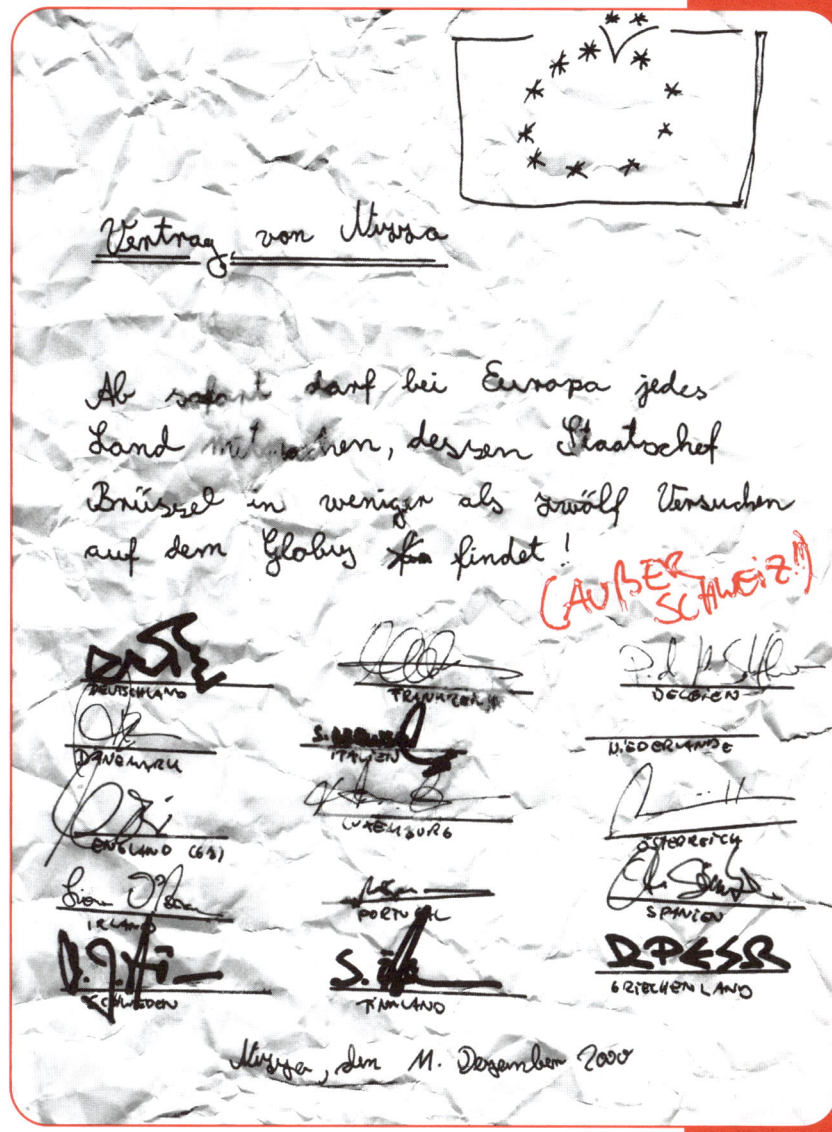

Abb. 5 – Ein historisches Dokument: **der Vertrag von Nizza**

Merke!

Abb. 6 – Bekannt und beliebt wurde die Mittelmeerinsel **Malta** in Deutschland Anfang der Neunziger Jahre durch den Film »Malta, Malta« mit *Til Schweiger*.

Die 1000 größten Bonner Popmusiker

Abb. 7 – Platz 3:
Ludwig van Beethoven

Größte Hits: »DaDaDa-Daaa!«, »DamDam-DamDam-DamDam-DamDam – DamDam-Dam-Tüdüüü – Tüdüüüü!«
Filme: *Ein Hund namens Beethoven, Eine Familie namens Beethoven, Beethoven: Urlaub mit Hindernissen, Beethoven 4 – Doppelt bellt besser, Beethoven auf Schatzsuche*

Weitere Verwaltungs-instrumente der EU:

Abb. 9 – Locher

Abb. 8 – Tacker   Abb. 10 – Stempel

Deutschland Glossar

Relevanz, *die (f.),* Adj. relevant: Etwas Wichtiges, Unabdingbares. Beispiel im ganzen Satz: Hannibal überquerte mit den Relevanten die Alpen.

Mit unproduktiver Blockadepolitik nerven, sich aber auf der anderen Seite über Komplettsubventionierungen ganzer Dorffeste freuen – das wollten natürlich auch Schwellenländer wie Bulgarien, Rumänien, Malta und Polen und wurden kurzerhand *VIP-Member* in der EU.

Als größtem EU-Land gebührt Deutschland die Ehre, die europäische Hymne zu stellen. Die Entscheidung fiel mit knapper Zehnsiebtelmehrheit gegen »Verdammt, ich lieb' dich«[2] und »Sie sieht mich einfach nicht«[3] und für die »Ode an die Freude« des Bonner Gehörlosenlobbyisten Beethoven. Solange es für die Europahymne keinen Text gibt, wird empfohlen, bei feierlichen Begebenheiten stattdessen »Wind of Change« von den *Scorpions* zu singen.

Einige Verwaltungsinstrumente der Europäischen Union im Überblick: Das *Europäische Parlament* gibt es gleich in dreifacher Ausführung, wobei der Brüsseler Standort von übergeordneter Relevanz ist.

Europaabgeordneter wird man, indem man sich auf Landesebene etwas hat zuschulden kommen lassen[4] oder sonstwie ungeeignet für die jeweilige richtige Politik ist. Zu den Aufgaben eines Europaabgeordneten gehört es, das ganze Jahr auf Kosten des europäischen Steuerzahlers bzw. kleinen Mannes auf der Straße zwischen Luxemburg, Brüssel, Straßburg und dem Heimatwahlkreis hin und her zu pendeln, obskure Agrargesetze zu beschließen und sich regelmäßig von Volksbefragungen in instabilen Bananenrepubliken wie Irland oder Frankreich (→ S. 204) die ganze Arbeit kaputttrampeln zu lassen.

Wer das Europaparlament wählt, ist nicht ganz sicher.

2 Matthias Reim
3 Xavier Naidoo
4 *z. B.* dienstlich erworbene Bonusmeilen privat abfliegen usw.

Der *Rat der Europäischen Union*[5] besitzt auf Anraten der Landesräte zwei Dependancen in Belgien und Luxemburg und ist nur mit dem RatRad zu erreichen. Er ist dafür verantwortlich, versehentlich auftauchende gemeinsame Positionen der EU-Mitgliedsstaaten in Sachen Außenpolitik, Umwelt, Musikgeschmack und Lieblingsessen fein säuberlich zu trennen, durcheinanderzuwirbeln und die gewohnte Vielstimmigkeit, die Europa ausmacht, schnell wiederherzustellen. Bestimmen darf im Europarat immer nur der *EU-Ratspräsident*.

Da die *EU-Ratspräsidentschaft* alle vier Wochen wie ein unerwünschter Wanderpokal herumgereicht wird, geht es im Europarat zu wie in einem Taubenschlag: Umzugskartons verstellen die Flure, Nachsendeaufträge verwirren die Poststellen, Einrichtungsideen des jeweils amtierenden Ratspräsidenten treiben die zuständigen Innenarchitekten ins Burn-out. Die EU-Mitgliedsländer beschlossen deshalb, den Europarat aufzulösen und durch eine knallharte Jury unter Leitung von Detlef D! Soost zu ersetzen.

Die Europäische Kommission ist dasselbe wie die Regierung eines Nationalstaates. Da niemand weiß, was sie eigentlich genau macht, braucht sie laut EU-Referendum vom 20. April 1999 mindestens zwei wiedererkennbare Charakterköpfe.

Berühmte Exmitglieder der EU-Kommission sind unter anderem der EU-Hundekommissar Rex, EU-TKKG-Kommissar Glockner und der für Strafverfolgung zuständige EU-Kommissar Zufall. In Brüssel besonders populär ist der massenhafte Einkauf stark alkoholischer Getränke[6] auf EU-Kommission.

5 *auch:* Europarat
6 *z. B.* Europaradler, Ei-Ei-Ei-Verheugen oder EUzo

Abb. 11 – **Der kleine Mann auf der Straße** *(franz.: le petit homme de la rue)*

Merke!

Rechte und Pflichten des kleinen Mannes im Überblick

Rechte – Das **darf** der kleine Mann!
• In die Röhre schauen
• Alt aussehen
• Nicht aufmucken

Pflichten – Das **soll** der kleine Mann!
• Die Zeche zahlen
• Am Ende immer der Dumme sein
• Für die Fehler von denen da oben geradestehen

Deutschland Glossar

ttt, *das (n.):* Abk. f. *Titel, Thesen, Temperamente* (ARD) – Fernsehsendung für Leute mit Abitur

Abb. 12 – **Detlef D! Soost** (21, »*Pam-pam-pam-pam!*«) statt Europarat? Dieses Unterfangen führe zwar zu europaweiter Rat losigkeit, bemängeln Kritiker, sorge aber vermutlich für *hammergeil durchchoreografierte* Ratssitzungen.

Faktenwissen Extrem

In der vergangenen Legislaturperiode waren die charismatischsten EU-Politiker EU-Kommissarin für Raffaello und Moncherie Benita Ferrero-Waldner (Österreich) und EU-Gute-Laune-Kommissar Günter Verheugen (Deutschland).

Abb. 14 – Der griechische **EYPO** (darauf zu sehen: eine Frau, die auf einer Kuh reitet[7])

Aktuelle €-Wechselkurse

Abb. 15 – Der **Euro,** wie er leibt und lebt

1 € = 50 Pfennig
50 € = 800 US-$
200 € = 10 Teuro
800 € = 1600 Anrufe bei
Astro-TV

Die 1000 wichtigsten Amtssprachen der Europäischen Union im Überblick

• Fachchinesisch
• Amtsdeutsch
• Ausländisch

Abb. 13

»Alles, alles über Deutschland« – barrierefrei und CO$_2$-neutral nach DIN 18030E
Dieses Buch ist als eines der ersten bundesweit komplett barrierefrei und CO$_2$-neutral nach DIN-Norm 18030E und erfüllt damit die neuesten Anforderungen der EU:

✓ Das Buch ist auch im Dunkeln lesbar (mit Taschenlampe)!
✓ Das Buch liegt gut in der Hand und besitzt keine scharfen Kanten oder verschluckbaren Kleinteile!
✓ Das Druckerzeugnis enthält weniger als 0,1 mg Dioxine und Schwermetalle pro Kapitel.
✓ Das Buch ist vollständig kompostierbar.
✓ Alle Buchstaben des Alphabets sind mindestens einmal enthalten.

Die *Europäische Zentralbank* mit Hauptsitz in der hesslichen Geldstadt Frankfurt am Main (→ *Hessen, S. 32*) kontrolliert die Ausgabe der drei wichtigsten Währungen innerhalb der EU: der *Euro* (Deutschland, Benelux, Italien), der EYPO (Griechenland) und der *Öro* (*Frankreich,* → *S. 204*).

Der *Europäische Rechnungshof* zählt nach, ob es dabei auch mit rechten Dingen zugeht. Dem *Europäischen Gerichtshof* in Luxemburg obliegt lediglich die spannende, aber nicht ganz so wichtige Aufgabe, aus den Lieblingsgerichten der Europaparlamentarier den Speiseplan der Parlamentskantinen zusammenzustellen und in 23 Amtssprachen zu veröffentlichen.

7 *vermutlich:* Heidi

Übungsaufgaben:

- Ergänzen Sie: Welche Länder gehören nicht zu Europa?

  _____,

  _____und

  _____

- Übersetzen Sie den obigen Fachtext in alle europäischen Amtssprachen. Mündlich!

- Gruppenaufgabe: Begeistern Sie alle Ihre Freunde für Europapolitk!

Hot or not? Deutschlands Nachbarländer im Schnelltest

	Action	Spannung	Love	Promi-Faktor	Gesamt
Frankreich	💣	⚠️⚠️⚠️	♥♥♥	☆☆☆	😐
Schweiz	💣	⚠️	♥	☆	🙂
Österreich	💣💣	⚠️	♥♥	☆☆	😐
Tschechien	💣	⚠️	♥♥♥	☆	😐
Polen	💣💣	⚠️⚠️	♥♥	☆	🙂
Dänemark	💣	⚠️	♥	☆	🙁
Niederlande	💣	⚠️	♥	☆☆☆	😐
Belgien	💣💣	⚠️⚠️	♥♥♥	☆	🙁
Luxemburg	💣💣	⚠️	♥♥	☆☆	🙂

Abb. 16 – Das **französische Staats-wappen** (Bild) macht deutlich: Frankreich ist mehr als *Eiffelturm*, *Baskenmütze* und *leckerer Rotwein*.

Deutschland Glossar

Goloars, *die (f.)*: In verschiedenen Farben (z. B. *blau*, *rot*) erhältliche Zigaretten, die gewöhnliche Politikstudenten in linksintellektuelle Aufrührer, anarchistische Querdenker und unbequeme Wortführer verwandeln.

Abb. 17 – *Ungerecht und Zwietracht säend*: **Der Franzose** (3. Flasche v. r.) reduziert seine deutschen Nachbarn häufig ungerechtfertigterweise auf dumpfe Klischees und Stereotype.

Deutschland Glossar

Tokio Hotel, *die (f.)*: Gegenteil von *Aspirin Complex* – heißt: machen Kopfschmerzen und lösen sich leider nicht auf (→ *Sachsen-Anhalt, S. 46*).

Frankreich

Lebte Gott in Frankreich, würde er dort leben wie Gott in Frankreich. Denn *France*[8], das stolzeste aller deutschen Anrainerländer, ist trotz seiner kantigen Sechseckform weltberühmt für *Savuawiwre*, *Chichi* und *Hautevolaute*. Seine ebenso wohlklingende wie exzentrische Landessprache Französisch[9] lässt selbst todbringende Substantive wie *Gijotine* oder Goloars *schick*, *stilvoll* und *ong wook* klingen, dafür jedoch in den Köpfen seiner *Franzosen* genannten Bewohner keinen Platz mehr für andere Fremdsprachen.

So muss sich der des Französischen nicht mächtige Besucher beim Übertreten der Landesgrenze mit Leibeskräften, Händen und Füßen, zur Not mit Waffengewalt gegen die Franzosen verständigen.

Dafür hat *das fabelhafte Land der Amelie* im Gegensatz zu Deutschland, das wenigstens zweimal aus eigener Kraft verloren hat, noch nie einen Weltkrieg aus eigener Kraft gewonnen – und das, obwohl die Franzosen seit mehreren Tausend Jahren über magischen Zaubertrank[10] verfügen, der sie unbesiegbar[11] macht. Glücklicherweise sind nicht mehr militärische Invasion und Stellungskrieg (→ *Erster Weltkrieg, S. 70*), sondern Tokio Hotel das bekannteste deutsche Importgut in Frankreich.

Alle Wohnungen und Privathäuser des zentralistischen Frankreichs werden von Paris aus beheizt, was zu einem stattlichen Rohrleitungswirrwarr führt, dessen Mittelpunkt der ßontre Pompidu genannte Pariser Rohrknotenpunkt bildet.

8 *sprich*: Frongz
9 *auch*: Frongzäs
10 Beaujolais Primeur
11 *bzw. ganz schlimm* betrunken

Da Frankreich jährlich mehrere Milliarden Öro (→ *Die Europäische Union, S.198*) bei Atomtests verpulvert, kann es sich (anders als Deutschland) keine Bundesländer leisten und ist deshalb umständlich in hundert *Departemongz* unterteilt, wovon die langweiligsten nach Übersee ausgelagert wurden. Die *Pygmäenkette* im Süden Frankreichs bildet die natürliche Grenze zu Spanien, ein schlagartiger Mentalitätswechsel von »Lessefär« zu »Wollemersereinlesse« beim Überschreiten des Rheins in Richtung Osten die zu Deutschland. Beruhigenderweise heißt die jahrhundertelang gepflegte Erbfeindschaft zwischen Frankreich und Deutschland inzwischen *arte* und ist nur noch was für Leute mit abgeschlossenem Studium.

Seit Abschaffung der Todesstrafe in Frankreich im Jahr 1981 gilt der Besuch eines französischen Filmfestivals als schlimmste Bestrafung. Er wird jedoch wegen der dort zu sehenden, unerträglich langweiligen Plots und der zu elegischen Kameraeinstellungen von der internationalen Staatengemeinschaft geächtet.

Bezeichnend für die französische Verteidigungs- und Außenpolitik ist, dass die prestigeträchtigste Einheit des französischen Militärs, die *Fremdenlegion*, fast ausschließlich aus *Nichtfranzosen* besteht.

Das französische Staatsoberhaupt heißt *Carla Bruni* und muss per Gesetz mindestens dreimal pro Jahr die Titelseite jeder landesweit erscheinenden Illustrierten zieren. Ihre Haupttätigkeit besteht darin, mit einem alle fünf Jahre vom Volk direkt gewählten *Hallodri*[12]

---

12 *genannt:* Staatspräsident

Faktenwissen Extrem

In der Mittagszeit, tagsüber, nach sechs, vor elf Uhr morgens, abends und in den Sommermonaten herrscht im französischen Einzelhandel **nationaler Ladenschluss**.

Eselsbrücke

Die **Franzosen** sind nach den Deutschen *das zweitfrankophilste Volk Europas.*

Abb. 18 – *Olala*: **Carla Bruni** est tout à fait une tarte chaude. Elle est beaucoup plus jolie que Joachim Sauer.

UNANGEKÜNDIGTER KURZTEST
Kreuzen Sie an:
Was isst der Franzose?

○ Abb. 19

○ Abb. 20

○ Abb. 21

○ Abb. 22

(Die Lösung finden Sie auf Seite 260)

auf offiziellen Pressefotos Händchen zu halten. Im Gegenzug hält der ihr dann den ganzen Regierungskram vom Hals, damit sie sich ganz aufs Repräsentieren, Hüteaussuchen und Singen konzentrieren kann.

Franzosen nehmen bis zu *dreimal täglich* Nahrung zu sich und gelten nach Meinung moderner Suchtforscher deshalb als hochgradig essensabhängig. Da die Portionen französischer Köche jedoch häufig sehr klein sind, muss ihre Esssucht in mehreren Gängen befriedigt werden. Die typisch französische Butter-Ei-Soße, genannt *Marseillaise*, wird gerne zu Stangenspargel und Staatsakten gereicht. Entgegen dem bekannten Vorurteil *essen* Franzosen Froschschenkel nicht – sie *knabbern* lediglich das zarte grüne Amphibienfleisch von den zerbrechlichen Knöchelchen ab.

Übungsaufgaben:

• Bitte unterstreichen Sie alle französischen Wörter des vorangegangenen Textes, die Ihnen spanisch vorkommen!

• Für die westlich von uns lebenden Franzosen ist Deutschland rein geografisch pure Ostzone. Wieso sollten die Franzosen uns Deutschen deshalb einen Teil ihres Einkommens als Solidaritätsbeitrag abgeben? Begründung!

Schweiz

Seit 1291 hält das sture Bergvolk der Schweizer einen Schweiz genannten, euterförmigen Hügellandstrich mitten in Europa besetzt.

Die Schweizer Garde erkämpfte, ausgestattet mit Hellebarden und ihren *Dummer-August-Uniformen*, dem steinbockigen Totalverweigererland die vollständige Neutralität.

Ringsum mochte das europäische Leben toben, Welt- oder Atomkriege wüten (→ *Deutschland zwischen 1933 und 1945, S. 83*), in der Schweiz bekam man davon seit jeher nicht viel mit. In der internationalen Gemeinschaft hat die Schweiz deshalb den Status des dicklichen Schuljungen, der nirgendwo mitmachen darf, aber seine Klassenkameraden mit allerlei Naschereien[14] besticht, um nicht verprügelt und fertiggemacht zu werden.

Vor Einführung der *Mitteleuropäischen Sommerzeit (GZSZ)* war ein Schweizer Werktag 51 Stunden lang und entsprach in etwa *zweieinhalb Hundejahren*.

Die Schweiz ist das einzige Land der Welt, in dem man nicht nur in *Jura* promoviert werden, sondern auch wohnen kann. Der beliebteste Buchstabe des Landes ist das geröchelte *CH* und wird deshalb von besonders patriotischen Helvetiern gerne aufs Heck ihres Wagens geklebt. In nicht wenigen Kantonen der Schweiz spricht man Kantonesisch, einen dem Chinesischen ähnlichen Bergdialekt. Kantonesisch gilt als Hauptverursacher unschöner Rachenvereiterungen, sogenannten Ricolas.

---

13 sprechende Bienen
14 *z. B.* leckreren Schockcholadenpralinés, herzhaftem Berkchschinkchen oder erlesenen Trüffelspezialitäten
15 *Eidgenossen* nennt man im Laufe der menschlichen Evolution empört aus der *SPD* ausgetretene Genossen, die sich geschworen haben, sich eher mit der Armbrust bei lebendigem Leib einen Apfel aus dem Mund schießen zu lassen, als jemals wieder in die Partei einzutreten.

Abb. 23 – *Berge, Berge, nichts als Berge*! Schon beim **Blick aus dem Badezimmerfenster** (Bild) merkt der Tourist: *Ich muss in der Schweiz sein!*

Faktenwissen Extrem

Die Mayas[13] nannten Berge die Akne der Erde.

Deutschland Glossar

Hellebarde, *die (f.):* mittelalterlicher, etwas klobiger Vorläufer des Schweizer Taschenmessers (noch mit Beil, Stoßspitze und Widerhaken statt Korkenzieher, Nagelfeile, Pinzette und Flaschenöffner)

Merke!

Formal wird das Nepal Mitteleuropas von **Eidgenossen**[15] bevölkert.

Abb. 24 – ChchChcchh ... Verzeihung. **Schwyzerdytsch in Zahlen** (siehe Diagramm)

80 % ....
70 % ....
60 % ....
50 % ....
40 % ....
30 % ....
20 % ....
10 % ....
 0 % ....

Schweizer, die glauben, sie sprächen Deutsch   Deutsche, die glauben, Schweizer sprächen Deutsch

> **Merke!**
>
> Auf dem **deutschen Musikmarkt** (20. Jahrhundert) boten früher sogenannte **Plattenfirmen** und **kleinere Labels** Singles, Alben und Liveaufnahmen von Gesangskünstlern und Bands an. Seit **Internettauschbörsen** und **Torrent-Netzwerke** den Musikmarkt überflüssig gemacht haben, sind Plattenfirmen und Labels so gut wie ausgestorben und machen nur noch gelegentlich durch verzweifelte Zivilprozesse gegen 13-jährige Raubkopierer von sich reden (→ *Musik*, S. 251).

Abb. 25 – Die **Schweizer Flagge** (Nachbildung)

Von 7,59 Millionen Schweizern sind 7,59 Millionen in der Armee, weshalb Schweizer traditionell, wenn nicht eine Leiche, wenigstens doch ein dickes Sturmgewehr im Keller haben. Wehrdienstverweigerer werden gemäß der *Genfer Konvention* standrechtlich in Schokolade getaucht, mit Krokant bestreut und des Landes verwiesen. Zu den kulturellen Leistungen der Schweiz zählen die erfolgreiche Entsorgung *DJ Bobos* auf dem dankbaren deutschen Musikmarkt und das fabrikmäßige *Verladen* deutscher Rentner durch *Kurt und Koala Felix*.

Die prominentesten Künstler des Landes sind die Band *Zermattafix*[16], *Rocko Schamoni* und der Mentalmagier *Uri Appenzeller*. Mit dem lustigen Internetfernsehen *Ehrengenf* gelangte die Schweiz auch im *WWW* zu bescheidenem Ruhm (→ *Katrin Bauerfeind, S. 22*).

Da das Geheimnis der Schweizer Banken noch dem strengen *Schweizer Bankengeheimnis* unterliegt, bleibt deutschen Sparkassenmitarbeitern im Moment nur: zusehen und staunen. Das wird sich aber bald ändern. Sicher ist, die berühmten Präzisionsnummernkonten, bei denen sich der Kontostand *völlig anonym* als Zahl vom Kontoauszug ablesen lässt, sind in aller Welt beliebt und locken den Geldadel in die prächtigen Großstädte der Schweiz, denen schon Walt Disney in seinem Trickfilmklassiker »Basel, der Mäusedetektiv« ein Denkmal setzte.

Touristen besuchen Deutschlands neutralen Nachbarn vornehmlich zum Berge- und Bergseensehen, um einer arglosen Steilwand echoheischend »Wie heißt der Esel vom Bürgermeister«[17] zuzubrüllen oder in einem der zahlreichen Naturreservate die **bekannte** Schweizer Handschrift, die zeitlos schöne *Helvetica*, in freier Wildbahn zu erleben.

16 One Hit Wonder 2005: *Bern City Life*
17 Wesel

Obgleich selbst Frauen bereits seit 1971 in der Schweiz wählen dürfen, wird Staatsangehörigen der Bundesrepublik Deutschland das Wahlrecht bis heute verweigert.

Faktenwissen Extrem

Schweizer besitzen einen *Innerrhoden* und einen *Ausserrhoden*.

Übungsaufgaben – Fragen zum Text:

- Kunst: Zeichnen Sie einen Schweizer Viertausender Ihrer Wahl im Maßstab 1:1!

- Was ist besser: Mountain Bike oder Käserad? Begründung!

- Deutsch: Was besagt die Redensart »Ein Gedächtnis wie ein Schweizer Käse haben«?
  a) Hab ich vergessen.
  b) Eben wusste ich's noch!
  c) Keine Ahnung, aber ich hab auch wirklich ein Gedächtnis wie ein Sieb.

Dänemark

Der nördliche Ausläufer Schleswig-Holsteins, das hotdogmatische[18] Königreich Dänemark, ist Deutschlands skandinavischstes (→ *Skandinavien, S. 224*) Nachbarland. Aber obgleich auf jeden Dänen 4,3 Strandferienhäuser kommen, bleibt es unattraktiv für deutsche Urlauber, die sich mit billigem Fusel im Nordseewatt abschießen wollen. Grund hierfür sind die zweieinhalb Liter *Kurfaxe*, deren täglicher Genuss gesetzlich vorgeschrieben, aber leider für normalverdienende Mitteleuropäer nicht erschwinglich ist. Das vermutlich von *Wicky und ein paar bärenstarken Männern* um 910 nach Christus mit Wurfäxten, Morgensternen und

Abb. 26 – *Zwei daumendicke Mayonnaisewürste* auf einem *Backblech voller Ketchup*: **Die dänische Flagge** (Bild) macht Appetit!

18 *Kinotipp*: Dänische Hotdogma-Filme

bloßen Händen vom norwegisch-schwedischen Festland abgetrennte Dänemark ist eigentlich ein skandinavischer Staat im Körper einer mitteleuropäischen Inselnation und demnach als *transnational* zu bezeichnen.

Der Prinz von Dänemark entscheidet mit einem heiteren und einem nassen Auge als Staatsoberhaupt des Landes über Sein oder Nichtsein seiner Untertanen. Wenn allerdings mal wirklich etwas faul im Staate Dänemark ist, muss Königin Margarethe ran. Der Rest ist dann Schweigen.

Dänemark gliedert sich in die Regionen Jütland, Seeland und Legoland und sollte, möchte man schmerzhafte Erlebnisse mit den millionenfach auf Dänemarks Straßen herumliegenden Plastikbausteinchen vermeiden, niemals im Dunkeln barfuß betreten werden.

Hauptexportartikel des sympathischen Nordlandes sind Dänische *Buttercookies*, die gemäß alter dänischer Handelstradition in Blechdosen verpackt zu Tausenden in *Skagerrak* und Kattegat ausgesetzt und wenig später von deutschen Keksfischern mit Schleppnetzen aus Nord- und Ostsee gefischt und an tyskländische Sonntagskaffeetische verbracht werden.

Abb. 27 – *Sitz der dänischen Legoslative*: Der **Parlamentsneubau** (*Bild, 1.020.190.000 Teile, ab 6 Jahre*) in Kopenhagen

Deutschland Glossar

Kattegat, *der (m., dän.)*: fleischiges Katzenfutter und/oder knuspriger Schokoriegel (»Have a break, have a Kattegat!«)

Da auch die Bezahlung der Ware über den Seeweg erfolgt, kommt es häufig zu starken Verunreinigungen der dänischen Gewässer durch Fünfzigeuroscheine und Verrechnungsschecks. Doch man sollte dän Denen nicht ihre jahrtausendealten Kaufmannsrituale, sondern vielmehr ihren Hang zur publizistischen Zügellosigkeit aufs obligatorische *Smørrebrød* schmieren: Die weltberühmten dänischen Mohammed-Karikaturen (→ *Moslems, S. 144*) haben zwar nur sehr wenige Menschen jemals mit eigenen Augen gesehen, dennoch gab es im Trubel um die zwölf mittelmäßigen Witzbildchen weltweit knapp 150 Tote.

Dänen besuchen bis zum sechzehnten Lebensjahr die Danskschule und arbeiten danach meist als Darsteller in Filmen von Lars von Trier (→ *Rheinland-Pfalz, S. 44*).

Offizielle Landeswährung der Seefahrernation Dänemark ist *die Krone*, leider können die dazugehörigen Øre-Stücke aufgrund eines dummen Konstruktionsfehlers (Loch in der Mitte) nicht schwimmen.

Abb. 28 – *Für jeden was dabei*: **Dänen** (*links, rechts*) und **Dehnen** (*Mitte*).

Übungsaufgaben – Fragen zum Text:

- Was ist Grönland?
  a) Ein Themen-Freizeitpark bei Bochum rund um den deutschen Popsänger Herbert Grönemeyer
  b) Produktionsstätte der dänischen Kaffeespezialität Jåcøbs Grönung
  c) Die dänische Antwort auf Mallorca

- Warum wollen 99 % aller dänischen Nixen bis zur Ehe Meerjungfrau bleiben?

Luxemburg

Das zum Schmunzeln winzige Luxemburg, Deutschlands zierlichstes Nachbarland im Westen, ist zwar bloß so groß wie Disneyland Paris, verfügt allerdings über weniger Karussells und präsentiert statt *Donald Duck* und *Minnie Maus*

Abb. 29 – Antimilitaristisch, international, proletarisch, irgendwie feminin, ziemlich links (von Trier) und auch in Deutschland immer noch sehr beliebt: **rosa Luxemburg** (Bild)

Merke!

»Man müsste im Fernsehen mal was mit *Turnschuhen* machen«, dachte sich der Entertainer **Frank Elstner** Ende der achtziger Jahre und erfand daraufhin **Cherno Jobatei**.

Faktenwissen Extrem

Zusätzlich zum Verkauf und Verschenken von Geld ist das Anfertigen und Exportieren *schiefer Dachfenster* unter dem Markennamen **Velux** ein wichtiger Wirtschaftsfaktor Luxemburgs.

Abb. 30 – *Luxemburgs pfiffiges Nationaltier:* **Reineke Lux**

den nicht minder knuddeligen *Jean-Claude Juncker* als Maskottchen. Jedem, der unter Zuhilfenahme einer Superlupe Luxemburg im Atlas findet, sticht dessen bedrängte Lage mitten zwischen den aggressiven Nachbarländern Belgien und Frankreich ins Auge.

Wohl deswegen fiel Deutschland in der jüngeren Vergangenheit mehrmals schützend in Luxemburg ein. Der dankbare Zwergstaat an der Mosel revanchierte sich für diese »Schutzbesatzung«, indem er dem jungen Frank Elstner eine Karriere im Staatsrundfunk *Radio Television Luxemburg*[19] ermöglichte.

Luxemburg ist das einzige verbliebene Großherzogtum der Welt und wird gemäß dem geflügelten Wort *Geld regiert die Welt* von Geld regiert.

Als *konstitutionelle Pekunarchie* hat Luxemburg ein florierendes Stiftungswesen und nimmt asylsuchende Multimilliardäre oder Vorstandschefs ehemaliger deutscher Staatsunternehmen bereitwillig in seinen golddrahtbewehrten Steuerflüchtlingslagern aus italienischem Marmor auf.

Neben Mexiko, Monaco und Brasilien gehört »Letzeburg«, wie die Moseldeutschen ihr Zuhause nennen, zu den *MeMoBraLux*-Ländern: Länder, die so heißen wie ihre Hauptstadt. Es wird darum in der Europäischen Union nicht ganz für voll genommen. Dennoch ist Luxemburg in der EU wenn nicht Motor, wenigstens doch Zündkerze. Ohne das Miniland in den Ardennen wären die Europäer nicht nur um einen ihrer zwölf Sterne ärmer, sondern müssten zum Billigtanken auch mit dem Pkw ins unwirtschaftlich weit entfernte *Bahrein* reisen.

19 *kurz:* RTL

In Luxemburg spricht man *Letzeburgisch*, eine Mixtur aus Niederländisch, Französisch und Deutsch – wobei die Einheimischen großen Wert darauf legen, weder von Niederländern, Franzosen noch von Deutschen verstanden zu werden.

> **Übungsaufgaben:**
>
> • Wie schreibt man den Namen Desiréé Nosbusch richtig (bitte nicht spicken)?
>
> • Was unterscheidet die Steueroase Luxemburg von der Punica-Oase? Begründung!
>
> • Welcher diese Begriffe benennt eine größere Stadt in dem Land Luxemburg?
>   a) Chrisdeburgh
>   b) Louvanburg
>   c) Luxemburg

Belgien

Nur einen Katzenwurf von Deutschland entfernt liegt Belgien. Seinen Bewohnern wird die Liebe zu heißem Öl bereits in die Wiege gegossen. Schon im Säuglingsalter werden sie abwechselnd mit Muttermilch und reinem Vorzugspalmin ernährt. 81 % aller jungen Belgierinnen geben als Traumberuf *Friteuse* an – auch wenn diese umgangssprachliche Berufsbezeichnung mittlerweile als frauenfeindlich gilt und durch den Ausdruck *Friteurin* ersetzt werden sollte. Die beliebteste belgische Fernsehshow »Fritten, dass ...?« erreicht landesweit eine rekordverdächtige Einschalttemperatur von 230 Grad Celsius.

20 *und:* Ranga Yogeshwar (»Sonst noch Fragen?«, KiWi, 8,95 €)

Faktenwissen Extrem

Zahlreiche auch in *Deutschland bekannte und beliebte Prominente* stammen aus Luxemburg. Zum Beispiel **Desiréé Nosbusch, Desiréé Nosbusch** sowie **Desiréé Nosbusch**[20.]

Abb. 31 – *Schwarz, rot und gold (hier aus »technischen« Gründen grau dargestellt):* **die belgischen Nationalfarben**

Faktenwissen Extem

Belgien ist das einzige Land in der EU, *das man vom Weltall aus riechen kann.*

DREI WICHTIGE FAKTEN ZU BELGIEN

- Nach der für die *Deutsche Fußballnationalmannschaft* erfolglosen FIFA-WM 2006 erklärte sich Belgien bereit, den Millionen nutzlos gewordenen Deutschlandfähnchen Asyl zu gewähren, und hisst seither dieselbe Nationalflagge wie die Bundesrepublik.
- Verblüffend: Belgien ist seit der Ausgrabung des größten Atoms der Welt (*Atomium*) bei Brüssel im Jahr 1958 Atommacht.
- Die Machtinsignien der belgischen Monarchie sind ein frittiertes Kartoffelzepter und die festliche Burger-King-Krone.

Das Europaland Belgien verfügt über *drei Amtssprachen*, von denen man aber nur eine einzige halbwegs versteht (Deutsch). In den beiden Landesteilen *Flandern* und der *Wallonie* spricht man zwar Niederländisch und Französisch, aber nicht so gerne *miteinander*, weshalb die sonst als sehr friedliebend geltenden Belgier gelegentlich zu den Waffeln greifen und sich mit Brüsseler Spitzen bewerfen. Laut belgischer Verfassung muss der zerstrittene Vielsprachenstaat daher zwecks innerer Einigung alle fünfzig bis hundert Jahre von seinem ordnungsliebenden Nachbarn aus dem Osten[21] völlig verwüstet werden.

Abb. 32 – *Touristenmagnet Belgien*: Der **französischsprachige Teil des Landes** vereint *beeindruckende Sehenswürdigkeiten* mit einer *hervorragenden Infrastruktur.*

21 *Allemagne* (frz.), *Duitsland* (ndl.), *Deutschland* (dt.)

Nach der letzten heftigeren deutsch-belgischen Meinungs-verschiedenheit (→ *Zweiter Weltkrieg, S. 83*) erklärte Belgien das Reinheitsgebot (→ *Ernährung, S. 137*) für ungültig und produziert sein Bier seither ausschließlich in den Geschmacksrichtungen *Litschi*, *Holunder*, *Ingwer-Orange* und *Kräuter*.

Übungsaufgaben:

• Entwickeln Sie aus dem unten stehenden Lücken-text eine einfache Lösung für den Konflikt zwischen Flandern und der Wallonie, mit der beide Seiten und die deutschsprachige Minderheit im Osten Belgiens zufrieden sind!

• Ergänzen Sie folgenden Lückentext:
Man müsste das Königreich Belgien dem
_____gleichmachen und
so den zankenden Volksgruppen zeigen, wo der
_____ den _____ holt.

Niederlande

Obwohl die Niederlande größtenteils unterhalb des Meeresspiegels liegen, haben sie mit der ebenfalls größtenteils unter dem Meeresspiegel liegenden, sagenumwobenen Stadt Atlantis nur wenig gemein. Der unglaublichen Flachheit des Landes ist es geschuldet, dass es in der Vergangenheit häufig übersehen bzw. überrannt wurde (z. B. bei internationalen Fußballturnieren oder Weltkriegen) – aus Sicherheitsgründen versuchen die Niederländer darum so oft wie möglich

Abb. 33 – Bei uns illegal: In Holland ist **Hanf** (*sprich*: Hampf) ein ganz normales Grundnahrungsmittel wie Mehl oder Zucker und kann problemlos in jedem Supermarkt erstanden werden.

Abb. 34 – *Alles grau in grau, wirre Kringel und kaum was drauf zu erkennen*: Warum die Bilder des niederländischen Malers **Vincent van Gogh** trotzdem so beliebt sind, weiß kein Mensch!

mit signalorangefarbener Kleidung und Beflaggung auf sich aufmerksam zu machen.

Es ist kein Klischee: Alle Niederländer müssen ab dem dritten Lebensjahr per Gesetz die *Klogs* genannten Holzschuhe tragen. Denn wenn eines Tages infolge der Erderwärmung die Polkappen plötzlich schmelzen und Holland vollständig unter Wasser steht, können die cleveren Niederländer in ihren schwimmfähigen Holzschuhen einfach auf der Wasseroberfläche laufen und ihrem geregelten Tagesablauf ungestört weiter nachgehen. _____
_____
_____

Übungsaufgaben:

• Ergänzen Sie unter Benutzung der folgenden Wörter den Fachtext über die Niederlande und vermeiden Sie dabei bitte im Sinne dieses Buches jegliches Klischee! **Wohnwagen** / **Rudi Carrell** / **Käse** / **Wassertomaten** / **Fiets** / **Grachten** / **Tulpen** / **Windmühle** / **Frank Rijkaard**

• Wie heißt die Königin der Niederlande?
a) Linda de Mol
b) Hape Kerkeling
c) auf jeden Fall irgendwas mit »Antje«

• Exkursion: Schmuggeln Sie zwei Kilo Marihuana unauffällig per Regionalexpress von Holland nach Deutschland und lassen sich dabei erwischen. Beantworten Sie alle Fragen der Zollbeamten mündlich und schriftlich!

Tschechien

Nach der Teilung des ehemaligen Ostblockstaats *Tschechoslowakei* in die beiden souveränen Länder *Tschech* und *Oslowakei* und der Wiedervereinigung des vormals nordösterreichischen *Ien* mit dem einstigen Mutterland *Tschech* entstand 1993 das heutige *Tschechien*. Klingt kompliziert, ist demnach wahrscheinlich *tschechisch*, ein »Sprache« genanntes Kauderwelsch, das nur von zehn Millionen Menschen auf der Welt (Tschechen) halbwegs beherrscht wird.

> ZWEI INTERESSANTE FAKTEN ÜBER TSCHECHIEN:
> - Das wichtigste öffentliche Verkehrsmittel Tschechiens ist der Paternoster.
> - Höchster Repräsentant des Staates ist *der kleine Maulwurf* aus der Sendung mit der Maus, der zudem auch noch als Wappentier und Ministerpräsident fungiert.

Im Alltag tragen die *pan-tauistisch* erzogenen Tschechen meist elegante schwarze Anzüge mit weißer Nelke im Knopfloch, Regenschirm und eine gepflegte Melone auf dem Kopf, die ihnen, nach Vollführung einer ausgeklügelten, geheimen Klopfchoreografie wundersame Zauberkräfte verleiht.

Mitte der 1940er Jahre verschwand unter nicht ganz geklärten Umständen die deutsche Minderheit aus dem jetzigen tschechischen Hoheitsgebiet. Die sogenannten *Proletendeutschen* leben heute größtenteils im Big-Brother-Haus und in Wilhelmshaven.

Die Hauptstadt Prag wurde mit Hunderten McDonald's-, Subway- und Burger-King-Gaststätten besonders liebevoll

Abb. 35 – **Tschechien**! Gesundheit.

Faktenwissen Extrem

Tschechien beherbergt das erste der *sieben Weltmähren*.

Abb. 36 – *Tip-Tip-Klopf-Klopf*: **Ein Tscheche** (Mitte) in freier Wildbahn (nicht im Bild: *Pater Noster, Maulwurf*).

Faktenwissen Extrem

Der einheitliche Nationalfeiertag Osteuropas ist der Tag, an dem das Finale des *Eurovision Songcontests* stattfindet.

Abb. 37 – *Cool*: Der jugendliche ZDF-Internetmoderator und In-Schriftsteller **Markus Kavka** (Bild). Weitere berühmte Tschechen: Werner Böhm (Musiker) und Havel (Fluss bei Berlin).

restauriert, auch in der nach der schmackhaften deutschen Biersorte Pils benannten Metropole Pilsen pflegt man längst einen prowestlichen Modestil (*tschechisch: Dub-Čhic*). Einziger Piwo-Tropfen: Das aufregende Militärmodefestival *Prada Frühling* fand trotz großer internationaler Beachtung bislang leider erst einmal statt.

Übungsaufgaben:

- Was sind Tschuschen? Fragen Sie einmal einen Österreicher!

- Verwechseln Sie Tschechien mit Tschetschenien! Schriftlich!

- Überbringen Sie vom Balkon der Prager Botschaft ein paar Hundert Ostdeutschen eine gute Nachricht!

Polen

Abb. 38 – *Der in Deutschland beliebteste Pole*: **Steffen Möller** (Bild) stürmte mit seinem Karnevalshit »Viva Polonia« die deutschen SPIEGEL-Ringtonecharts.

Selbstbewusst drängelt sich Polen[22] zwischen Deutschland und den Ural und steht so seit Jahrzehnten der Errichtung der heiß ersehnten deutschen Pazifikküste im Weg. Nicht nur wegen seiner geopolitischen Störlage war man darum in Deutschland lange[23] nicht gut auf das Nachbarland Polen zu sprechen.

Polen ist neben Rumänien das einzige Land der Welt, in dem man neben der Landeswährung *Zloty* mit Steckrüben und Eseln bezahlen kann.

22 *auch*: Russland Zero
23 ca. 1933 bis ungefähr 1945

Polnisch ist die einzige mitteleuropäische Sprache, die völlig ohne Vokale auskommt und im Grunde nichts anderes ist als auf Konsonanten zusammendestilliertes Ostdeutsch. Verteilt man einfach Häkchen, Schleifchen und Kringelchen möglichst wahllos in dem vokal- und umlautefreien Buchstabensalat, hat man's im Grunde genommen schon: aus *Danziger Verkehrsbetriebe* wird *Dńźgr Vrkhrśbtrb* usw.

Das deutsch-polnische Verhältnis ist nicht so schlecht wie allgemein angenommen. Großzügig schenkte Polen seinem Nachbarland Deutschland zum Beispiel die Fußballleistungsträger Lukas Podolski und Miroslav Klose, ohne Polen läge zur Spargelzeit[24] nicht eine Stange des Königsgemüses in der Hollandaise. Und: War es nicht ein Pole, der durch sein selbstloses Ableben dem ersten deutschen Papst seit 482 Jahren den Weg ebnete?

Fazit: Gut, dass es Polen gibt! Ohne Polen klaffte ein großes Loch mit dem Umriss Polens in der Erdkruste, und Frankfurt an der Oder und Görlitz wären Moskauer Vororte.

Übungsaufgaben:

- Textanalyse: Hinterfragen Sie den letzten Satz dieses Fachtextes kritisch und beweisen Sie das Gegenteil. Schriftlich!

- Finden Sie heraus, welcher der beiden Kaczyński-Brüder welcher ist!

- Zeichnen Sie Donald und/oder Daisy Tusk!

24 Im Frühling eines Jahres beginnt die *Spargelzeit*. Europaweit werden hierfür die Uhren fünf Stunden zurückgestellt und in leckeren Kochschinken eingewickelt.

Merke!

Der **polnischen Toleranz und Offenheit** ist es zu verdanken, dass sich hier anders als in vielen Ländern Westeuropas Millionen Polen willkommen und zu Hause fühlen.

SCHNELLKURS DEUTSCH-POLNISCH

Deutsch	Polnisch
Guten Tag!	Gtn' tg!
Ich glaube, das ist ein Versehen!	Ch Glb da st Nvrshn!
Sie sitzen in meinem Auto.	Sstzn' Nmnm At.
Warum bedrohen Sie mich mit einer Schusswaffe?	Wrmbdrhn Smmtnr Schsswff?
Halt, nicht wegfahren!	Hltn'cht Wgfhrn!
Verdammt!	Vrdmmt!

Abb. 39 – *Muss das sein? Ein typischer Nordpole leidet sichtlich unter der eisigen Stimmung zwischen Deutschland und Polen.*

Das haben berühmte deutsch-polnische Fußballer nie gesagt:

»Fußball ist wie Schach, nur ohne Würfel!« – *Lukas Podolski*
»Schokoladeneisflecken auf weißen Sofas gehen nicht mit Vanileis wieder raus.« – *Miroslav Klose*

Österreich

Österreich[25] – seit über siebzig Jahren hat es sich das sympathische Bergland mit der charakteristischen Form eines österreichförmigen Topfenstrudels inmitten einer wunderschönen Hügellandschaft (*Alpen*) gemütlich gemacht. Scheunentor an Scheunentor mit den Eidgenossen, Tschechen, Ungarn, Slowaken und Slowenen im Osten und, natürlich, auf der anderen Seite, die große europäische Vorbildnation: Liechtenstein.

Abb. 40 – *Unfreundlich*: Schon an der Grenze machen die Österreicher mit diesen viereckigen **Einfahrtverboten-Schildern** klar, dass Piefkes in ihrem Land nicht gerne gesehen sind.

Die drei größten österreichischen Tiefseehäfen befinden sich in *Linz, Wels* und *Salzburg* und erhalten voraussichtlich im Jahr 2390 nach abgeschlossener Polkappenschmelze den ersehnten Meeresanschluss. Dennoch gilt die österreichische Marine schon heute als die weltweit einzige, die noch nie eine Seeschlacht verloren hat – absoluter Rekord.

Abb. 41 – *FOCUS-Infografik*: **Das Horrorhaus von Europa** – so müssen **Österreicher** hausen!

Faktenwissen Extrem

Die **österreichische Nationalhymne** ist »Macho Macho« von Reinhard Fendrich.

ÖSTERREICH IN ZAHLEN

- Österreich hat im Gegensatz zu Deutschland neun statt sechzehn Bundesländer, was dem cleveren Zwergstaat einen Haufen Ärger erspart (Brandenburg, Sachsen, Sachsen-Anhalt, Thüringen, Mecklenburg-Vorpommern und Berlin).
- Zöge man die Berge und Täler des Landes glatt, erstreckte es sich von Burma im Osten bis nach Kentucky im Westen. Zum Vergleich: Wollte man aus dem geglätteten Österreich einen langen, vier Zentimeter breiten Streifen schneiden, könnte man in der Zeit auch locker mit dem Mofa von der Erde zum Mond und zurück fahren.

25 *auch:* die Schweiz des kleinen Mannes oder Nordslowenien

Keine andere Veranstaltung des Landes – *ÖSÖS*, die österreichische Version von *DSDS*, mal ausgenommen – hinterlässt so viele gebrochene Menschen wie die alljährliche Verleihung des *Ingeborg-Bachmann-Preises.*

Sämtliche in Österreich frei empfangbaren Fernsehprogramme[26] werden in eigentümlichem, mit fremden Vokabeln durchsetztem Halbdeutsch[27] und ohne Untertitel ausgestrahlt, weshalb nicht einmal die Österreicher etwas verstehen.

Österreichern wird ein gespaltenes Verhältnis zu Gletscherspalten und der jüngeren deutsch-österreichischen Geschichte nachgesagt: *Der Führer* (→ *Adolf Hitler, S. 91*) scheint hier längst vergessen, was unter anderem daran liegt, dass er in Österreich Lenker heißt.

Abb. 42 – *Quit living on dreams – Endstation Straßenverkehr*: Der charismatische Musikpopulist **Falco** (Bild, »Jeanny«) starb viel zu früh, um *derart* betrunken zu sein.

Übungsaufgabe:

• Erfolgreich im Angriff trotz Mädchennamens: In welchem österreichischen Fußballverein spielt eigentlich Christina Stürmer?

• Auf einer Skala von 1 bis 100 – wie schwul war Jörg Haider?

• Nach welchem bekannten österreichischen Literaturpreis benannte sich Ingeborg Bachmann, und was macht sie heute?

**SCHNELLKURS
DO YOU SPEAK AUSTRIAN?**

Deutsch	Österreichisch
KIK	K. u. K.
Buchstaben-suppe	Wörthersee
Thomas D	Thomas Ö

26 *ORF1* und *ORF2*
27 Österreichisch

Eselsbrücke

Wie der *Nordseehummer* oder die *Languste* nehmen Engländer bereits bei leichtem Kontakt mit Wärme eine **signalrote Farbe** an und gehören deshalb zur Gattung der *Küstentiere*.

Abb. 43 – Viele Briten haben **eine Fahne** – oft diese (Bild).

Factknowledge Extreme

Das englische Nationalgericht **Fish & Chips** wird traditionell unter den Augen der Königin in einer pompösen *Militärpanade* serviert.

Großbritannien

Großbritannien war für Touristen bis zur Erfindung der Personenschifffahrt nur mit einem Katapult zu erreichen. Es wird überwiegend von Menschen und Adeligen besiedelt. Traditionsgemäß meiden Einheimische die britische Landeswährung *Pfund* (zu schwer) und bevorzugen selbst geschossene Füchse als Zahlungsmittel[28].

Männliche Engländer erhalten im Alter von drei Jahren, meist vom liebevoll »Pub« genannten Vater, bei einer festlichen Beschneidung ihren ersten eigenen Bürstenschnitt, den sie dann für den Rest ihres Lebens tragen. Weibliche Engländer tragen meist modische Röcke und werden *Schotten* genannt.

Seit ihnen 1966 in Wembley ein Tor erschienen ist, sind die Briten Anhänger einer polytheistischen Irrlehre. Sie glauben an elf für Kontinentaleuropäer lächerlich anmutende, aber gottähnlich verehrte Fabelwesen in rot-weißen, mit drei Löwen bestickten Fußballtrikots.[29] Auf ihren alljährlichen Pilger- und Missionsreisen nach Mallorca, Ibiza oder an die Costa Brava erkennt man gläubige englische Männer an einer Kombination aus dem rot-weißen Trikotornat und einem ehrfürchtig gen Himmel gerichteten Bauch.

Das alle vier Jahre stattfindende Büßerfest *FIFA Worldcup* (→ *Fußball, S. 136*) wird in England von markerschütterndem Wehklagen, herzzerreißendem Weinen und anschließender Selbstgeißelung mit pintweise *Scotch* und *Brandy* (→ *Ernährung, S. 137*) begleitet.

28 1 Fuchs entspricht etwa 1,02 €
29 *auch*: englische Fußballnationalmannschaft

Dennoch, kein anderes Land Europas hat sich in den letzten zehn Jahren kulinarisch so verändert wie Großbritannien. Seit Erfindung des *Smoothies*[30] passt Obst (→ *Flora, S. 14*) bequem in die Westentasche, weshalb man auf Englands Straßen immer weniger Briten beim Tragen von Melonen beobachten kann.

Da Großbritannien als konstitutionelle Monarchie an die körperliche und geistige Verfassung der Königin gebunden ist, kann man von dem stolzen Inselstaat momentan keine großen Sprünge erwarten: Nach dem tragischen Tod von *Freddie Mercury* bemüht sich die *Queen* vergeblich, an frühere Erfolge[31] anzuknüpfen.

Von außen wird das Vereinigte Königreich seit den achtziger Jahren immer wieder von der irischen Terrorgruppe *U2* bedroht, hinzu kommt die allgegenwärtige Gefährdung durch die bundesdeutschen Technoextremisten *Crazy Frog* und *H. P. Baxxter*. Vor lauter Scham darüber erwägt die britische Regierung neuerdings gar einen Umzug des Ober- und Unterhauses ins Hinterhaus und die Ausgabe von zwei Sperrsitzfreikarten je Steuerzahler für den *Picadilly Circus*.

> **Merke!**
>
> Die beliebteste britische Sportart ist der *Pferdesport*. Aus Liebe zu den stolzen Zossen wählten die Engländer 2005 per Volksentscheid den Londoner Warmblüter **Camilla Parker Bowles** zur Thronfolgergattin.

Abb. 44 – *Umfragen belegen*: Die rüstige Rentnerin **Elizabeth II.** ist trotz ihres eigentümlichen Nachnamens (»II.«) die beliebteste Königin Englands.

---

30 *sprich*: Schmusis
31 *z. B. The show must go on*

Exercises:

• Please complete the following statement:
  He, she, it – the »s« comes _____

• Explain: What are four-letter-words and why are
  they called so?

• Who was Gordon Brown?
  a) The owner of Snoopy
  b) Gordon Brown is the real name of A.L.F.
  c) I don't remember!

Skandinavien

Obwohl sie im Europavergleich am weitesten von Pisa entfernt sind, schneiden Skandinavier bei PISA am besten ab.
Kein Wunder, dass sie den Deutschen in nahezu allen Belan-
gen überlegen sind: Norwegische Kinder bestehen deutsche
Abiturprüfungen schon im Kindergarten, schwedische Ge-
schäftsleute verkaufen Billig-Pressspan gewinnbringend als
Möbel, und finnische Hightechhandys sind in der Bundesrepublik heiß begehrt.

Neben dem nie nachlassenden Streben nach Erfolg und Per-
fektion ist der Verzicht auf sämtliche Lebensfreuden typisch
für die asketischen Nordeuropäer. Nächtliche *Playstation-
3-Orgien* oder verschwendete Wochenenden in *muffigen
Spielhallen* – beides in Deutschland übliche Freizeitbeschäftigungen – sind den Skandinaviern fremd. Will sich ein
Skandinavier richtig gehen lassen, setzt er sich in der Däm-

■ Dänemark
■ Norwegen
■ Finnland
■ Schweden

Abb. 45 – *Beeindruckende Statistik*:
**die Zusammensetzung Skandina-
viens im Überblick**

merung Beine baumelnd auf den morschen Kai eines Kleinstadthafens und denkt an Selbstmord.

Dass die Dänen (→ *Dänemark, S. 209*), Norweger, Schweden und Finnen dennoch europaweit den Takt vorgeben, liegt an ihrem professionellen Zeitmanagement. Da ein Parade-Skandinavier mit weniger als 400 Wörtern pro Quartal auskommt[32], spart er viel Zeit, die in Mitteleuropa für *belanglose Telefonate*, *Treppenhausgequatsche* oder *Beim-Chef-Einschleimen* verschwendet wird. Die gewonnenen Stunden nutzt der Skandinavier, um Nobelpreise zu vergeben oder den Geschäftsklimaindex nach oben zu korrigieren.

Die skandinavische Wirtschaft brummt derart, dass man sich im hohen Norden sogar die Arroganz leisten kann, von einem ABBA-Comeback (→ *Musik, S. 251*) abzusehen!

Abb. 46 –*Alter Schwede*: IKEA-Gründer **Ingvar Kamprad** (links) präsentiert das von ihm selbst entworfene Studentenregal *Magiatå* (Hintergrund)

Übungsaufgaben:

• Stülpen Sie sich eine Suppenschüssel über den Kopf und singen Sie die schwedische Nationalhymne »Joyride« von Roxette!

• Schreiben Sie einen schwedischen Welthit mit dem Reimschema A-B-B-A!

---

32 *bemerkenswert:* davon mehr als die Hälfte mit nur einer Silbe

Faktenwissen Extrem

Seit dem Zusammenbruch der
US-Wirtschaft ist **Barack Obama**
der *einzige schwarze Staatschef eines
Drittweltlandes außerhalb Afrikas.*

WELTMÄCHTE IM DIREKTVERGLEICH

USA

*(verstaatlichte Unternehmen, wertlose Währung, Schwellen-
land)*

Die USA sind wie die Bundesrepublik Deutschland eine
parlamentarische Demokratie, die beiden großen Parteien,
die *Eselpartei*[33] und die *Elefantenpartei*[34], entsprechen Pi mal
Daumen der deutschen SPD (*S. 188*) bzw. CDU/CSU (*vgl.
S. 179*). Die überwiegende Mehrheit der erwachsenen Amerikaner glaubt noch an Gott![35] Zum Vergleich: Deutsche
Grundschüler glauben nicht einmal an den Weihnachts-
mann!!! Seit dem Amtsantritt des bekennenden Schwarzen
Barack Hussein Obama als Präsident der USA gibt es landesweit keinen Rassismus mehr.

Bei Reisen in die USA müssen Bundesbürger zusätzlich zum
biometrischen Reisepass einen Gipsabdruck ihres Gesichts
und den abgehackten kleinen Zeh eines Elternteils bei der
amerikanischen Grenzpolizei vorzeigen. Das Mitbringen
von Pistolen, Panzerfäusten und Maschinengewehren ist
deutschen Staatsbürgern über 12 Jahren zwar weiterhin
gestattet, aus Höflichkeit gegenüber den Gastgebern empfiehlt das Auswärtige Amt deutschen Waffennarren jedoch,
sich lieber im amerikanischen Wal-Mart mit Schusswaffen
einzudecken.

Abb. 47

33 Demokraten
34 Republikaner
35 Obwohl es den – erfunden und
eingeführt als Werbefigur für *Coca-
Cola* – erst seit Anfang des 19. Jahrhunderts gibt!

Russland

(kapitalistisch, sehr freie Unternehmen, boomende Wirtschaft)

Immer mehr Menschen in Deutschland befürchten, dass die Russen mit ihrem Geld den Kapitalismus kaputt machen. Unter der Knute des kampfsporterfahrenen Strippenziehers *Waldemar Putin* (*29, spricht fließend Deutsch*) und seines willfährigen Handlangers *Dieter Mjewjedjeff*[36] gelang das Husarenstück, die UdSSR in Russland zu verwandeln. Der beste Einfall Putins war jedoch der in Georgien.

Die neue Wirtschaftspolitik Russlands sorgt für einen deutlichen Anstieg des Lebensstandards in dem Land rechts vom Aral. Selbst in der Taiga tragen modebewusste Braunbären inzwischen kuschelwarme, aber sündhaft teure Wintermützen aus echtem Bärenfell (→ *Fauna, S. 14*). Die Kehrseite der Medaille: Es gibt immer mehr Menschen im boomenden Russland, die sich nicht einmal einen eigenen *Premier-League-Fußballverein* leisten können![37]

Russland ist das größte Land der Erde und erstreckt sich von ganz links bis ganz rechts. Die zur Gattung der Millionenvölker zählenden Russen unterteilt man in *normale Russen* und *Weißrussen* – Letztere sind bei Schneegestöber mit bloßem Auge nicht zu erkennen und haben deshalb einen entscheidenden Vorteil bei der winterlichen Störjagd.

Die spannendsten deutsch-russischen Projekte seit der *Schlacht um Stalingrad* sind die zeitaufwendige Beschäftigungstherapie für *Bundeskanzler a. D. Gerhard Schröder* (→ *SPD, S. 188*) und die Subventionierung eines glücklosen Bundesligavereins aus dem Ruhrpott.[38]

Die 1000 beliebtesten russischen Weltstars (Auszug)

Platz 221: Gorbi Bauer (»ARD-Nachtmagazin«)
Platz 672: Martin Kremlpirogge (»Arbeitsamt«)
Platz 940: Armin Müller-Stalin (»Thomas Mann«)

Faktenwissen extrem

Die **Slawerei** ist in Russland ganz legal!

---

36 o. Ä.
37 *in Deutschland*: Hartz-IV-Empfänger
38 Vorsicht, Falle! *Nicht*: Borussia Dortmund

Die 1000 besten Länder des Mittleren Ostens im Schnelldurchlauf

Iran
Staatsform: Islamische Motocrossrepressiokratie
Einwohner: Iranesen
Menschenrechte: bekannt (via Facebook und Twitter)
Berühmte Deutsch-Iraner: Simone Ayathomalla, Karl-Heinz Rummeniggedschad, Larifaridschani Urlaub (Die Ärzte ohne Grenzen)
Iranische Redensarten: »Alles Mullah, oder was?«, »Iran for my life!«, »Aua!«

Irak
Staatsform: dreieckig
Einwohner: Schiten und Sunkisten
Menschenrechte: so lala, aber auch nur noch bis Ende 2011
Berühmte Deutsch-Iraker: Saddam Opel (†), Andrea al-Malikiewel (Spitzname: Malikiwi), Tigris Berben
Irakische Redensarten: »Yes, sir!«

Jemen
Staatsform: noch in der Mache
Einwohner: Entführer (12 %) und Entführte (88 %)
Menschenrechte: wozu?
Berühmte Deutsch-Jemeniten: siehe BILD-Aufmacher »Wieder Deutsche im Jemen entführt«
Jemenitische Redensart: »Jemen das seine«, »Man soll den Tag nicht vor Aden loben«

Afghanistan
Staatsform: Opiumdesrepublik
Einwohner: Deutsche, Amerikaner, Franzosen, Italiener, Schweden, Norweger, Türken, Australier, Spanier, Kanadier, Engländer, Niederländer, Osama bin Laden, Albanier, Aserbaidschaner, Belgier, Dänen, Esten, Finnen, Georgier, Griechen, Iren, Isländer ...
Menschenrechte: ungerne
Berühmte Deutsch-Afghanen: Brigitte Schlafmohnhaupt

Der Nahe und Mittlere Osten

Der Verbund fundamentalfeudalistischer Oliokraturen schräg rechts von Ägypten wird leicht irreführend *Naher und Mittlerer Osten* genannt – wobei *mittel* aus deutscher Sicht treffender ist als nah, denn um ihn fußläufig zu erreichen, ist der *Nahe Osten* zu weit weg. *Eher so mittel* ist auch alles andere auf der arabischen Halbinsel: Lebensqualität, Rechtsstaatlichkeit, Demokratieverständnis, Gleichberechtigung und selbst der *Frieden* genannte, wenige Tage andauernde Zustand zwischen den gegenseitigen Raketenbeschüssen.

Nur in Dubai ist alles top! Hier braucht man keine Menschenrechte, denn es gibt schicke Luxushotels, künstliche Inseln, die wie Palmen aussehen, und die größte Skihalle der Welt.

Der sogenannte Nahostkonflikt bildet die gesunde Grundlage für das Zusammenleben der Völker in der Region. Vom Zaun gebrochen haben ihn die Palästinenser. Es kann aber auch sein, dass die Israelis angefangen haben. Das weiß man inzwischen aber nicht mehr so genau, vermutlich weil alle Notizen und Aufzeichnungen in den zahllosen Offensiven, Kurzkriegen und Raketenangriffen verschüttgegangen sind. Aus deutscher Sicht in jedem Fall ein klarer Fall für Kallwas!

Auf welcher Seite sollte man im Nahostkonflikt am besten stehen? Intelligente Deutsche halten meist zu den Palästinensern. Noch intelligentere Deutsche sind für Israel. Generell würden es aus Fairnessgründen alle begrüßen, wenn Israelis und Palästinenser mit gleichen Mitteln kämpfen würden.

»Tagesschau«-Redakteure sind traditionell für beide Seiten, denn wenn es nichts Neues vom Nahostkonflikt zu berichten gäbe, müssten sie die tägliche Viertelstunde beispielsweise mit Berichten über die amtierende fränkische Weinkönigin (→ *Bayern, S. 23*) oder den neuen Bürocomputer von Kurt Beck (→ *SPD, S. 188*) füllen.

Übungsaufgaben:

- Erklären Sie in einem Satz, wer Schuld am Nahostkonflikt hat!

- Wie könnte man den Nahostkonflikt am besten lösen? Entwickeln Sie selbstständig drei praktikable Lösungsansätze!

- Was spielt im Nahostkonflikt immer mal wieder eine wichtige Rolle?
  a) Gazastreifen
  b) Zebrastreifen
  c) Schwangerschaftsstreifen

Afghanische Redensarten: »Wie wär's mit einem Mehrtürer, Herr Märtyrer?«, »Ja, Osama denn?!«

Saudi-Arabien
Staatsform: streng geheim
Einwohner: Sandleute, Ewoks
Menschenrechte: och nöö ...
Berühmte Deutsch-Saudi-Arabier: Alexander Scheich Golodkowski, Mekki
Saudi-Arabische Redensarten: »Besser Hand ab als Kopf ab«, »Der König ist König«, »Des is a Mords-Saudi!«

Syrien
Staatsform: abzählreimbasierte Einparteien-Bingorepublik
Einwohner: 97,9 % befürworten lt. letzter Wahl die Quasi-Diktatur in Syrien
Menschenrechte: auf keinen Fall, neumodischer Quatsch!
Berühmte Deutsch-Syrrealaner: Azad (Bozz Music, akt. Album: »Assassin«)
Syrische Redensarten: »Death to Israel!«, »Ein Volk, ein Syrer«

ABSCHLUSSTEST ERDKUNDE

1. Unserem Zeichner sind beim Malen der Europaflagge zwölf
   kleine Fehler unterlaufen. Finden Sie sie und kreisen Sie sie ein!

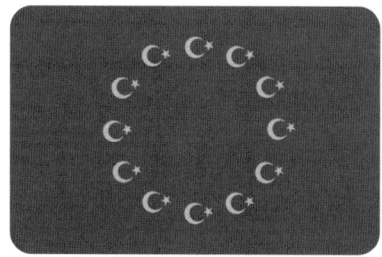

Abb. 48

2. Was ist das Wahrzeichen Europas?

○ a) Günter Verheugen
○ b) RTL
○ c) Grenzen

3. Weswegen ist Europa in der Welt gefürchtet?

○ a) Zu wenig Vorschriften
○ b) Mitteleuropäische Sommerzeit (GEZ)
○ c) Arbeitswut von Silvana Koch-Mehrin

4. Was gilt in manchen europäischen Regionen als Delikatesse?

○ a) Berliner
○ b) Hamburger
○ c) Tschechen

5. Welches Land gehört nicht zur Europäischen Union?

○ a) Asien
○ b) Bald keins mehr
○ c) AC Mailand

6. **Vervollständigen Sie folgenden Satz: Der Bundeswehreinsatz in Afghanistan …**

○ a) … sind Mörder!
○ b) … ist teurer als ein Überfall auf die Schweiz (wg. Fahrtkosten)
○ c) … hätte so schön werden können.

7. **Bitte vervollständigen Sie diesen Satz: Der südamerikanische Regenwald …**

○ a) … soll sich mal nicht so anstellen.
○ b) … wird vor lauter Bäumen häufig übersehen.
○ c) … gehört zu gleichen Teilen Günther Jauch und Krombacher.

8. **20 % der Weltbevölkerung haben keinen Zugang zu …**

○ a) Elfriede Jelinek
○ b) Wetten dass…?-After-Show-Partys
○ c) Googlemail

10. **Was ist ein Tigerstaat?**

○ a) Gelb-braun gestreift
○ b) Ein Land, dessen Staatsoberhaupt Tony, der Tiger ist
○ c) Das Anwesen von Siegfried & Roy

10. **Nennen Sie mindestens einen adeligen Europäer.**

○ a) König von Mallorca
○ b) Prinz Poldi
○ c) Queensberry

(Bitte schlagen Sie die richtigen Lösungen auf S. 260 nach!)

_____

Datum/Ort

_____

Unterschrift des Buchinhabers

»Opium ist
Fernsehen fürs Volk.«

Kapitel 6

Kunst

Die Kunst der Medien, Kultur zu stiften, hat in Deutschland eine recht kurze Tradition.[1] Zwar ist heute »irgendwas mit Medien« einer der gefragtesten Ausbildungsberufe, doch noch bis vor wenigen Jahren waren Medien in Deutschland kommunikative Einbahnstraßen.

Das sind sie zwar noch immer – auch wenn Mitmachsender, Gewinnspiele oder »Chatten Sie nach der Sendung mit unserem Interviewgast im Internet« Interaktivität vorgaukeln – die Ehrfurcht vor den Medien jedoch ist beim Ottonormalrezipienten verschwunden. Der moderne Zuschauer, resp. Zuhörer, resp. Leser, resp. User, weiß heutzutage, dass TV, Radio, Zeitung und Internet nur Blödsinn verzapfen und darum nicht ernst zu nehmen sind.

Dieses Kapitel gibt eine Einführung in die Kunst. Doch was ist Kunst überhaupt? Ist die Moderation einer Fernsehsendung auch schon Kunst – und wie funktioniert Fernsehen eigentlich? Warum sind Kulturformen, die einen intelligent wirken lassen (z. B. Jazz, Lyrik etc.), häufig so anstrengend zu rezipieren? Warum dauert es so lange, bis ein Buch fertig geschrieben ist?

> **Merke!**
>
> Medien sorgen als **vierte Gewalt** für die *Balance of Power* in Deutschland. Die fünfte Gewalt bilden marodierende Jugendbanden.

---

1 Übungsaufgabe: Mit welchem Trick ist es dem Autor gelungen, hier in einem Satz einen Zusammenhang zwischen *Kunst, Medien, Kultur, Stiftungswesen, Deutschland* und *Tradition* herzustellen – Bereiche, die im Alltag der Deutschen nichts miteinander zu tun haben?

Abb. 2 – *Ein Blick hinter die Kulissen des Fernsehens*: Über ein kompliziertes System aus **Bleirohren, Flanschen und Muffen** (Bild) gelangen die Fernsehstrahlen in alle angeschlossenen Haushalte, wo sie dann von den Zuschauern auf den entsprechenden Empfangsgeräten in Form von *Bewegtbildern* angeguckt werden müssen bzw. dürfen.

Faktenwissen Extrem

Bis zur Erfindung des digitalen Buntfernsehens Ende der achtziger Jahre musste Altbundeskanzler **Wilhelm »Willy« Brandt** (→ *Bundeskanzler, S. 102*) 24 Stunden am Tag, 7 Tage die Woche einen Knopf drücken, damit die Farbe im Bild blieb.

Die 1000 wichtigsten deutschen TV-Persönlichkeiten

Platz 31 – *Ob das Ulrike von der Groeben weiß?* RTL-Chefredakteur und RTL-Aktuell-Anchorman **Peter Kloeppel** ist privat eher rockig (Abb. 3)!

Fernsehen

Das Fernsehen ist nicht nur Deutschlands Leitmedium, sondern zugleich auch sein beliebtestes rezeptfreies Beruhigungsmittel. Der durchschnittliche Deutsche schaut 12,5 Stunden Fernsehen am Tag, überdurchschnittliche Deutsche sogar noch mehr. In Deutschland herrscht das *Duale Rundfunksystem*. Es wird von den *Landesmedienanstalten*[2] mit einem zugedrückten und einem zwinkernden Auge überwacht. Anders als das Duale System hat das Duale Rundfunksystem in Deutschland leider noch keinen grünen Punkt und gilt daher als nicht biologisch abbaubar (→ *Umwelt, S. 146*). Dennoch brachte das deutsche Dualsystem Starduos wie Dieter und Susanne Kronzucker, Gerd und Nina Ruge oder Frank und Hannelore Elstner hervor.

Bezahlt wird das deutsche Fernsehen überwiegend vom deutschen *Gebührenzahler*. Mit Überweisung der alljährlich neu nach Fantasievorgaben der *Milchmädchenkommission*[3] errechneten Zwangsgebühr erhält der Gebührenzahler das Recht, sich in alle Bereiche der Programmgestaltung einzumischen. Die breite Gebührenzahlermasse will kein anspruchsvolleres TV-Programm, sondern fordert »Mehr Erotik in den Tagesthemen« (78 %) oder fragt erbost »Wie lange will Anne Will denn eigentlich noch ›Sabine Christiansen‹ moderieren?« (12 %). Der häufig angegebene Vorwurf »Im Fernsehen läuft nichts Gescheites« (91 %) lässt darauf schließen, dass viele Deutsche, trotz ehrlichen Bemühens aller Beteiligten, noch immer zu schlau für dieses Medium sind.

2 Abk.: LMAA
3 KEF

INTERESSANTES INSIDERWISSEN ZUM THEMA FERNSEHEN

- In weiten Teilen **Ostdeutschlands** erfuhr man erst 2005 übers Fernsehen (Spiegel TV) vom Fall der Mauer.
- **Samson** und **Tiffy** können sich privat nicht ausstehen.
- **Peter Bond** (RTL Dschungelcamp) wird nicht von Daniel Craig gespielt!

Platz 104 – *Singen, sabbeln, saufen*: NDR-Schnecke **Ina Müller** (Abb. 4) kann alles gleichzeitig.

Zwar kann das deutsche Fernsehen seine Funktion als vierte Gewalt im Staate aus Jugendschutzgründen[4] oft erst nach 22 Uhr wahrnehmen, einig sind sich jedoch alle: Ohne das Fernsehen würde etwas fehlen auf dem bundesrepublikanischen Fernsehtischchen. Kein KI.KA mehr, Olli Geißen müsste sich einen richtigen Beruf suchen, Frank Plasberg könnte nur noch sich selbst ins Wort fallen, und »Tagesschau«-Urgestein Jan Hofer wäre gezwungen, sich untenrum etwas anzuziehen.

Faktenwissen Extrem

Ältere Bundesbürger haben eine lange Leitung und sind darum nicht HD-ready.

Übungsaufgaben:

- Rufen Sie bei 9LIVE an und nennen Sie ein Tier mit vier Buchstaben! Mündlich!

- Lassen Sie nach Löwenzahn (ZDF), obwohl Peter Lustig »Abschalten« gesagt hat, den Fernseher angeschaltet und gucken Sie, was passiert!

- Schauen Sie eine Woche lang **RTL** und schreiben Sie alle Sendungen auf diese Linie, die Sie ohne Einschränkungen weiterempfehlen würden!

  _____

  Falls die Linie zu lang ist, streichen Sie sie bitte sauber durch. Lineal benutzen!

Deutschland Glossar

KI.KA, *das (n.)*, (Abb. 5): Kinderprogramm von ARD und ZDF. Artverwandt mit der Kita. D. h. kümmert sich um unsere Kinder und übernimmt Erziehungs- und Betreuungsaufgaben automatisch.

---

4 *wegen*: Gewalt

So funktioniert Fernsehen!

Taste	Text
Power	?: Funktion unbekannt, evtl. mal ausprobieren
Source	**Umschalten auf Quatsch mit Source**: z. B. alte Didi-Filme, »Insterburg & Co.«, Otto Waalkes usw.
Dual	**Hauptumschalter Duales Rundfunksystem**: private bzw. öffentlich-rechtliche Sender komplett an- oder abschalten
Still-Taste	**Halt-die-Fresse-Knopf**: z. B. für Redaktionssitzungen mit Oliver Pocher
Still-Taste (länger gedrückt halten)	**Still-Funktion**: Das Fernsehgerät stillt Ihr Kleinkind (nicht geeignet für Kinder unter 3 Jahre, da Kleinteile verschluckbar!).
TV	**Fernseher-Ruftaste**: Falls Sie Ihren Fernseher verlegt haben, drücken Sie diese Taste, und Ihr Fernseher vibriert, leuchtet und gibt einen schrillen Pfeifton von sich.
Exit	**Exit-Modus**: Der Fernseher verlässt selbstständig das Wohnzimmer, geht in die Küche und holt Bier und Knabbereien.
Sleep	**Nickerchenmodus**: z. B. für »Tagesschau« (ARD), Gerd-Ruge-Reportagen (dito) und 3sat (ganztags)
Info	**Informationen**: Blendet Zusatzinfomationen zum Programm ein (z. B. »Wer gewinnt das aktuell laufende Champions-League-Finale?«, »Wer war der Mörder?«, »Was ist schon wieder mit den Haaren von Tom Buhrow los?« usw.)
Menü	**Food-Button**: Einmal Sparmenü als Maxi mit BigMac, Pommes mit Mayo, Cola als Getränk und Apfeltasche. Zum Mitnehmen.

Taste	Text
Volume Up	Die laufende Sendung bitte etwas spannender machen.
Volume Down	Die laufende Sendung bitte etwas weniger spannend machen.
(Program Up)	Den **Sat.1**-Programmchef zum Geschäftsführer befördern.
(Program Down)	Den **Sat.1**-Programmchef zum Unterhaltungschef degradieren.

1

Abb. 7 – **RTL**

Beliebteste Stars: Inka Bauses Frisur
Beliebteste Sendungen: »Ich werd Millionär« (Günther Jauch), »Punkt Tzßwölph« (Katja Burkard), »Domina Day« (Sonja Zietlow)
Eigentümer: Mein RTL

2

Abb. 8 – **ZDF**

Beliebteste Stars: Unser Charlie, Unser Kleber
Beliebteste Sendungen: alle mit Markus Lanz
Eigentümer: Roland Koch (→ *Hessen, S. 32*)
Zielgruppe: jenseits von Gut und Böse

3 **phoenix**

Abb. 9 –
PHOENIX

Beliebteste Stars: MdB Prof. Karl Lauterbach, Christian Pfeiffer, Peter Hahne
Beliebteste Sendungen: Historische Debatten (werktags), historische Promidebatten (Wochenende)
Größte Flops: »Bla! Die Debattenshow«, »Laber! Die Brabbelshow« und »Jawoll! Die Meinungsshow« (alle von und mit Hugo Egon Balder)

4 **SAT.1**

Abb. 10 – **SAT.1**

Beliebteste Stars: Olli Pocher, Hans-Hermann Gockel (früher mal), Johannes B. Kerner
Beliebteste Sendungen: »Kerner – Beinhart!«, »Kerner – das muss kesseln!«, Asterix
Größter Erfolg: der geplante Umzug des Senders von Berlin nach München
Größter Flop: der Umzug des Senders von Berlin nach München
Eigentümer: wöchentlich wechselnd

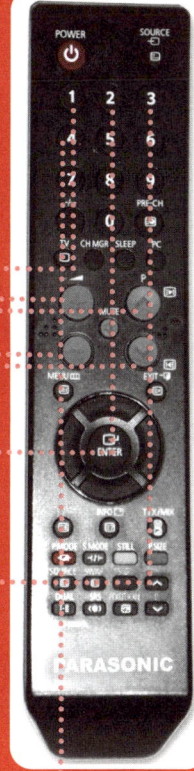

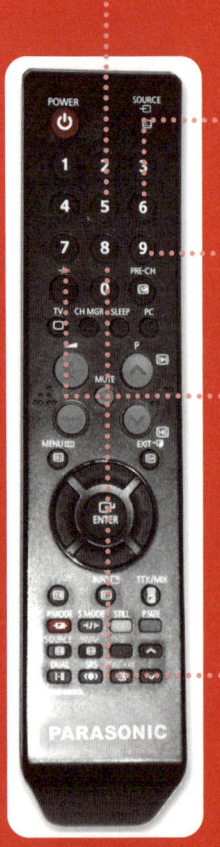

PARASONIC

5

Abb. 11 – **MDR FERNSEHEN***

Beliebte Stars: Goldener Wuschel (Brisant), Günter Struve
Beliebteste Sendungen: alle (Ost), keine (West)
Größter Erfolg: Wolfgang »Lippi« Lippert von »Wetten dass ...?« abgeworben

6 BR①

Abb. 12 –
BAYRISCHER RUNDFUNK

Beliebte Stars: Waldi, Sigmund Gottlieb, alle von der CSU
Beliebteste Sendungen: »Jetzt red i!«, »Jetzt schlaf i!«, »Jetzt muss i!«, »Space Night«, »Otti's Schlachtplatte«
Größter Flop: zwei auf Hochdeutsch ausgestrahlte Sendestunden (1979)
Größter Erfolg: 2/3-Mehrheit der CSU bei den bayrischen Landtagswahlen 2004

7

Abb. 13 –
PRO SIEBEN

Beliebteste Stars: der eine von »Switch reloaded«, der Stefan Raab zum Verwechseln ähnlich sieht, Ralf Husmann, der Ausschnitt von Sonya Kraus
Beliebte Sendungen: »DBDDHKP«, »IHDGGDL«
Größter Erfolg: Moderator Matthias Opdenhövel ist noch bei keiner »Schlag den Raab«-Ausgabe vor Müdigkeit umgefallen
Größter Flop: Sonya Kraus im hochgeschlossenen Kleid

8 **arte**

Abb. 14 – **ARTE**

Beliebteste Stars: Zweikanalton, Themenabend
Beliebteste Sendungen: Sendeschluss
Größter Erfolg: Sendungen auf Deutsch (in Deutschland)
Größter Misserfolg: Sendungen auf Deutsch (in Frankreich)
Eigentümer: Deutschland und Frankreich

9 **Live**

Abb. 15 – **9LIVE**

Beliebteste Stars: Hotbutton
Beliebteste Sendungen: »Anrufen!« (10–19 Uhr), »Wer holt sich hier die Kohle ab?« (19–23 Uhr), »Meeeeensch, Leute, das ist ja wohl nicht so schwer hier!« (23–10 Uhr)
Größter Erfolg: Die »Moderatorinnen« Anna Heesch und Alida Kurras »schreiben« ein »Buch«

* Rundfunksender und auf Risikoanlagen spezialisierte Investmentbank

Größter Flop: Die »Moderatorinnen« Anna Heesch und Alida Kurras »schreiben« ein »Buch«

- / --

Das Erste⊙

Abb. 16 –
DAS ERSTE

Beliebte Stars: Tom Buhrow (moderiert Ihr Firmenjubiläum ab 20.000 €), Jan Böhmermann (macht es ab 150 €/Abend)
Beliebteste Sendungen: Mittagsschaltkonferenz der Fernsehdirektoren aller neun Rundfunkanstalten
Größter Erfolg: Positionspapier zur Neu- bzw. Rückgewinnung jüngerer Fernsehzuschauer (unter 40) durch Erfindung oder Adaption attraktiver Unterhaltungsformate mit Frank Plasberg und/oder Ina Müller (mit 5/9-Mehrheit beschlossen)
Größter Flop: Eine Augenbrauenzerrung setzt Caren Miosga für zwei Wochen außer Gefecht

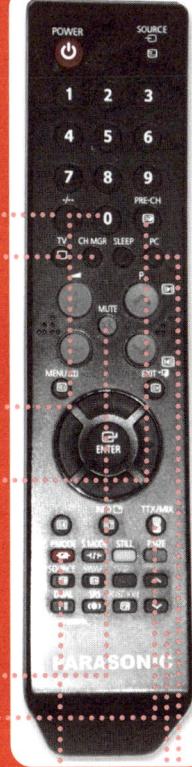

0

Erfrischungsknopf für den Sommer: bringt »cooles« Schneegestöber auf den Schirm

Pre-Ch

PRE-CH (von engl. prejudices about Switzerland): Racial-Comedy-Funktion, erzählt die lustigsten Vorurteile und irrwitzigsten Gerüchte über Schweizer (z. B. alle Schweizer sind sehr langsam, alle Schweizer sehen aus wie DJ Bobo, Schweizer essen nur Käse). → *Schweiz, S. 207*

Mute

Mute: Fernsehgerät ruft bei Mutti an

TTX

Zutext-Taste: Schaltet auf eine Sendung mit Sarah Kuttner oder Gülcan um

CH MGR

CH-MGR (nur für Schweizer Migranten): Sendungen werden in Schwyzerdütsch übersetzt

PC

PC-Funktion: überprüft, ob die aktuell laufende Sendung politisch korrekt ist, und sendet eine Programmbeschwerde an den Rundfunkrat

< >

Eject-Funktion: löst den Schleudersitz aus

P Mode

Parkmodus: Einparkassistent zum Rückwärts-aufs-Sofa-setzen

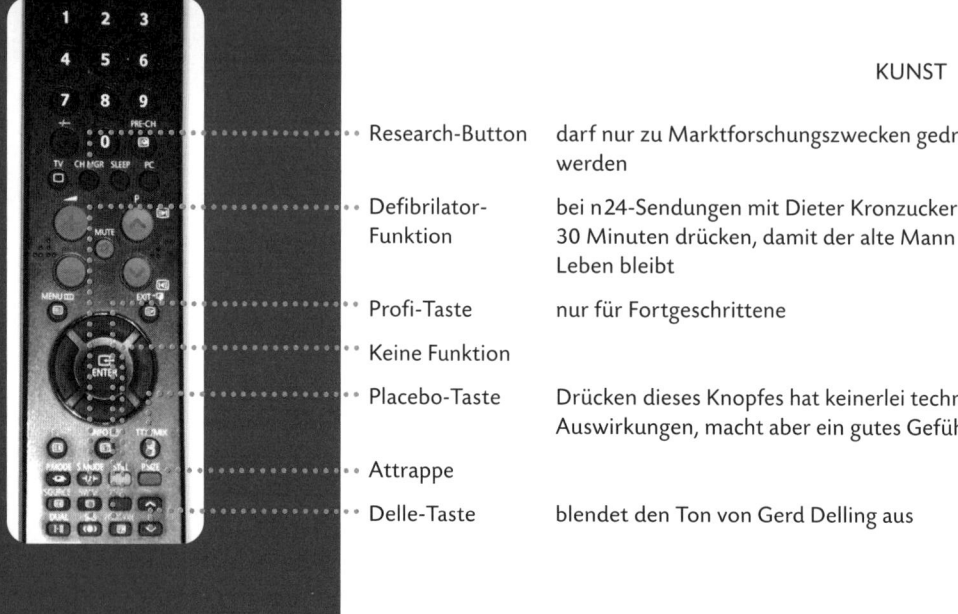

Research-Button	darf nur zu Marktforschungszwecken gedrückt werden
Defibrilator-Funktion	bei n24-Sendungen mit Dieter Kronzucker alle 30 Minuten drücken, damit der alte Mann am Leben bleibt
Profi-Taste	nur für Fortgeschrittene
Keine Funktion	
Placebo-Taste	Drücken dieses Knopfes hat keinerlei technische Auswirkungen, macht aber ein gutes Gefühl
Attrappe	
Delle-Taste	blendet den Ton von Gerd Delling aus

Abb. 17 – Der Dortmunder Frisuren-avantgardist **Friedrich Küppers-busch** ist einer der erfolgreichsten Fernsehproduzenten des Landes. Große Popularität erlangte er mit seinem medienkritischen Unterhaltungsformat »Raus aus den Schulden« (RTL). Auch »ZAK« (WDR) war nicht schlecht. Anfang 2009 schlug der mehrfach preisgekrönte Friedrich Küppersbusch dummerweise das Angebot aus, Chef von *Radio Bremen* zu werden. Er muss darum leider weiterhin für die *TAZ* schreiben, bei *Radio Eins* Stellung zur Lage der Nation beziehen oder TV-Erfolgsformate produzieren.

Gastbeitrag: Elektrolurch oder das Privatfernsehen im Wandel der Zeit

Das Privatfernsehen in Deutschland wurde zu gleichen Teilen von Christian, Schwarz und Schilling erfunden. Aus Nipkow-Scheibe[5], Braun'scher Röhre[6] und Frank Elstner bastelte der urige Elektrolurch in den frühen Achtzigern zunächst ein wenig seriöses Piratfernsehen[7]. Und scheiterte bald darauf erneut mit Primatfernsehen[8].

Erst nach einem halbwegs geglückten Heidi-Kabel-Pilotprojekt zog sich der weißhaarige Postminister auf Menschenrechtspositionen zu Rest-Jugoslawien zurück, die nicht ganz so schlimm waren. Die Chancen, sein Kunstwesen wieder ins Reservat zu sperren, hielt er für »bedauerlich gering«. Das ursprünglich von der Commerzbank gesponserte gleichnamige TV hieß lange Hungrig zwei, bevor Leo Kirch alle anderen Anleger zu Ende verarscht hatte und es zur Grundlage eines Imperiums machte. Allein seine Frisur war so groß, dass sie einen eigenen Sitz im Weltsicherheitsrat forderte. Der Sohn eines Weintrinkers ließ allerhand Zeitungsverleger seine ollen D-Movies bezahlen, wodurch die Konkurrenz[9] Marktführer wurde. So was konnte Kirch nicht gut sehen.

---

5 »Scheibe kaputt? Car Glass repariert's!«
6 vgl. Braunes Haus, Eva und Charly Braun
7 »Euterei auf der Bounty«

8 »Vom Neander- ins Digital, heute ohne Olli Kahn«
9 »9 Live«

Die konkurrierende RTL-Gruppe zeigte zunehmend, wo Bertel den Most holt, und errang schließlich mit Maischberger, Der große Deutschtest und Raus aus den Schulden die ewig während und sehr günstig kalkulierte Marktführerschaft. Durch die Verpflichtung von Angela Merkel, die schon als FDJ-Sekretärin beim DDR-Hostessen-Service[10] gearbeitet hatte, sicherte sich jemand die Medienzukunft weit über den Redaktionsschluss hinaus, kann ich also gar nicht wissen jetzt. Zumal ich inzwischen lieber Fahrrad fahre.

Schönen Gruß, das Wetter.
Friedrich Küppersbusch

Textaufgaben:

- Finden Sie anhand des Textes heraus, für welche Erfolgsformate Friedrich Küppersbusch als »günstig kalkulierender« Produzent verantwortlich war bzw. ist!
  a) »Der große Deutschtest«
  b) »Raus aus den Schulden«
  c) »Maischberger«

- Wessen Frisur ist so groß, dass sie einen eigenen Sitz im Weltsicherheitsrat beansprucht? Wie groß ist die Frisur genau?

- Welche Art des Fernsehens ist nach einer Sendung benannt, die Friedrich Küppersbusch vor langer Zeit fürs WDR Fernsehen moderierte? Begründung!

10 »Inter-Nett«

Abb. 18 – Der Wahl-Exilwilhelms-havener **Thomas Pommer** ist der beste ehemalige »extra3«-Moderator und mit öffentlich-rechtlicher Rundfunksatire unsagbar reich geworden. **Thomas Pommer** lebt in New York, Berlin, Istanbul und Köln und entwickelt als Unterhaltungs-chef einer florierenden, international tätigen TV-Produktionsfirma Erfolgsformate.

Gastbeitrag: Öffentlich-rechtliches Fernsehen, das

Die öffentlich-rechtlichen Fernsehanstalten sind die Paralympics des Unterhaltungsfernsehens und werden entsprechend in verschiedens-te Handycap-Grade unterteilt[11]. Erfunden wurde das Öffentlich-Rechtliche nach dem Zweiten Weltkrieg vom britischen Journalisten *Hugh Greene*. Es hat bis heute einen ziemlich miesen Ruf, vor allem deshalb, weil der Begriff *öffentlich* so negativ besetzt ist[12]. Festzu-stellen gilt jedoch, dass öffentlich-rechtliches Fernsehen und öffent-licher Personennahverkehr rein gar nichts gemein haben, Letzterer gilt ja gemeinhin als unbequem und billig – was man vom Öffent-lich-Rechtlichen nun wirklich nicht behaupten kann.

Das öffentlich-rechtliche Fernsehen unterscheidet sich vom Privat-fernsehen, weil es einen Auftrag hat.

Der Auftrag des öffentlich-rechtlichen Fernsehens als Unter-scheidungsmerkmal

Was der Auftrag genau sein soll, ist ein bisschen schwierig zu sagen. Versuchen wir's anders: Was will das Öffentliche-Rechtliche? Oder besser: Was will es nicht? Tutti-Frutti zum Beispiel. Oben ohne ist zwar okay, aber Quiz geht nur mit Jörg Pilawa.

Ein weiteres Hauptunterscheidungsmerkmal: **Quote, die**. Quote bedeutete bis vor einigen Jahren im Öffentlich-Rechtlichen vor allem, wie viele Frauen in der Zuschauerredaktion arbeiten dürfen. Mittlerweile bedeutet Quote, dass sich die *Intendanten* genannten Oberhäupter des Öffentlich-Rechtlichen immer häufiger fragen, ob Tutti-Frutti mit Pilawa nicht zumindest eine Option wäre. Für den Vorabend.

Wie GEZ weiter? (kritische Schlussbetrachtung)

Problem des öffentlich-rechtlichen Fernsehens: Machen sie intel-ligente Sendungen, bekommen sie eine schlechte Quote und die Kritiker beschweren sich, warum man so viel Geld für Sendungen ausgibt, die keiner guckt. Machen sie doofe Sendungen mit guter Quote, vermissen die Kritiker den Sendungsauftrag des Öffentlich-Rechtlichen. Lösung? Vielleicht mal auf Seite 260 nachgucken.

Thomas Pommer

---

11 *z. B.* Beckmann, Silbereisen
12 *wegen:* öffentlich auspeitschen, öffentlich urinieren, öffentlicher Personennahverkehr

Übungsaufgaben:

- **GEZ** Abb. 19 – Bilden Sie drei Sätze mit GEZ! (Beispiel: GEZ noch?)

- Was versteht man unter dem öffentlich-recht-lichen Auftrag und wann gilt er als erfüllt?

Radio

Das von der Radiobranche als *schnellstes Medium der Welt* gefeierte Medium Radio ist natürlich nicht mehr das schnellste Medium der Welt. Flurfunk, Tageszeitungen oder Buschtrommeln haben es in Sachen Geschwindigkeit schon vor Jahren überholt. Die Stärken des deutschen Radios liegen heute anderswo: in seiner spannenden *Musikvielfalt*, der bei jedem Sender einzigartigen *Hitkombi* aus den besten Songs der *80er, 90er & dem Besten von heute* und im *schönsten Mix aus Rock, Pop und Oldies.*

Beim deutschen Radio gibt es, wie auch beim Fernsehen (→ *Fernsehen, S. 234*), öffentlich-rechtliche und private Sender. Privatradios erkennt man beim Einschalten an Shania-Twain-lastiger Musikauswahl, randbegabten Conférenciers und Nachberichterstattungen über *Juli*-Konzerte (o. Ä.).[13] Die öffentlich-rechtlichen Sender klingen meistens ganz genauso toll.[14]

Merke!

Ukrainische Wissenschaftler arbeiten seit einiger Zeit an der Entwicklung eines **Bildradios**. Erste Prototypen von Empfangsgeräten sollen im Jahr 2015 der Öffentlichkeit vorgestellt werden.

---

13 *Kurzes Transskript eines Beispielbeitrages*: »Wie war das Konzert?« – »Hammer!!!« – »Supergeieeeeel!!!!« – »Boa, cool, Juli endlich mal live, super!!« usw.
14 *Anm. des Autors*: Der Autor dieses »Werkes« ist (noch) gern gesehener Mitarbeiter bei zahlreichen öffentlich-rechtlichen Rundfunkanstalten. Die sind mit der in diesem Sachtext zwischen den Zeilen enthaltenen »Kritik« natürlich nicht gemeint.

Radiohörer
Radiomoderator

Abb. 20 – **Kommunikationsschema** *des modernen massenorientierten Formatradios (nach Morgen H. Blomberg)*

Übungsaufgaben:

- Wer ist in der Formatradiokommunikation laut Schaubild Empfänger und was denkt er?

- Beantworten Sie anhand der Grafik: Was hat der Radiomoderator auf den Ohren?
  a) eine Kelle
  b) eine Bratpfanne
  c) eine sehr große Tachonadel

- Schraffieren Sie mit einem Bleistift im Schaubild alle Stellen, an denen sich der sogenannte Äther befindet!

Merke!

Wer verlebt genug aussieht[15] und mindestens zehn Wörter halbwegs fehlerfrei zu einem Sachzusammenhang aneinanderreihen kann, wird beim Privatradio **Moderator** genannt.[16]

Abb. 21 – *Ohne ihn läuft in der Musikredaktion eines Radiosenders gar nichts:* **Ramazzotti** (Bild) *bis zum Erbrechen*

Radioangestellte, die den Unterschied zwischen *Bon Jovi* und *Silbermond* kennen, heißen *Musikredakteure*. Idealistische, ambitionierte und engagierte Mitarbeiter nennt man beim Radio *Praktikanten* oder *Hospitanten*. Diese müssen üblicherweise für 250 Euro im Monat so lange Musikwünsche in der Fußgängerzone einsammeln, bis das letzte Funkeln in ihren Augen erlischt. Danach gelten sie als »professionell« genug und sind auch für andere Aufgaben einsetzbar.[17]

Spackonauten, die glauben, sie könnten *Shaggy* oder Lukas Podolski imitieren, werden *Radiocomedians* geschimpft. Der Job des *Radiocomedians* ist laut des letzten IHK-Berufsrankings in der BRD ein in etwa so angesehener Beruf wie *Welpenmetzger* oder *Babywerfer*.

Die Einschaltquote wird beim Radio durch halbjährliche, sehr lustige Scherzumfragen vom *Kleinen Nils*, Paul Panzer

Abb. 22 – *Findet Radiocomedy eher* »*geht so*«: **Lukas Podolski** (Bild) *mag lieber Fußball.*

15 *Stichwort:* Radiogesicht
16 beim öffentlich-rechtlichen Rundfunk ist hierfür zusätzlich ein abgebrochenes Studium Pflicht
17 *z. B.* Wortredaktion, Wellenleitung, Eventredaktion etc.

oder *Edno Bommel* telefonisch bei der Hörerschaft abge-
fragt.[18] Daher versuchen Radioleute durch exzessives Clai-
ming, Teasing und Raffeling die Zuhörer bei ihrem Sender
zu halten. Erklärtes Ziel ist es dabei, aus Menschen *Umfra-
gezombies* zu machen, die auf jede erdenkliche Frage Dinge
wie »Ich höre *ffn*-Morgenman Fränky«, »Ich höre Big-FM«
oder »Ich höre Hitradio Antenne mit dem einzigartigen ge-
heimnisvollen Geräusch« usw. antworten.

> **Deutschland Glossar**
>
> **Claiming**, *das (n., engl.)* /
> **Teasing**, *das (n., engl.)* /
> **Raffeling**, *das (f., engl.)*: Synonym
> für Auf-die-Nerven-gehen

Übungsaufgaben:

- Welcher Radiosender spielt die beste Musik?
  Nur eine Antwort, mit Begründung!

- Was passiert bei den meisten Radiosendern zur
  vollen Stunde?
  a) Der Moderator geht kurz auf die Toilette
  b) Eine neue Bravo-Hits-CD wird eingelegt
  c) Der große Zeiger wandert über die 12

- Was versteht man unter dem Begriff MA?
  a) die Frau von PA
  b) den Nachnamen des Gitarristen von »The
     Smiths«
  c) die Initialen von Partyhengst Michael Ammer

Abb. 23 – *Ebenfalls nur begrenzt
witzig:* **Pauls Panzer** (Hintergrund)

Internet

Das deutsche Internet besteht zum überwiegenden Teil aus
Pop-up-Fenstern, *Schmuddelbildchen* und gewaltverherr-
lichenden *Handyfilmen* und befindet sich im Besitz der
Holtzbrinck-Gruppe. Es hat mit der Milz gemein, dass kei-

---

18 die sogenannte »MA«

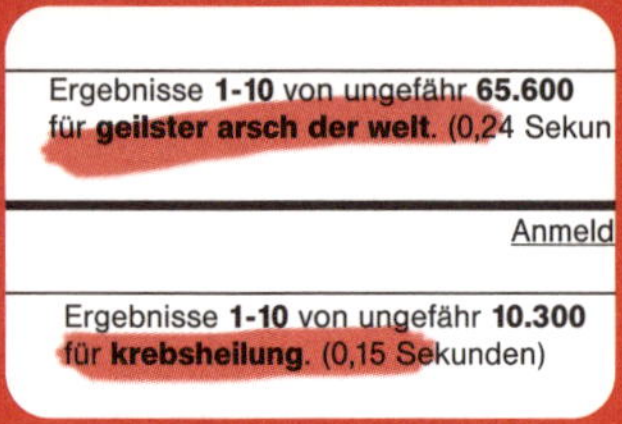

Ergebnisse **1-10** von ungefähr **65.600**
für **geilster arsch der welt**. (0,24 Sekun

Anmeld

Ergebnisse **1-10** von ungefähr **10.300**
für **krebsheilung**. (0,15 Sekunden)

Abb. 24 – *Das Internet als Sündenpfuhl*: Statt sich um die Heilung **gefährlicher Krankheiten** zu kümmern (*Abb, unten*), gehen Internetuser sechsmal lieber ihren **animalischen Trieben** nach (*siehe Abb. oben*)

Internet	Deutsch
fg	Freundlichen Gruß!
hdl	Hast Du Langeweile?
gggg	Genau, genau, genau, genau!
rofl	Ich heiße Rofl!
faq	Geschlechtsverkehr?
:)	Wenn Du Deinen Kopf zur Seite neigst, muss ich lachen!
n8	Weißt Du, wann der Nachtbus der Linie 8 fährt?

Deutschland Glossar

Computermöbel, *das (n.)*: weitverbreitetes Tischchen mit ausziehbarer Tastaturschublade zur Aufbewahrung eines Computers. Sieht furchtbar aus, ruft Sehnenscheidenentzündungen hervor, macht in vielen deutschen Haushalten den Schreibtisch überflüssig und sollte deshalb international geächtet werden.

Bundestrojaner, *der (m.)*: Synonym f. Durchsuchungsmethode des *BKA. Prinzip*: Aus großen hölzernen Pferden, die nachts in die Computerzimmer von potenziellen Online-Kriminellen gerollt werden, springen in einem unbeobachteten Moment speziell geschulte Kriminalbeamte heraus, die sogleich mit Seitenschneider und Stemmeisen das Computergehäuse des Verdächtigen aufbrechen und sich so Zugang zu dessen privaten Daten verschaffen.

ner so genau weiß, wie es eigentlich funktioniert. Sicher ist, wenn man Router, Modem, Splitter, NTBA-Gerät und WLAN-Kabel in der richtigen Reihenfolge zusammensteckt und fünfmal die Servicehotline seines Internetdienstleisters anruft, blinken am Computer grüne Lämpchen, das CD-ROM-Laufwerk macht plötzlich komische Geräusche[19] und man ist *online*.

Im Internet spricht man *HTML*, eine mit dem <u> **Ungarischen**</u> und **Finnischen** verwandte Sprache. In *Chatrooms*, *Foren* und *Newsgroups* verwendet man darüber hinaus zahlreiche aus SMS-Konversationen bekannte Abkürzungen und Fachbegriffe.

Die Entwicklung des Internets ist inzwischen so weit fortgeschritten, dass man nahezu alle Aktivitäten des Alltags bequem und einfach online erledigen kann. Pornos gucken, Kreditwarenbetrügereien oder Buchbestellungen – alles ist möglich. Profi-Internetuser sind sogar in der Lage, sich bis zu zwei Wochen von den Krümeln zu ernähren, die sie aus ihrer Tastatur schütteln, und müssen ihr Computermöbel so nicht einmal zur Nahrungsaufnahme verlassen.

Im deutschen Internet geht es erwartungsgemäß diszipliniert und gesittet zu. Von jeder Onlinesitzung wird ein detailliertes *TCP/IP-Protokoll* verfasst, und Heavy User sind verpflichtet, einen Zweitwohnsitz an ihrer *IP-Adresse* anzumelden und diesen ordnungsgemäß zu versteuern. Zur Überwachung des vermeintlich gesetzlosen Internets greifen die deutschen Behörden seit einiger Zeit auf das neu entwickelte Instrument des Bundestrojaners zurück.

Datenschützer kritisieren jedoch, dass seit Einführung der

19 *vermutlich:* Virus!

Onlinedurchsuchung durch das BKA der kleine Hund aus dem *Windows Explorer* praktisch arbeitslos ist.

Wer auf SPAM-Mails antwortet, kann sich vor Brieffreundschaften kaum retten, und auch die erwähnten sozialen Onlinenetzwerke sorgen für menschliche Kontakte bei mit Sozialleben eher spärlich ausgestatteten Bundesbürgern. So eignen sich Kontaktbörsen wie *knuddels.de* ideal zum gefahrlosen Kennenlernen von Serienmördern, und in Communitys wie *StudiVZ* oder *MeinVZ* wird *gegruschelt*, bis die Fenster[20] wackeln.

Wer seine Meinung ungefragt in die Welt posaunen will,[21] jemanden beleidigen möchte[22] oder beides vorhat,[23] eröffnet im Internet ein eigenes *Weblog*. Mit spitzfindigem Lästern über Rcehtsschreibfheler der Tageszeitungen füllt diese *Blogger* genannte Nutzergattung Milliarden größtenteils unbeachteter HTML-Seiten.

Obgleich es wie kein anderes Medium der Internetpornografie Vorschub leistet und die Grundlage für Internetbetrügereien bildet, ist das Internet schon heute beliebter und erfolgreicher als *BTX* und *Videotext* zusammen.

> **Übungsaufgaben:**
>
> • Erklären Sie: Was ist ein »http« / »Yahoo« / »Conficker«?
>
> • Drucken Sie das Internet aus und korrigieren Sie mit Rotstift alle Rechtschreibfehler!
>
> • Probieren Sie aus: Was passiert, wenn man rechts oben auf das Kreuzchen drückt?

20 *z. dt.:* Windows
21 Hobbyjournalisten
22 *z. B.* Henryk M. Broder
23 *z. B.* Stefan Niggemeier

Abb. 25 – *Hoffentlich kein Bundestrojaner*: dieses **Pferd** (Bildmitte)

Faktenwissen Extrem

Um die Strafverfolgungsbehörden zu entlasten, kann die »Kontrolle« und »Überwachung« von **kinderpornografischen Inhalten** auch von Bundestagsabgeordneten (z. B. SPD) übernommen werden.

Abb. 26 – *Das passiert im Inneren des Internets*: **Twitter, Amazonen, eBayer** und **Googles** stehen auf leuchtenden Punkten, sind mit hellgrauen und dunkelgrauen Strichen untereinander verbunden und können sich so gegenseitig **gruscheln** (nicht im Bild: *Killerspieler, IT-Netzwerkadministrator*).

Deutschland Glossar – Internet

Twitter, *das (n.):* Transsexueller Internetbenutzer
Amazon, *die (f.):* Weiblicher Internetuser
gruscheln: Synonym f. Nötigung
PayPal, *das (n.):* Bezahlfreund (auch: Zuhälter, Lude)

Die 1000 wichtigsten deutschen Zeitungen

Frankfurter Allgemeine Zeitung (FAZ)
Gattung: Akademikerpostille
Erscheinungsweise: häufig
Format: umständlich
Auflage: könnte besser sein
Tendenz: langweilig
Schmerzhaft: eine jahrzehntelang offen sichtbare Titelfraktur

BILD
Gattung: Nachrichtenmagazin
Erscheinungsweise: bunt
Format: zum Blättern
Auflage: steigende Reduzierung
Tendenz: ausgewogen
Internet: coole Busenfotos, interessante Klickstrecken und frech overvoicte Videos von Autounfällen, Promiparties und Michael Jackson (†)

Die Süddeutsche
Gattung: Studentenblatt
Erscheinungsweise: regelmäßig im alle 14 Tage verlängerten, kostenlosen Probeabo
Format: auf Papier ausgedruckt
Tendenz: normal
Eine wahre Freude: die Krawatten von Hans Leyendecker
Internet: vorhanden (über ISDN)

taz
Gattung: Lehrerinformationsbroschüre
Erscheinungsweise: oft
Format: rechteckig
Auflage: naja
Tendenz: tendenziös
Mutig: frech-unsensibel getextete Überschriften bei Katastrophen und Terrorakten

SPIEGEL
Gattung: Website
Erscheinungsweise: 24/7
Format: bis zu 1920 x 1080 Pixel
Auflage: wird in Klicks gemessen
Tendenz: digital
Anm. d. Autors – Lieber Lektor! Bitte bis zur letzten Fahnenkorrektur des Buches noch in Erfahrung

Tageszeitungen

Trotz Einführung der DSL-Doppelflaterate sind viele Haushalte in der Bundesrepublik noch immer auf den Informationsdienst *Tageszeitung* angewiesen. Für einen Komplett-Kombipreis von ca. 35 Euro pro Monat uploadet ein *Zeitungsjunge* genannter Server die Tageszeitung meist in den frühen Morgenstunden als *Analognewsletter* in die *Mailbox* angebundener User. Mit einem *Hardwarekey* öffnet dann der *Client* verschlafen, verkatert und im Bademantel gegen zwölf Uhr mittags seine Inbox, um die *Tageszeitung* auf den *Küchentisch* genannten Desktop downzuloaden. Zwar ist es mit dem Keine-Reklame-Sticker[24] auf der Mailbox möglich, einen Großteil der unerwünschten Werbemail gar nicht erst ins Postfach zu lassen, bei der *Tageszeitung* empfiehlt es sich allerdings immer, mittels ausgefeilter Schütteltechnik nervigen SPAM manuell in den Trash-Ordner forzuwarden.

Gemessen an der geringen *Prozessorleistung* sind die hochauflösende, großformatige Anzeige und die verhältnismäßig lange Akkulaufzeit der *Tageszeitung* bemerkenswert. Eher unbefriedigend: der Sound (»Raschel, raschel«) und die relativ lange Aktualisierungsspanne (ein Tag). Auch die Geschwindigkeit, 1 ZpT[25] downstream und, je nach Themenlage, circa 8 LpZ[26] upstream, lassen zu wünschen übrig. Inhaltlich ist die *Tageszeitung* jedoch mit dem Internet mindestens gleichauf: Besonders Boulevard, Sport und Bumsanzeigen generieren im Printmedium die meisten *Pageimpressions*.

Über eine *Leserhotline* genannte VoIP-Replyfunktion können User montags bis freitags von 10 bis 18 Uhr sogar chatten oder Anzeigen schalten (*vgl.: eBay*). Jahre

24 ein Verwandter des modernen SPAM-Filters
25 Zeitung pro Tag
26 Leserbriefe pro Zeitung

vor *Facebook* war der Tageszeitungskunde über die Communityfunktion *Todesanzeigen* stets im Bilde, was es Neues in seinem Freundes- und Bekanntenkreis gab.

Da Tageszeitungen sich weder in bestehende WLAN-Netzwerke integrieren lassen noch über einen kabelgebundenen Ethernet-Anschluss, eine USB-Schnittstelle oder auch nur ein Diskettenlaufwerk verfügen, schrumpften in den vergangenen Jahren die Datentransfermenge der *Tageszeitung* kontinuierlich und die *Redaktionen* genannten *Provider* wurden auf wenige Hosts zusammenrationalisiert.

Übungsaufgaben:

- Wie spricht man Feuilleton richtig aus?
  a) Föjetong
  b) Föaletoo
  c) Füaerleton

- Was unterscheidet Printjournalisten von denen aus Fernsehen, Radio oder Internet?
  a) Sie sehen schlechter aus.
  b) Ihre Stimme ist unerträglich.
  c) Sie wissen nicht, wie Computer funktionieren.
  (Mehrfachnennungen möglich)

- Was kann eine Tageszeitung, was das Internet nicht kann?
  a) die Finger schwarz färben
  b) brennen
  c) Fisch einwickeln

bringen, ob es SPIEGEL auch als Print-Version gibt! Kurze Mitteilung über Twitter wäre gut. Danke, J. B.

Focus
Gattung: Illustrierte
Erscheinungsweise: nicht selten genug
Format: keines
Auflage: schmeckt am besten mit Butter beschmiert und mit Mortadella oder Käse belegt.
Tendenz: überflüssig
Merkwürdig: die Frisur von Helmut Markwort

Die Zeit
Gattung: Angeberzeitung
Erscheinungsweise: manchmal
Format: grotesk überdimensioniert
Auflage: nicht nötig
Tendenz: rechthaberisch
(→ Helmut Schmidt, S. 102)
Erstaunlich: dicker als das Telefonbuch von Pforzheim und in der U-Bahn unhandlicher zu transportieren als ein 2er-Kajak
Internet: geht nicht (wegen zu viel Daten für handelsübliche Serverfestplatten)

Abb. 27 – *Eine der schillerndsten Persönlichkeiten des deutschen Films*: Regisseur und Campino[27]-Intimus **Wum Wenders** (Bild)

Merke!

Abb. 28 – *Aufgepasst:* Wenn **Veronica Ferres** in einem Film eine tragende Rolle spielt, sitzen Sie vermutlich nicht im Kino, sondern vorm Fernseher!

Abb. 29 – Hat zwar nicht »Das Boot«, »Halbe Treppe«, »Lola rennt« oder »Otto, der Außerfriesische« gemacht, ist aber trotzdem einer der wichtigsten deutschen Regisseure: **Volker Schlöndorff** (Abb. ähnlich)

Film

Einen deutschen Film erkennt man daran, dass die weibliche Hauptrolle nach spätestens zehn Filmminuten oben ohne durchs Bild läuft und die männliche Hauptrolle mit einem nachdenklich, aber sensibel dreinblickenden *Daniel Brühl* besetzt ist. Manchmal wird sogar Deutsch gesprochen. In mit *deutschem Geld*[28] finanzierten ausländischen Filmen darf nur selten jemand *oben ohne* rumlaufen, und *Daniel Brühl* muss Nebenrollen spielen (z. B. einen sensiblen Nazi, einen nachdenklichen Halbbruder der Hauptdarstellerin o. Ä.). Deutsch spricht hier allerdings niemand.

Deutsche Blockbuster werden abwechselnd von *Bernd Eichinger* und *Oliver Berben* unter der Regie von *Michael »Bully« Herbig* produziert und handeln ausnahmslos vom Dritten Reich[29] oder der DDR[30]. Die wichtigsten deutschen Kinofilme, die sich derzeit in Produktion befinden, sind »Goodbye, Erich!« (mit Alexandra Maria Lara als *Margot Honecker*, Daniel Brühl als *Erich Honecker* und Heino Ferch als *Günter Schabowski*), »Otto – der Superfilm« (mit Mario Barth als *Otto*, Heike Makatsch als *Otto-Freundin Tina* und Daniel Brühl als *sensibler Bösewicht*) und »Der Schmu des Manitu« (mit Moritz Bleibtreu als *Bully »Michael« Herbig*, Daniel Brühl als *Sky Dumont* und Anna Thalbach als *Hilmi Sözer*).

Der wichtigste deutsche Filmpreis ist der *Oscar*. Wer ihn gewinnt, hat einen *Bambi* so gut wie sicher und wird sogar zu Deutschlands elitärstem Filmfest, der *Berlinale*, eingeladen. Hier muss der Oscar-Gewinner sich dann für die Presse ein paar fantastische Zukunftsprojekte zusammenlügen und dem Berliner Bürgermeister die Hand schütteln.

27 → S. 106
28 *engl.*: »stupid German money«
29 → S. 83
30 → S. 110

Musik

Deutschland ist das Land der Musik. Nicht nur *Johann Strauß*, *Mozart* oder *Joseph Haydn* waren Deutsche[31], auch international bekannte Musikgruppen wie *The Scorpions*, *Modern Talking* oder *Fury in the Slaughterhouse* gestalteten das Bild der Musiknation Deutschland in der Welt maßgeblich mit.

Musik besteht genau wie das Magazin der *Stiftung Warentest* überwiegend aus *Noten.* Anders als bei den Warentestern ist es bei Musik jedoch möglich, dass sie, obwohl sie gute Noten hat, schlecht ist. Coole junge Männer mit angesagten Mützen und freche junge Frauen mit schiefen Frisuren hören gerne Musik, bei der es elektronisch aus den Boxen wummert, schräge Sänger schräge Texte ins Mikrofon nuscheln und harter Schlagzeugsound zum Tanzen an-

Die 1000 besten deutschen Musikinstrumente

Abb. 30 – Platz 1: **Schlagzeug**

Spitzname: Hauptschulklavier, Nachbarschaftsgeißel
Instrumentenart: Gewaltinstrumente
Klang: »Bum – tschak – bum-bum – tschak – pffffffffffffffffff!«
Herkunftsland: Drumänien
Vorteile: weder Verstärker noch Notenkenntnis erforderlich
Nachteile: keine

---

31 von 1938 – 1945

Abb. 31 – Platz 4: **Tuba**

Spitzname: Idiotentrompete, Elefantenpiccolo
Instrumentenart: Tröthupen
Klang: »Möööööööp! Mump-mömp-mump-mömp! Böööööööööööööp!«
Herkunftsland: Kuba
Vorteile: ist lauter die meisten anderen Instrumente
Nachteile: passt nicht in Aktentaschen und Rucksäcke

Abb. 32 – Platz 6: **Gitarre**

Spitzname: Quercello
Instrumentenart: Lochinstrumente
Klang: »Plim, plim, plim, pppppppplllllllllim!«
Herkunftsland: Spanien
Vorteile: dank eines Plektrons muss man die Gitarre nicht direkt anfassen (hygienischer)
Nachteile: man weiß nie genau, ob man »Gitarre« oder »Gittarre« schreiben muss

regt. Ältere Menschen können so was nur schlecht hören – auch weil sie oft schlecht hören: schlechte Musik von *Maxi Arland* oder *Helene Fischer* zum Beispiel.

Diese Wahrnehmungsstörung, an der die Mehrheit der bundesdeutschen Bevölkerung leidet, fällt in den Bereich der *Musikbehinderungen* und ist vermutlich auf eine musikalische Früherziehung auf Blockflötenbasis zurückzuführen. Hintergrund: Viele junge Deutsche werden jahrelang von ihren Eltern zum Blockflötenunterricht gepeitscht und pusten sich dabei jegliche musikalische Differenzierungsfähigkeit aus den Trommelfellen. Noch traurigere Folgen dieser Musikbehinderung sind Spielmannszüge, TOP-40-Tanzbands und der Erfolg von Revolverheld.

Übungsaufgaben:

• Praxisaufgabe: Singen Sie Ihr Lieblingslied zehn Mal! Laut und deutlich!

• Wieso sind die Noten in der Musik nicht alphabetisch angeordnet bzw. warum gibt es im deutschen Schriftalphabet weder Cis oder Fis?

• Sollte man sich, wo jemand singt, niederlassen oder ist hier mit schlechten Menschen zu rechnen? Begründen Sie!

32 Am besten eignen sich übrigens hierfür die besonders sorgsam verarbeiteten und liebevoll gebundenen Bücher aus wertvollsten Rohmaterialien des Verlages *Kiepenheuer & Witsch*.

33 *Romanveröffentlichungen (Auszug)*: »Silbermond«, »Drachenmond«, »Drachensilber«, »Monddrachen«, »Silberdrachen« (erschienen bei Heyne und Bastei-Lübbe)
34 *Romanveröffentlichungen (Auszug)*:

Literatur

Obgleich die meisten Bücher ein Jahr später sowieso als *Blu-Ray-DVD* in den Handel kommen, gilt das Lesen eines richtigen Buches in Deutschland noch immer als edelste Form der Geistesbetätigung.

> **DREI SEHR INTERESSANTE FAKTEN ÜBER LITERATUR**
> - Je mehr Bücher jemand besitzt, desto intelligenter ist er auch.
> - Da Männer nicht so gut lesen können, hat es der Buchhandel hauptsächlich auf die Kaufkraft der weiblichen Bevölkerungshälfte abgesehen.
> - In Deutschland gibt es mehr Lyriker als Lyrikliebhaber (→ *Quellentext Lyrik, S. 255*)

Nur die *besten* Bücher schaffen es in die SPIEGEL-Bestsellerliste! Werke von höflichen, gut gekleideten und telegenen Autoren, die sich regelmäßig waschen, anständige Manieren und ein gesundes Sozialverhalten an den Tag legen, findet man meist in der rechten Spalte unter *Sachbücher*. Die anderen machen Belletristik und stehen in der Bestsellerliste links.

Abb. 33 – *Vielseitig und hübsch anzuschauen*: **Bücher** lassen sich auch als pfiffige Tischdekoration verwenden.[32]

Deutschland Glossar

Belletristik, *die (f.)*: Überbegriff für Unterhaltungsliteratur, welche im Literaturbetrieb wiederum ein ähnliches Ansehen genießt wie *Astro TV* in der Fernsehbranche oder *DJ Tomekk* in der deutschen Hip-Hop-Szene

Zu den wichtigsten lebenden Schriftstellern der deutschsprachigen Nachkriegsliteratur gehören *Wolfgang Hohlbein*[33], *Elfriede Jelinek*[34], *Jan Böhmermann*[35], *Günter Grass*[36] und *Cornelia Funke*[37]. Leider haben bislang nur *Jelinek* und *Grass* einen Literaturnobelpreis erhalten. *Böhmermann*, *Hohlbein* und *Funke* sind aber bestimmt auch bald dran. Nicht zu den wichtigsten noch lebenden Schriftstellern gehören *Susanne Fröhlich* (selbsterklärend), *Daniel Kehlmann* (weiß selber, warum) und *Stephenie Meyer* (kann nicht einmal ihren eigenen Vornamen *Stephanie* richtig schreiben).

»Ein Klavier, ein Klavier« (Rowohlt), »Huch« (Rowohlt), »Nein!« (nur online), »Die Preisträgerinnen« (Rowohlt)
35 *Romanveröffentlichungen (Auszug):* »Unzustellbar verliebt – ein Post-roman«, »Freche Frauen ab 40 aufgepasst, zugreifen!«, »Liebe aus Leidenschaft«, »Bis(s) zum geht nicht mehr«, »Alles, alles über Lisa Bund – das DSDS-Fanbuch« (alle bei *Kiepenheuer & Witsch*)

Abb. 34 – *You better judge a book by its cover*: Star-Autoren wie **Wolfgang Hohlbein** (Bild) sind Gesicht und Aushängeschild des deutschen Literaturbetriebes in der Welt.

Deutschland Glossar

Verlag, *der (m.)*: gemeinnützige Literatureinrichtung, die nicht so gerne Geld verdienen will.

Im Zuge der *Tommyjaudisation* des deutschen Literaturmarktes befreiten deutsche Verlagshäuser Hunderte TV-Comedyautoren, die bis dahin von schlimmen Fernsehproduzenten mit viel Geld gezwungen wurden, unter menschenunwürdigen Bedingungen in Sketch-Show-Redaktionen oder als Gagschreiber für *Cindy aus Marzahn* oder *Oliver Beerhenke*[38] an der Erstklassigkeit deutscher Fernsehunterhaltung mitzuarbeiten. Nun dürfen sie ironische Unterhaltungsromane über orientierungslose, liebesbedürftige Twentysomethings in Lebens- und Sinnkrisen schreiben und aufsammeln, was nach dem Popliteratur-Tsunami vor zehn Jahren übrig blieb. Den Verlagen sei Dank!

Seit ein paar Jahren gewinnen auch wirtschaftliche Interessen im Verlagswesen mehr und mehr an Bedeutung – ein Trend, der sicherlich, wie so oft, aus Amerika nach Deutschland geschwappt ist. So verhandelte zum Beispiel der Göttinger Steidl Verlag mit Günter Grass, ob für Autor und Verlag eine Romanneuveröffentlichung[39] oder Enthüllungen über Grass' bislang verschwiegene Mitgliedschaft im Knax-Club und im Sauna-Club »Schmuseoase« lukrativer wären oder ob man einfach gemeinsam auf das Ableben des Autors warten sollte.

Übungsaufgaben:

• Wozu braucht man eigentlich Bücher, wenn es doch Wikipedia gibt?

• Die Mitgliedschaft in welchen nationalsozialistischen Organisationen sollte man als Autor seinem Verlag lieber nicht verschweigen? Zählen Sie auf!

36 *Romanveröffentlichungen (Auszug)*: »Die Blechzwiebel« (Luchterhand), »Die Krebsin« (Luchterhand), »Ein dicker Butt« (Steidl)

37 *Romanveröffentlichungen (Auszug)*: »Harry Potter I – IV« (im Kino), »Die wilden Kerle« (DVD)
38 *bekannt aus:* »Ups! Die Superpannenshow« (RTL)

- Was beschreibt der Begriff Prosa?
  a) die Ranch in »Bonanza«
  b) einen homosexuellen Berliner Filmemacher
     (... von Raunheim)
  c) eine Farbe

- Wann ist Literatur gut?
  a) nach zwei Flaschen Bordeaux
  b) wenn es ein Happy End gibt
  c) wenn Geisterjäger John Sinclair die Hauptrolle
     spielt

THEMENSCHWERPUNKT LYRIK

Quellentext: Deutsche Lyrik

Nach über Vierdreivierteljahr',
wird es heute endlich wahr!
Torsten und Melanie heiraten – wunderbar!
Der Brautvater ist erfreut,
und auch Oma freut sich heut,
und die ganze Familie hat eine schöne Zeit!
Wir wünschen unser'n lieben beiden,
dass sie lang zusammenbleiben
und sich nicht so oft streiten.
Nun viel Spaß in den Flitterwochen,
vielleicht kann Torsten ja ausnahmsweise Melanie mal was kochen!
Und in fünfundzwanzig Jahren ist es so weit,
dann feiern wir Eure Silberhochzeit!
Torsten und Melanie – das Brautpaar,
auf Euch ein dreifaches
Hip-Hip-Hurra! Hip-Hip-Hurra! Hip-Hip-Hurra!

39 z. B. »Erzähl doch mal von früher:
Günter Grass im Gespräch mit Reinhold Beckmann«

Übungsaufgaben zum Gedicht:

- Bestimmen Sie das Reimschema des Gedichts!

- Das Gedicht handelt von einer Hochzeit. Wer heiratet wen?

- Wer freut sich anlässlich der Hochzeit ganz besonders?

- In dem Gedicht ist von einer Familie die Rede. Beschreiben Sie, in welcher Stimmung die Familie während der Hochzeit ist. Entnehmen Sie die entsprechenden Belege dafür aus dem Gedicht.

- Was sind Daktylus, Jambus, Spondeus und Trochäus – Versfüße oder Dinosaurier? Begründung!

DIE 1000 WICHTIGSTEN DEUTSCHEN DICHTERINNEN

Viel zu früh und ohne eigenes Zutun wurde die kleine Annette adelig und unzufrieden in die Coesfelder Großfamilie *Droste-Hülshoff* hineingeboren. Bald schon nervte das kränkliche Mädchen seine Geschwister, Eltern und Ammen mit Reimen und kleinen Gedichten und wurde deshalb, gegen den Widerstand des strengen Vaters, vom Hauslehrer zur Außenseiterin ausgebildet. Nachdem sie herausfand, dass ihre Jugendliebe Jacob Grimm, der Unattraktivere der Gebrüder Grimm, ihr jahrelang nichts als Märchen auftischte, zog sich Droste-Hülshoff komplett zurück und widmete sich dem Chatten und Surfen des 19. Jahrhunderts – Briefe schreiben und reisen.

Während ihrer Reisezeit entstanden unter anderem die Novelle »Hundert Gesichter der Langeweile« und die Gedichtsammlung »Reim Dich, oder Du kannst mich mal«. Droste-Hülshoffs Deutschlandtournee führte sie über pulsierende Großstädte wie Bonn, Koblenz oder Köln bis in das *Big Apple des erwachenden Deutschlands* der 1840er Jahre: Meersburg am Bodensee. Ihr bekanntestes und beliebtestes Werk war der bis 2001 im Umlauf befindliche Zwanzigmarkschein – zeitgenössische Kritiker warfen Droste-Hülshoff jedoch stets vor, sie verkaufe sich »mit diesem Kommerzzeug« unter Wert.

Abb. 35 – *Der Zwanzigmarkschein*: das mit Abstand beliebteste Werk von **Annette von Droste-Hülshoff**

Dennoch: Annette von Droste-Hülshoff brachte lange vor Erfindung der *ZDF-Seebühne* deutsche Hochkultur an den Bodensee und gilt deshalb neben der Frankfurter Teilzeitkünstlerin *Sabrina Setlur* als bedeutendste deutsche Dichterin und Denkerin.

Übungsaufgaben:

- Wie viel wäre Ihnen ein Zwanzigmarkschein mit dem Konterfei von Annette von Droste-Hülshoff wert?
  a) 20 Mark
  b) 10 Euro

- Von welchem der Gebrüder Grimm wollte Annette Droste-Hülshoff was?
  a) Jacob (mehr Happy Ends in dessen Märchen)
  b) Adolf (Grimme-Preis)
  c) Willy (einen Tausendmarkschein)

ABSCHLUSSTEST KUNST

1. Was ist deutschen Musikern am Arbeitsplatz nicht gestattet?

○ a) Akkordarbeit
○ b) Fagottteslästerung
○ c) Tennis

2. Was muss auf einem guten Gemälde drauf sein?

○ a) Kunst
○ b) Nackte Weiber
○ c) Ein schmucker Rahmen

3. Was gehört nicht in den Kulturbeutel?

○ a) Deo
○ b) Zahnbürste
○ c) Bushido-CD

4. Warum kann man Revolverheld nicht ernst nehmen?

○ a) Texte
○ b) Musik
○ c) Gesamtkonzept

5. Was unterscheidet Operette und Yogurette?

○ a) Operette belastet nicht so sehr
○ b) Yogurette ist kürzer
○ c) Yogurette macht Bauchweh, Operette Kopfweh

6. Was darf man mit Büchern auf keinen Fall machen?

○ a) Falschrum halten
○ b) Massenbuchhaltung
○ c) Plötzlich ganz andere Seiten aufziehen

7. Welchen deutschen Film muss man gesehen haben?

○ a) Alles von Heribert Fassbinder
○ b) SAT.1 Film Film
○ c) Den aus »Ups! Die Superpannenshow«, wo das Baby von der
　　 Schaukel mit dem Kopf ins Planschbecken fällt

8. **Tanztheaterfrage! Ergänze: Eins-Zwei...**

○ a) Cha-cha-cha
○ b) Hacke, Spitze, Eins, Zwei, Drei
○ c) Ole!

9. **Was macht das Goethe-Institut?**

○ a) Irgendwas mit Kultur
○ b) Irgendwas mit Goethe
○ c) Fördergelder beantragen

10. **Was hatte Nietzsche zu verbergen?**

○ a) Seinen Mund
○ b) Grenzenlosen Optimismus
○ c) Bescheidenheit

(Die Lösungen finden Sie möglicherweise auf Seite 260! Einfach umblättern also!)

Datum/Ort

Unterschrift des Buchinhabers

LÖSUNGEN ZUR LERNKONTROLLE

Hier nun zur Überprüfung Ihres Wissenstandes die richtigen Antworten zu den Lernkontrollfragen (aber bitte nicht schummeln):

c) zu a), b) zu d), d) zu c), a) zu b) / Wurst oben: da, da, hier, weiter links, oben, ganz rechts, da, hier, der, der; Mittelwurst: da, da, da, da, hier, da hinten, der große links, da, da, dort; Wurst unten: hier, hier, hier, dort, dort, da, dort, da, hier, mittig; Wurst Mitte anfassen, drehen, biegen, obere Wurst ankippen, fettige Finger abwischen – fertig! / a), b), b), c), b), a), a), c), c), b) / b), c), a), a), c) / Dings zu Dings, Dingens zu Dingsbums, das zu das, der zu dem, das darüber, dieses mit dem verbinden, das, das, dort, hier einen Strich ziehen / a) d) g) h) i) / a), b), c), a), c), a), a), c), b), a) / b), c), b), b), c) & a), b), b), c), b), a) / a), a), c), b), b), b), a), a), c), c) / Giraffe, Delfin, Weinflasche und Apfel / b), c), a), b), b), a), c), b), c), b) / c), a), x), y), z), a), b), c), a), b) / a), c), c) / b), b), a) / a), b), c), a), b), a), b), c), a), c)

Nachwort
vom Autor persönlich

Uff, geschafft! Atmen Sie erst einmal durch, ziehen Sie die Schuhe aus und lehnen Sie sich entspannt zurück. Na, hat Ihnen dieses Buch gefallen? Schön, das freut Verlag und Autor natürlich. Kritische Leser unter Ihnen werden sich bestimmt hier und da gefragt haben, woher der Autor eigentlich all das weiß, was er in *Alles, alles über Deutschland* so wortgewandt und selbstbewusst niedergeschrieben hat. Ist Jan Böhmermann hochbegabt, verfügt er über ein enzyklopädisch-lexikalisches Gedächtnis, Supergene oder gar ein abgeschlossenes Hochschulstudium?

Abb. 1 – Jan Böhmermann (Bild): Das Lehrbuch *Alles, alles über Deutschland* ist sein Erstlingswerk und darum größtenteils autobiografisch.

Papperlapapp, Jan Böhmermann hat auch ohne akademischen Titel Ahnung von allem! Er ist schließlich gelernter Journalist. Darüber hinaus Deutscher und biometrisch in einwandfreiem Zustand (siehe Ausweiskopie auf S. 261). Er ist zudem hauptamtlicher Hilfsschöffe[1], im Besitz von acht eigenen Punkten in Flensburg und kann die komplette dritte Strophe der deutschen Nationalhymne auswendig mitpfeifen. Neben seiner aktiven Mitgliedschaft in allen nicht im Bundestag vertretenen Parteien engagiert sich Böhmermann im ADAC, der Nordbremer Antifa und zahllosen Vertriebenenverbänden. Er bezeichnet sich selbst als guten Zuhörer, kann »Arroganz, Untreue und Zickigkeit« nicht ausstehen und würde auf eine einsame Insel »mein Buch, einen Damenrasierer und Handschellen« mitnehmen.

Sie sehen, Ihre leisen Bedenken ob der wissenschaftlichen Haltbarkeit dieser Publikation sind völlig unbegründet – der Autor macht unterm Strich sogar einen überqualifizierten Eindruck.

Nun aber auf Wiedersehen, kommen Sie gut nach Hause und vergessen Sie nicht ...

Menschen ändern ihre Meinung, Bücher nicht.
Welcher Narr zöge, dies wissend, den Rat
eines Menschen dem eines Buches vor?

---

1 Spitzname: Schöffe Gnadenlos

Mitarbeiter

Dank dem freundlichen Rinderzuchtverband Mittelfranken, ohne den dieses Buch so nicht möglich gewesen wäre.

Gastautoren
Katrin Bauerfeind
Caroline Korneli
Pierre M. Krause
Friedrich Küppersbusch
Thomas Pommer
Martin Sonneborn
Arnd Zeigler

Mitarbeit
Friederike Achilles
Henning Bornemann
Murmel Clausen
Nico Francioli
Sandra Heinrici
Markus Hennig
Ulf Pohlmeier
Uli Winters

Zeichnungen und Grafik
Commander Phunk
Markus Spang
Nico Francioli

Danksagungen

Zuallererst und am allermeisten, danke an: Commander Phunk, Mausi, Enno, Ischy, Nina, Elli, Rocko, Ludwig, Irm, Eric B., Einstein, den kleinen Eric sowie Vera und Anne für zwei Jahre Geduld, Verständnis und Unterstützung. Das kommt direkt ausm Herz raus! *Dann, second but not least*, danke: allen prominenten Gastautoren, Markus Hennig, Henning Bornemann, Uli Winters, Murmel Clausen, Nico Francioli, Markus Spang und Ulf Pohlmeier für Hilfe, Inspiration und Mitarbeit, Thorsten Neuhaus für die Fotos, natürlich dem namenlosen, nimmermüden Lektor und den zwei Volontärinnen, die dieses Buch verschlissen hat, Kristine Meierling & ROOF-Music, außerdem dem großen WDR und dem kleinen Radio Bremen, den beiden besten Rundfunkanstalten Deutschlands, ein Dank an 1LIVE, YOU FM, Das Ding und Bremen Vier sowieso. *Ein besonderer Dank an*: Apple Computer für alles Technische, den Verlag Kiepenheuer & Witsch für Nase und Geduld, die großartige Herstellerin und den fabelhaften Setzer, Adobe für ihre sehr teuren, aber sehr guten Programme, der Jugendpresse, meinem Mobiltelefon, »Die Norddeutsche«, allen für dieses Buch gefällten Bäumen, den Deutschlehrern dieser Welt, allen Vergessenen und natürlich Vati, Mutti, Schwester, Bruder und der ganzen Sippschaft.

Mehr von allem: www.boehmermann.de

Index

A

Anfang vom Buch, der / S.1

B

Böhmermann, Jan / S. 152/153, 162, 239

C

D

D! Soost, Detlef / S. 42

E

F

Fehlerteufel, der / S. 124

G

H

I

Impressum, das / S. 264
Index, der / S. 265/266

J

Jan Böhmermann, der / S. 11

K

Klischee, das billige / S. 15, S. 16, S. 18, S. 27, S. 28, S. 30,
S. 31, S. 38, S. 39, S. 69, S. 83, S. 84, S. 85, S. 97, S. 98, S. 100,

S. 101, S. 105, S. 119, S. 120, S. 133, S. 144, S. 145, S. 146, S. 147, S. 201, S. 150, S. 168, S. 169, S. 181, S. 182, S. 204, S. 206, S. 207–209, S. 210 ff., S. 213 ff., S. 215 ff., S. 217 ff., S. 224–229

L

M

N

O

P

Q

R
Rechtschreibfehler, der / S. 247

S

T
Tagebuch, Lukas seins / S. 244

U

V

W
Witz, der geklaute / S. 103, S. 265

X

Y

Z

Bildnachweise

Kapitel 1, Heimatkunde
Abb. 2 © Markus Spang; Abb. 11 © Harry Meyer / pixelio.de; Abb. 17 © Jacques Grießmayer / wikipedia.de; Abb. 18 © Nadine Bernards; Abb. 20 © Robert Ward; Abb. 23 © Rainer Zenz_; Abb. 24 © Tom Fischer; Abb. 27 © Picture Alliance; Abb. 49 © Armin Kübelbeck, Quelle: http://de.wikipedia.org/w/index.php?title=Datei:Roland_Koch_03.jpg_; Abb. 53 © Willow_; Abb. 54 © Bernd Boscolo / aboutpixel.de; Abb. 55 © Thomas Leger; Abb. 59 © Dominik Hundhammer_; Abb. 61 © Picture Alliance; Abb. 64 © Martin Schröter / aboutpixel.de; Abb. 65 Fotograf: Reinck, Quelle: http://commons.wikimedia.org/wiki/File:Bundesarchiv_B_145_Bild-F074398-0021,_Bonn,_Pressekonferenz_Bundestagswahlkampf,_Kohl.jpg _; Abb. 66 Fotograf: Lothar Schaack, Quelle: http:// commons. wikimedia. org/ wiki/File:Bundesarchiv_B_145_Bild-F077600-0003,_Bernhard_Vogel.jpg _; Abb. 67 © Heidas_; Abb. 68 © Andreas Reiner, Quelle: http://de.wikipedia.org/w/index.php?title=Datei:Kurt_Beck.jpg_; Abb. 70 © Glenn Francis, www.PacificProDigital.com_; Abb. 71 © Peter Smola / aboutpixel.de; Abb. 74 © Picture Alliance; Abb. 76 © Ingolf Erler / aboutpixel.de; Abb. 78 © Sven Schneider / aboutpixel.de; Abb. 79 © Peter Smola / aboutpixel.de; Abb. 80 © E.S. Myer_; Abb. 83 © Peter Smola / aboutpixel.de

Kapitel 2, Geschichte
Abb. 1 © www.costumers.com; Abb. 6 © Rainer Zenz_; Abb. 7 Fotograf: Elke Schöps, Quelle: http://de.wikipedia.org/w/index.php?title=Datei:Bundesarchiv_Bild_183-1990-0421-300,_Wolfgang_Thierse.jpg _; Abb. 8 © Boje Buck; Abb. 12 © Rinderzuchtverband Mittelfranken; Abb. 13 © Stuart Mentiply, Wolfsburg_; Abb. 15 © Dominik Hundhammer_; Abb. 17 © Uwe H. Friese_; Abb. 23 Quelle: http://de.wikipedia.org/w/index.php?title=Datei:Bundesarchiv_Bild_183-R68588,_Otto_von_Bismarck.jpg_; Abb. 23 © Jakob Dettner, Rainer Zenz, Quelle: http://de.wikipedia.org/w/index.php?title=Datei:Pizza-2.jpg_; Abb. 25 © NASA; Abb. 26 © Caroline Bonarde Ucci_; Abb. 27 © Robert Knudsen ; Abb. 28 Fotograf: Detlef Gräfingholt, Quelle: http://de.wikipedia.org/w/index.php?title=Datei:Bundesarchiv_B_145_Bild-F028914-0003,_Ludwigshafen,_CDU-Kongress,_Helmut_Kohl.jpg _; Abb. 29 © Picture Alliance; Abb. 31 © Picture Alliance; Abb. 34 © Diane Turner; Abb. 35 © Jakub Halun_; Abb. 36 Picture Alliance; Abb. 37 © Neanderthal Museum; Abb. 39 © International Monetary Fund; Abb. 41 © Picture Alliance; Abb. 43 © Immanuel Giel; Abb. 44 © André Zahn, Quelle: http://de.wikipedia.org/w/index.php?title=Datei:Roland_Kaiser_MUC-20050910-01.jpg_; Abb. 48 Quelle: http://de.wikipedia.org/wiki/ Datei:Bundesarchiv_Bild_102-14569,_Berlin,_Mai-Feier,_Hindenburg_und_Hitler.jpg _; Abb. 49 Originalfoto: Quelle: http://de. wikipedia.org/w/index.php?title=Datei:Bundesarchiv_Bild_183-S33882,_Adolf_Hitler.jpg_; Montage: Jan Böhmermann; Abb. 51 Fotograf: Friedrich Franz Bauer, Quelle: http://de.wikipedia.org/wiki/Datei:Bundesarchiv_Bild_183-S72707,_Heinrich_Himmler.jpg _; Abb. 52 Fotograf: Heinrich Hoffmann, Quelle: http://de.wikipedia.org/w/index.php?title=Datei:Bundesarchiv_Bild_146-1968-101-20A,_ Joseph _Goebbels.jpg_; Abb. 53 Quelle: http://commons.wikimedia.org/wiki/File:SAGoring _; Abb. 54 Fotograf: Binder, Quelle: http:// de.wikipedia.org/w/index.php?title=Datei:Bundesarchiv_Bild_146II-277,_Albert_Speer.jpg _; Abb. 55 Quelle: http://de.wikipedia .org/w/index.php?title=Datei:Bundesarchiv_Bild_183-1987-0313-507,_Rudolf_Hess.jpg_; Abb. 59 © Charles Russell Collection, NARA; Abb. 60 © US Army Signal Corps; Abb. 63 © Markus Spang; Abb. 64 Fotograf: Katherine Young, New York, Quelle: http://de.wikipedia.org/w/index.php?title=Datei:Bundesarchiv_B_145_Bild-F078072-0004,_Konrad_Adenauer.jpg_; Abb. 65 Fotograf: Doris Adrian, Quelle: http://de.wikipedia.org/w/index.php?title=Datei:Bundesarchiv_B_145_Bild-F004204-0003,_Ludwig_Erhard_mit_seinem_Buch.jpg_; Abb. 66 © Marion S. Trikosko; Abb. 67 Fotograf: Reinck, Quelle: http://de.wikipedia.org/ w/index.php?title=Datei:Bundesarchiv_B_145_Bild-F057884-0009,_Willy_Brandt.jpg_; Abb. 68 Fotograf: Ludwig Wegmann, Quelle: http://commons. wikimedia.org/wiki/File:Bundesarchiv_B_145_Bild-F048646-0033,_Dortmund,_SPD-Parteitag,_Helmut_Schmidt.jpg_; Abb. 69 Fotograf: Reinck, Quelle: http://commons.wikimedia.org/wiki/File:Bundesarchiv_B_145_Bild-F054631-0013,_Ludwigshafen,_CDU-Bundesparteitag,_Kohl.jpg _; Abb. 70 © Alexander Blum; Abb. 71 © Picture Alliance; Abb. 73 © Markus Spang; Abb. 74 © Picture Alliance; Abb. 78 Quelle: http://commons.wikimedia.org/wiki/File:Bundesarchiv_Bild_183-1987-0724-321,_Erich_Honecker_ beim_ Interview. jpg _

Kapitel 3, Sozialkunde
Abb. 2 © Peter Zettler / pixelio.de; Abb. 4 © Maria Lanznaster / pixelio.de; Montage: Jan Böhmermann; Abb. 6 © R. Rebmann / digitalstock.de; Abb. 8 © Grace Winter / pixelio.de; Abb. 16 © Sven Teschke_; Abb. 17 © Andreas Morlok / pixelio.de; Abb. 20 © WDR; Abb. 21 © Konstantin Gastmann / aboutpixel.de; Abb. 22 © Renno / aboutpixel.de; Abb. 23 © P. Jobst / digitalstock.de; Abb. 24 © Smalltown Boy_; Abb. 26 © Nico Francioli / Jan Böhmermann; Abb. 28 © Svair / aboutpixel.de; Abb. 33 © Tobias Wölkl / aboutpixel.de; Abb. 34 © D. Petzold / digitalstock.de

Kapitel 4, Politik
Abb.2 Originalfoto: © www.jd-drews.de; Montage: Jan Böhmermann; Abb. 4 © Picture Alliance; Abb. 7 © Paul-Georg Meister / pixelio.de; Abb. 9 © F. Bartels / digitalstock.de; Abb. 11 © R. Röder / digitalstock.de; Abb. 12 © J.Sturm / digitalstock.de; Abb. 13 © Joa-

chim Reisig / pixelio.de; Abb. 18 Originalfotos: © M. Kropp / digitalstock.de, Astraios / aboutpixel.de; Montage: Christoph Phunk; Abb. 20 © Barbara Mürdter_; Abb. 27 Quelle: http://de.wikipedia.org/w/index.php?title=Datei:Bundesarchiv_Bild_146-1994-034-22A,_Heinrich_Lübke.jpg_; Abb. 28 Fotograf: Georg Bauer, Quelle: http://de.wikipedia.org/ w/index.php?title= Datei: Bundesarchiv_Bild_146-2007-0037,_Gustav_Heinemann.jpg_; Abb. 29 Quelle: http://de.wikipedia.org/w/index.php?title= Datei:Bundesarchiv_Bild_146-1989-047-20,_Walter_Scheel.jpg_; Abb. 30 Fotograf: Reinck, Quelle: http://commons.wikimedia.org/wiki/File:Bundesarchiv_B_145_Bild-F054633-0020,_Ludwigshafen,_CDU-Bundesparteitag,_Carstens.jpg _; Abb. 31 Quelle: http://de.wikipedia.org/w/index.php?title=Datei:Bundesarchiv_Bild_146-1991-039-11,_Richard_v._Weizsäcker.jpg_; Abb. 32 © Zeitblom; Abb. 33 Fotograf: Ulrich Wienke, Quelle: http://de.wikipedia.org/w/index.php?title=Datei:Bundesarchiv_B_145_Bild-F073494-0025,_Bundespressekonferenz,_Bundestagswahlkampf,_Rau.jpg_; Abb. 36 Fotograf: Reinck, Quelle: http://commmons.wikimedia.org/wiki/File: Bundesarchiv _B145_Bild-F074398-0021,_Bonn,_Pressekonferenz_Bundestagswahlkampf,_Kohl.jpg; Abb. 38 © Yannick Trottier_; Abb. 40 © Ingo Kramer_; Abb. 42 Originalfoto: Fotograf: Hubert Link, Quelle: http://commons. wikimedia.org/ wiki/File: Bundesarchiv_ Bild_183-Z0626-408,_Berlin,_Ministerrat_der_DDR,_Gruppenbild.jpg_ ; Montage: Jan Böhmermann; Abb. 43 © didi46_; Abb. 45 © T. Rethmann; Abb. 47 © Armin Kübelbeck, Quelle: http://commons.wikimedia.org/wiki/File:Frank-Walter_Steinmeier_03.jpg_; Abb. 48 © Donautalbahner_

Kapitel 5, Erdkunde

Abb. 13 © Picture Alliance; Abb. 17 © Picture Alliance; Abb. 18 © Remi Jouan_; Abb. 28 © Picture Alliance; Abb. 30 © U.S. Fish & Wildlife Service, V. Bern; Abb. 36 © Picture Alliance; Abb. 38 © Picture Alliance; Abb. 39 © Picture Alliance; Abb. 41 © Markus Spang; Abb. 42 © Picture Alliance; Abb. 44 © NASA, Bill Ingalls; Abb. 46 © Hasse Karlsson

Kapitel 6, Kunst

Abb. 2 © Gerhard Giebener / pixelio.de; Abb. 3 © Der Sascha_; Abb. 4 © RobinX-de_; Abb. 17 © probono GmbH; Abb. 18 © probono GmbH; Abb. 20 © Gerd Altmann / pixelio.de; Abb. 22 © Markus Spang; Abb. 25 © H. Siepmann / pixelio.de; Abb. 26 © M. Osterrieder / digitalstock.de; Abb. 27 © Picture Alliance; Abb. 28 © Alexander Hauk; Abb. 29 © Picture Alliance; Abb. 30 © N.Schmitz / pixelio.de; Abb. 31 © Michael Baudy / pixelio.de; Abb. 32 © Onkel Ans / pixelio.de; Abb. 33 © I. Friedrich / pixelio.de; Abb. 34 © Hans Peter Schaefer_

. . . .

1 Diese Abbildung ist lizenziert unter der GNU 1.2 Lizenz siehe unten
2 Diese Abbildung ist lizenziert unter der Creative Commons Lizenz Namensnennung-Weitergabe unter gleichen Bedingungen 3.0 Deutschland (s. http://creativecommons.org/licenses/by/3.0/)
3 Diese Abbildung ist lizenziert unter der Creative Commons Lizenz Namensnennung-Weitergabe unter gleichen Bedingungen 2.0 Deutschland (s. http://creativecommons.org/licenses/by-sa/2.0/de/)

Soweit es möglich war, wurden Copyright-Fragen zu den Abbildungen geklärt. Nicht erreichte oder erwähnte Inhaber von Bildrechten werden gebeten, sich zu melden.

A »Transparent« copy of the Document means a machine-readable copy, represented in a format whose specification is available to the general public, that is suitable for revising the document straightforwardly with generic text editors or (for images composed of pixels) generic paint programs or (for drawings) some widely available drawing editor, and that is suitable for input to text formatters or for automatic translation to a variety of formats suitable for input to text formatters. A copy made in an otherwise Transparent file format whose markup, or absence of markup, has been arranged to thwart or discourage subsequent modification by readers is not Transparent. An image format is not Transparent if used for any substantial amount of text. A copy that is not »Transparent« is called »Opaque«.

Examples of suitable formats for Transparent copies include plain ASCII without markup, Texinfo input format, LaTeX input format, SGML or XML using a publicly available DTD, and standard-conforming simple HTML, PostScript or PDF designed for human modification. Examples of transparent image formats include PNG, XCF and JPG. Opaque formats include proprietary formats that can be read and edited only by proprietary word processors, SGML or XML for which the DTD and/or processing tools are not generally available, and the machine-generated HTML, PostScript or PDF produced by some word processors for output purposes only.

The »Title Page« means, for a printed book, the title page itself, plus such following pages as are needed to hold, legibly, the material this License requires to appear in the title page. For works in formats which do not have any title page as such, »Title Page« means the text near the most prominent appearance of the work's title, preceding the beginning of the body of the text.

A section »Entitled XYZ« means a named subunit of the Document whose title either is precisely XYZ or contains XYZ in parentheses following text that translates XYZ in another language. (Here XYZ stands for a specific section name mentioned below, such as »Acknowledgements«, »Dedications«, »Endorsements«, or »History«.) To »Preserve the Title« of such a section when you modify the Document means that it remains a section »Entitled XYZ« according to this definition.

The Document may include Warranty Disclaimers next to the notice which states that this License applies to the Document. These Warranty Disclaimers are considered to be included by reference in this License, but only as regards disclaiming warranties: any other implication that these Warranty Disclaimers may have is void and has no effect on the meaning of this License.

2. VERBATIM COPYING

You may copy and distribute the Document in any medium, either commercially or noncommercially, provided that this License, the copyright notices, and the license notice saying this License applies to the Document are reproduced in all copies, and that you add no other conditions whatsoever to those of this License. You may not use technical measures to obstruct or control the reading or further copying of the copies you make or distribute. However, you may accept compensation in exchange for copies. If you distribute a large enough number of copies you must also follow the conditions in section 3.

You may also lend copies, under the same conditions stated above, and you may publicly display copies.

3. COPYING IN QUANTITY

If you publish printed copies (or copies in media that commonly have printed covers) of the Document, numbering more than 100, and the Document's license notice requires Cover Texts, you must enclose the copies in covers that carry, clearly and legibly, all these Cover Texts: Front-Cover Texts on the front cover, and Back-Cover Texts on the back cover. Both covers must also clearly and legibly identify you as the publisher of these copies. The front cover must present the full title with all words of the title equally prominent and visible. You may add other material on the covers in addition. Copying with changes limited to the covers, as long as they preserve the title of the Document and satisfy these conditions, can be treated as verbatim copying in other respects.

If the required texts for either cover are too voluminous to fit legibly, you should put the first ones listed (as many as fit reasonably) on the actual cover, and continue the rest onto adjacent pages.

If you publish or distribute Opaque copies of the Document numbering more than 100, you must either include a machine-readable Transparent copy along with each Opaque copy, or state in or with each Opaque copy a computer-network location from which the general network-using public has access to download using public-standard network protocols a complete Transparent copy of the Document, free of added material. If you use the latter option, you must take reasonably prudent steps, when you begin distribution of Opaque copies in quantity, to ensure that this Transparent copy will remain thus accessible at the stated location until at least one year after the last time you distribute an Opaque copy (directly or through your agents or retailers) of that edition to the public.

It is requested, but not required, that you contact the authors of the Document well before redistributing any large number of copies, to give them a chance to provide you with an updated version of the Document.

4. MODIFICATIONS

You may copy and distribute a Modified Version of the Document under the conditions of sections 2 and 3 above, provided that you release the Modified Version under precisely this License, with the Modified Version filling the role of the Document, thus licensing distribution and modification of the Modified Version to whoever possesses a copy of it. In addition, you must do these things in the Modified Version:

* A. Use in the Title Page (and on the covers, if any) a title distinct from that of the Document, and from those of previous versions (which should, if there were any, be listed in the History section of the Document). You may use the same title as a previous version if the original publisher of that version gives permission.

* B. List on the Title Page, as authors, one or more persons or entities responsible for authorship of the modifications in the Modified Version, together with at least five of the principal authors of the Document (all of its principal authors, if it has fewer than five), unless they release you from this requirement.

* C. State on the Title page the name of the publisher of the Modified Version, as the publisher.

* D. Preserve all the copyright notices of the Document.

* E. Add an appropriate copyright notice for your modifications adjacent to the other copyright notices.

* F. Include, immediately after the copyright notices, a license notice giving the public permission to use the Modified Version under the terms of this License, in the form shown in the Addendum below.

* G. Preserve in that license notice the full lists of Invariant Sections and required Cover Texts given in the Document's license notice.

* H. Include an unaltered copy of this License.

* I. Preserve the section Entitled »History«, Preserve its Title, and add to it an item stating at least the title, year, new authors, and publisher of the Modified Version as given on the Title Page. If there is no section Entitled »History« in the Document, create one stating the title, year, authors, and publisher of the Document as given on its Title Page, then add an item describing the Modified Version as stated in the previous sentence.

* J. Preserve the network location, if any, given in the Document for public access to a Transparent copy of the Document, and likewise the network locations given in the Document for previous versions it was based on. These may be placed in the »History« section. You may omit a network location for a work that was published at least four years before the Document itself, or if the original publisher of the version it refers to gives permission.

* K. For any section Entitled »Acknowledgements« or »Dedications«, Preserve the Title of the section, and preserve in the section all the substance and tone of each of the contributor acknowledgements and/or dedications given therein.

* L. Preserve all the Invariant Sections of the Document, unaltered in their text and in their titles. Section numbers or the equivalent are not considered part of the section titles.

* M. Delete any section Entitled »Endorsements«. Such a section may not be included in the Modified Version.

* N. Do not retitle any existing section to be Entitled »Endorsements« or to conflict in title with any Invariant Section.

* O. Preserve any Warranty Disclaimers.

If the Modified Version includes new front-matter sections or appendices that qualify as Secondary Sections and contain no material copied from the Document, you may at your option designate some or all of these sections as invariant. To do this, add their titles to the list of Invariant Sections in the Modified Version's license notice. These titles must be distinct from any other section titles.

You may add a section Entitled »Endorsements«, provided it contains nothing but endorsements of your Modified Version by various parties--for example, statements of peer review or that the text has been approved by an organization as the authoritative definition of a standard.

Hörbücher von Jan Böhmermann:

Alles, alles über Deutschland. 2 CDs, Digipak, gekürzte Fassung.
ISBN 978-3-941168-06-0

Lukas' Tagebuch Live. 1 CD, Live-Mitschnitt.
ISBN 978-3-941168-15-2

2,53 Lehrstunden für alle, die es besser wissen

Vom Bankdrücker bei den Bayern bis hin zum Retter des 1. FC Köln – nur in Lukas' Tagebuch steht, wie es *wirklich* war!

Martin Sonneborn. Das Partei Buch. Wie man in Deutschland
eine Partei gründet und die Macht übernimmt. KiWi 1090

»Das Superwahljahr schreit nach Superwahlsatire. Hier ist sie. Martin Sonneborn hat das ebenso erstaunliche wie erhellende Talent, die Zumutungen und Dreistigkeiten unseres Politikbetriebes durch derart abgefeimte Zumutungen und Dreistigkeiten noch zu übertreffen, dass die Dinge mit einem Mal ganz klar und vor allem sehr komisch werden.« *Die Welt*

»Dieser Mann will es wissen. Yes, he can!« *Spiegel Online*

»Blicke in die deutsche Seele – Martin Sonneborn wagt sie. Freundlich, hintersinnig, mit klarer Mission.« *heute journal*

www.kiwi-verlag.de